JN035250

知能の誕生

デヨル・リー 著
阿部 央 訳

刊行によせて 川人光男
加藤淳子 監修

木鐸社

BIRTH OF INTELLIGENCE
by Daeyeol Lee
Copyright © 2020 by Daeyeol Lee
Japanese translation published by arrangement with Daeyeol Lee
through The English Agency (Japan) Ltd.

知能の誕生

目　次

刊行によせて……………………………………………………………………… 7

序章 ……………………………………………………………………………17

第1章　知能のレベル ……………………………………………………23
1.1　知能とはなにか ………………………………………………………24
1.2　神経細胞がない知能：バクテリアから植物へ ……………………28
1.3　どのように神経系は働くのか？ ……………………………………30
1.4　反射：単純な行動 ……………………………………………………34
1.5　反射の限界 ……………………………………………………………36
1.6　コネクトーム …………………………………………………………39
1.7　筋肉の複数の制御器 …………………………………………………40
1.8　眼球運動：ケーススタディ …………………………………………41
1.9　多くの行動は社会的である …………………………………………45

第2章　脳と意思決定 ……………………………………………………48
2.1　効用理論 ………………………………………………………………49
2.2　時間と不確実性 ………………………………………………………51
2.3　優柔不断：ビュリダンのロバ ………………………………………54
2.4　効用理論の限界 ………………………………………………………55
2.5　幸福 ……………………………………………………………………58
2.6　効用理論と脳 …………………………………………………………61
2.7　活動電位の意味 ………………………………………………………64
2.8　効用の進化 ……………………………………………………………69

第3章　人工知能……………………………………………………………71
3.1　脳対コンピュータ ……………………………………………………73
3.2　コンピュータは人間の脳を超えるか ………………………………76

3.3　シナプス対トランジスタ ……78
3.4　ハードウェア対ソフトウェア ……80
3.5　火星に降り立つ人工知能 ……83
3.6　ソジャーナはまだ生きているか？ ……85
3.7　自律的な人工知能 ……87
3.8　人工知能と効用 ……92
3.9　ロボット社会と群知能 ……92

第4章　自己複製機械 ……96
4.1　自己複製機械 ……99
4.2　自己複製機械の自然史 …… 102
4.3　多彩なタンパク質 …… 108
4.4　多細胞生物 …… 113
4.5　脳の進化 …… 116
4.6　進化と発達 …… 120

第5章　脳と遺伝子 …… 123
5.1　労働と委任の分担 …… 125
5.2　プリンシパル＝エージェント関係 …… 130
5.3　脳のインセンティブ …… 136

第6章　なぜ学習か？ …… 140
6.1　学習の多様さ …… 141
6.2　古典的条件づけ：唾液を分泌する犬 …… 145
6.3　効果の法則と道具的条件づけ：好奇心のある猫 …… 147
6.4　道具的条件づけと古典的条件づけの融合 …… 150
6.5　道具的条件づけと古典的条件づけの衝突 …… 154
6.6　知識：潜在学習と場所学習 …… 155

第7章　学習するための脳 …… 161
7.1　神経細胞と学習 …… 161
7.2　エングラムの探求 …… 165

7.3　海馬と大脳基底核 …… 166
7.4　強化学習理論 …… 170
7.5　快楽物質：ドーパミン …… 173
7.6　強化学習と知識 …… 177
7.7　後悔と前頭眼窩皮質 …… 180
7.8　後悔を表現する神経細胞 …… 184

第8章　社会知と利他性 …… 190
8.1　ゲーム理論 …… 192
8.2　ゲーム理論の死？ …… 195
8.3　繰り返しのある囚人のジレンマ …… 197
8.4　パブロフ戦略 …… 200
8.5　協力的な社会 …… 203
8.6　利他性の闇 …… 206
8.7　他者の行動の予測 …… 209
8.8　再帰的な心 …… 212
8.9　社会脳 …… 214
8.10　デフォルト認知：擬人化 …… 217

第9章　知能と自己 …… 224
9.1　自己知識のパラドックス …… 225
9.2　メタ認知とメタ選択 …… 228
9.3　知能の代償 …… 232

第10章　結論：人工知能に関する疑問 …… 240

訳者あとがき …… 245

監修者から …… 247

『知能の誕生』刊行によせて

ATR 脳情報通信総合研究所
川人光男

Daeyeol Lee（デヨル・リー教授）[1]の著書『知能の誕生』の日本語版に序文を寄せるのは，嬉しくもあり，また光栄でもあります。本書は，知能に興味のある全ての方に強くお勧めします。本書の判りやすく魅力溢れる語り口に自然と引き込まれ，まるで良質な小説を読むように知的好奇心が刺激され続け，最後は近未来の人工知能に関する壮大なストーリーの完結に感激します。私は、三日間で一気に読み進んで大変興奮しました。もっと集中出来る方なら，一日で読み終えるでしょう。Daeyeol Leeは，社会神経科学の世界的なパイオニアで，探究心が強くて，とても博学です。専門書のみならず，様々なジャンルの本，映画，TVドラマも，日常から楽しんでおられるようで，それが本書のとてもわかりやすい語り口と，専門領域に偏らない幅広い視点に繋がっていると思います。

私達の社会はデジタル化で大きな変化を遂げてきましたが，特に最近は人工知能＝AI技術が，スマホ１台１台に入り込み，意識するかしないかに関わらず，多くの方の生活が激しく変化しています。米国のAI巨大企業の利益や時価の上昇は目を見張るばかりです。現在のAI技術の根幹であるディープニューラルネットワークは，脳科学の一部門，計算論的神経科学で開発されてきた人工ニューラルネットワークの学習技術です。そのような最近の動向に加えて，AIをヒト知能の工学的再現であるとするダートマス会

1　著者を日常，ファーストネームのDaeyeolで呼んでいるため，ここでは著者の名前を英語のDaeyeolで記している。

議の歴史的な定義から考えても，AIを理解するためにはまずヒトの知能を理解しなくてはいけません。本書はAIの脳科学にねざす背景を知りたいという方に，最適です。

本書は，文科系・理科系を問わず知能に興味をお持ちの方すべてにお勧めです。もう少し，精密にどんな背景で，知能に興味をお持ちか，傾向と対策的に本書の楽しみ方を想像してみます。ブレインテックというバズワーズが巷を闊歩しています。脳神経科学と先端技術を融合して巨大マーケットを開拓するという夢ですが，少なくともブレインマシンインタフェース，ニューロマーケティング，デジタルヘルスケア，脳活動計測と脳情報解読などの応用分野を含んでいます。哲学，経済学，法学，商学などの素養のある方が，文理融合で，AIやブレインテックを含めた知能一般に関して，さらにもう少し基礎的には心理学，コンピュータ科学，神経科学の観点から知能を知りたいとお考えなら，本書は理想的です。Daeyeol Leeの原点は文系です。Daeyeol Leeは韓国の名門大学ソウル国立大学の経済学部を卒業した後に，米国に渡って神経科学を学び，ニューロエコノミクス，ニューロポリティクスなどの脳科学と社会科学を融合する新分野を切り拓きました。素晴らしい論文を多数出版した超一流の神経科学者であり，新分野を作り上げたという意味で真のパイオニアです。経済学，政治学は文系，神経科学は理系ですから，著者御一人の中で文理融合を完結させているといえます。物語を読むようにに引き込まれて，しかも一から数日で楽しく読めてしまう本書は，知能の中でも特にAIとブレインテックに関わる基礎と背景を知りたいという，忙しい文系の方にピッタリです。

ニューロマーケティング，ニューロエコノミクス，ニューロポリティクスを勉強したい商学部，経営学部，経済学部，政治学部の学生さんや研究者にとっては，日本語で楽しめる本書は，最高の贈り物と言えます。特にニューロエコノミクスを本質から判りやすく説明した書物は他に例がありません。また，本書の知能に関する中心的で革新的なテーマは依頼人－代理人関係など，実社会に根ざした文系の考え方に則っているものです。例えば自己複製を目的とする遺伝子が依頼人で，その依頼人の代理として予測できない環境を学習し最適な行動を選択して遺伝子の最大複製という目標達成を代行するのが脳であると位置づけるのです。文理の壁を越えて，スムーズに本書の語り口に引き込まれて，文系と理系の複数の専門分野から，特に社会神経科学から見た知能の『今』がわかると思います。

本書では知能を，哲学，心理学，経済学，社会学，政治学，コンピュータ科学，工学，生物学，神経科学の実に多彩な専門分野を統合して，解き明かしていきます。これらの分野の学生や研究者に，本書を心からお勧めします。とても読みやすい一般向けの書物ですが，知能という一本の糸で論理的に紡いだ，上に挙げた複数の専門分野の珠玉の参考書とも言えます。中でも心理学、社会学，経済学，神経科学を目指し，また勉強している学部学生，大学院生の皆さん，さらには研究者の皆さんに，強くお勧めします。認知神経科学を目指している方には，必読書です。ある意味，知能と学習に重点を置いた心理学，社会学，経済学，神経科学の教科書でさえあると言えます。小説を読み進むように，引き込まれているうちに，これらの分野の基礎となる知識と考え方が身につきます。

コンピュータ科学の素養があり，特にAIとロボットに興味がある方で，AIが如何に誕生し，これからどこへ向かうかを勉強したいという方にもピッタリです。工学部の講義には通常含まれない，生物学，神経科学，哲学，心理学，経済学，法学の観点も加わってAIの全体像がハッキリと手に取るように判るでしょう。AIがいつヒトの知能を超えるかのシンギュラリティに関しても議論されていて，AIの未来予測に興味がある方にお勧めです。トランジスタの数がシナプスの数と同じになったらシンギュラリティが生じるなどと言う俗論は排して，依頼人－代理人関係と，自己複製からの説得力のある議論が展開されます。

もう少し専門的に，強化学習に興味のある学生，研究者，技術者には必読書です。式は1個しか使わないのに，強化学習の本質を，心理学，経済学，神経科学から解き明かしているのは見事です。人間のチャンピオンを，碁や，ビデオゲームでコテンパンに打ち負かすアルファ碁などのAIは，ディープラーニングと強化学習を組み合わせたディープ・リインフォースメント・ラーニング（深層強化学習）技術に基づいています。ディープ・リインフォースメント・ラーニングで未来のAIは決まりだ！……というような威勢の良い台詞もネットで見かけることがあります。アルファ碁を開発したディープマインドはGoogleのAI研究開発広告塔の役割を果たしていますが，もとはロンドン大学とギャッツビー計算論的神経科学研究所のスピンアウト企業です。本書にはCEOのハサビスに関する記述もありますが，その紹介はとても興味深く，是非本書を読んで楽しんで下さい。英語版の扉には，ディープマインドのボトビニックも推薦文を寄せています。

Daeyeol Leeは，知能を，『多様な環境における複雑な問題を解決する能力』であると定義します。このような定義からすれば知能を，哲学，心理学，生物学，神経科学，コンピュータ科学，工学，経済学，社会学，政治学などすべての知能に関わる重要な学問領域を統合して理解することが必然になります。Daeyeol Leeの社会・経済神経科学者としての卓越した学識，そして幅広い一般教養にもとづいて，上に挙げた全ての学問分野の視点を駆使して，超現代的で未来志向の知能の一般書が成立しています。本書がいかに広い分野の融合の上に立っているかは，本書に表れる言葉を並べると，一目瞭然になります。ハエジゴク，ミツデリッポウクラゲ，ロイコクロリディウム，アザミウマタマゴバチなど珍しくも面白く独特な生き物とその図，効用，幸福，脳とニューロン，コネクトーム，ディープラーニング，アルファ碁，シンギュラリティ，バイキング1号，マーズ・パスファインダー，ソジャーナ，スピリット，オポチュニティ，キュリオシティ，パーサヴィアランスなどの火星探査ロボット，ロボット社会，自己複製，タンパク質，RNA，DNA，依頼人－代理人関係，学習，古典的条件付け，道具的条件付け，潜在学習と場所学習，大脳，小脳，海馬，大脳基底核，強化学習理論，価値関数，ドーパミン神経細胞，報酬予測誤差，ディープ・リインフォースメント・ラーニング，モデルフリー強化学習，モデルベース強化学習，脳内シミュレーション，高揚感，失望，安堵，後悔，前頭眼窩皮質，ゲーム理論，囚人のジレンマ，パブロフ戦略，公用財の配分，税，利他性，心の理論，再帰的な心，自己参照，メタ認知，メタ選択，意志決定後の賭，前頭極，うつ病の沈思，嫉妬，先天性無痛症，未来の人工知能，などなどと圧倒されます。この言葉のリストを眺めると，難しそうだと尻込みする方もいるかもしれませんが，決してはそうではありません。非常に専門的な内容を，平易で魅力的で読者を引き込む語り口で，しかも正確に説明しているので，肩肘張らずに読み進むうちに知能に関わる様々な専門分野の本質が分かってきます。

モデルフリー強化学習とモデルベース強化学習は，本書の理論的な枠組みの中で最も重要な役割を果たします。強化学習というのは，報酬と罰からエージェントが最適な行動を学習するアルゴリズムです。モデルというのは，脳内にあって外界で起きることを予測できる神経回路＝内部モデルのことです。モデルフリー強化学習とは、内部モデルを使わない強化学習で，モデルベース強化学習は，内部モデルを使う強化学習です。私の元同僚，沖縄先端科学技術大学院大学の教授，銅谷賢治さんは数年前まで，科学研究費補助金制度の新学術領域で，『予測と意思決定の脳内計算機構の解明による人間理解と応用』を，主催されていました。そのホームページを見ると，【本領域の目的は，人の意思決定の原理と脳機構を，論理学や統計推論の理論，人の行動解析と脳活動計測，実験動物での神経活動の計測と操作，計算機シミュレーションとロボットによる再構成を通じて解明することである。意思決定には，直感的，習慣的なモデルフリーの機構と，予測的，計画的なモデルベースの機構が考えられるが，これらがいかに選択され統合されるのか，後者で必要な「脳内シミュレーション」による行動結果の予測がどのような神経回路の働きにより実現されているのか，またそれらが分子や遺伝子よりいかに制御されているのかを，最新の実験技術と数理手法を駆使して明らかにする。これによる思考，意識，意欲など心のしくみの新たな理解により，意思決定の障害をともなう精神疾患の解明と処方の導出，人の意思決定の特性にねざした教育プログラムの提案，人に親しみやすいロボットや情報技術の開発などの応用をめざす】……と書かれています。日本の一流研究者が多く集まって進められていた最近の最先端研究プロジェクトの背景や考え方が本書を読むと苦労せずにわかります。

判りやすいスタイルには，Daeyeol Leeの専門分野に偏らない幅広い知識と穏やかな人格がにじみ出ていると思います。実に興味深い言葉が様々な学問分野から殆ど同じくらいの頻度で表れていることにも，驚きを禁じ得ません。本書では，心理学，生物学，政治学などなど，それぞれの単一の分野の専門家には決して持てない多視点を統合して初めて到達する超分野的な独特の知能論がやさしく物語られるのです。

私が本書に序文を寄せることになったのは，Daeyeolと，本書の日本での出版に尽力された加藤淳子さんのお二人との20年近くにわたる親交のおかげです。Daeyeolとは数回の国際会議でお会いし，講演や論文を何度も拝見しました。少なくとも，玉川大学シンポジウム，前出の銅谷さんが組織した沖縄での計算論的神経科学トレーニングコース，フランスのシャトードピゼイで私が組織した第22回Attention & Performance会議，ソウルでの国際会議，ソウル国立大学経済学部でのシンポジウム，私の所属する国際電気通信基礎技術研究所・通称ATRへの訪問と講演，ハワイ島での玉川大・カルテックシンポジウムでご一緒しています。ハワイ島では明るく美しい奥様に紹介していただきました。ソウルでは，通っておられた高校に近い半分オープンエアのレストランでフレンチをご馳走してもらいました。沖縄では，玉川大学の坂上雅道先生と３人で夜遅くまで話し込んだのを覚えています。素晴らしく明快で革新的な研究をして，社会的行動を神経科学として厳密に理解する新分野を切り開いてこられた世界的な業績を心から尊敬しています。研究スタイルも明るく，論文は厳密で，私の好みです。会議でご一緒すると，食事などの機会に必ずゆっくりとお話ししました。誠実で，しかも興味の範囲が広くて話題が豊富で，本当に楽しい方です。ご先祖が文禄・慶長の役での明からの援軍の将軍だったこと，それ以前は，韓国のキムチは白キムチであったこと，任那が韓国の学校教育では取り上げられないこと，ソウルでの高校時代の想い出など，今も鮮明に覚えているお話しを聞かせてもらいました。普段の生活で，科学とは関係ない，書物，映画，TVドラマも奥様と一緒に楽しんでおられることが分かりました。幅広い教養をお持ちであるのを知っていましたから，本書も読む前から，とっつきやすく，判りやすく，間口が広くて，しかし深みがあるだろうと期待していました。その期待通りでした。

加藤さんとのご縁は，加藤さんの現所属の東京大学法学部政治学研究科にあります。現在帝京大学法学部教授の川人貞史さんは私の従兄弟で，前職は東京大学法学部の政治学教授で，加藤さんの同僚でした。2009年度に『選挙制度と政党システム』および『日本の国会制度と政党政治』で日本学士院賞を受賞され，研究に数学的な手法を使っておられます。本書の出版社である木鐸社は，政治学研究雑誌レヴァイアサンを出版しています。川人貞史さんは，2009年のレヴァイアサン44号で，『ニューロポリティクス，ニューロエコノミクス』という文理融合分野を開拓する特集号を編集されました。その号に，亡くなられた山岸俊男先生，長谷川真里子先生・長谷川寿一先生，加藤淳子さん・井手弘子さん・神作憲司先生が寄稿されています。加藤さん等は『ニューロポリティクスは政治的行動の理解に寄与するか』と言う題で論文を書かれています。私も、同じ号に，春野雅彦さん，田中沙織さんと一緒に，『政治的，経済的決定における報酬系の役割』を寄稿しています。2000年台の中頃は，神経科学の新しい応用分野，ブレインマシンインタフェース，ニューロマーケティング，ニューロエコノミクス，ニューロポリティクス，ニューロエシックスなどが花開き，日本でも『脳を活かす研究会』などで，基礎と応用の循環，文理融合の機運が盛り上がり，その後の大型研究プロジェクト，脳科学研究戦略推進プログラム，さらには戦略的国際脳科学研究推進プログラムなどの発展に繋がりました。

Daeyeolは文理融合脳研究の世界的潮流を作り出したパイオニアで，その頃，私とは全く分野違いである政治学が専門の従兄弟の紹介で，私と加藤さんは知り合い，以後，学会，研究会，研究プロジェクト評価会などで交流してきました。この度，本書が木鐸社から出版される機会に，序文を寄せ，加藤さんとともに，この素晴らしい本を日本の読者に紹介できることは、このような経緯からも私の大きな喜びです。

Daeyeol Leeの経歴と研究をもう少し詳しく紹介しましょう。すでに述べたように，韓国で経済学を学んだ後で，米国イリノイ大学で神経科学の大学院に進学し，研究者としてスタートします。私が知り合った後の十数年で，ロチェスター大，イェール大，ジョンズ・ホプキンス大など米国東海岸の名門教授を歴任し，現在は冠教授です。この経歴から，米国の最高レベルの研究と教育システムの中で非常に高く評価されていることが分かります。研究は視覚系（外側漆状体）や，腕の運動制御をしているサルの大脳皮質ニューロンの発火活動解析の研究から始まり，サルの大脳皮質からニューロンの活動を記録して社会行動のメカニズムを明らかにするオリジナリティの高い研究へと進んで来られました。本書でも脳の第一義的機能は筋肉の収縮を素早く制御して、運動を行う事であると明快に説明されています。本書の中での，視覚系や，様々な眼球運動を制御する異なる神経回路などのわかりやすく，しかも正確な説明も，視覚系，運動系から社会神経科学へと，研究テーマを基礎から高次へといわば正常に進化させて来られたことが役に立っているように感じられます。

本書のクライマックスは，第８章，社会知と利他性です。本書では，知能は「多様な環境における複雑な問題を解決する能力」と定義されましたが，ヒトにとって最も多様な環境での最も複雑な問題とは何でしょうか。それは間違い無く，社会環境における，社会的行動決定です。ヒトを含む社会的な動物は非社会的な動物に比べて脳が大きく，しかも脳の大きさは社会集団のサイズに比例するといわれています。ヒトの脳が大きいのは社会知能がそれを必要とするからと想像できます。社会において，他者の行動を理解し，予測し，競争的・協力的・利他的などの社会問題で最適な行動を選択するのは，他者が自己と同じように複雑でしかも学習を通して変化するのであれば，最も多様な環境における最も複雑な問題になります。Daeyeol Leeは，神経科学実験で，サルにじゃんけん，囚人のジレンマ，マッチングペニーなど数理的に厳密に定義できる社会的問題を解かせながら，大脳皮質前頭前野のニューロンの活動を電気記録し，ニューロンが何を表現し，サルはどのようなアルゴリズムで最適行動を学習するかを調べました。その結果，ニューロンは，サルが過去に取った選択とその結果としての報酬もしくは罰を表現していて，強化学習アルゴリズムに必要な情報が表現されていました。また，サルの行動は強化学習アルゴリズムで良く説明できました。さらにサルが実際には選択していない行動を取った場合の脳内シミュレーションや，対戦相手の行動選択のモデルを使っていると考えられるデータも得ています。本書を翻訳された阿部央さんは，Daeyeol Leeとの共同研究で，選択していない行動で引き起こされる結果を表現しているニューロンをサル前頭前野で発見されています。脳内シミュレーションに基づいて，実際に選択しなかった行動と選択した行動の結果を見比べて，前者が悪ければ安堵が，前者が良ければ後悔が生じると明快に説明されます。Daeyeol Leeは，千回近く引用された画期的な論文を多数出版し，まさに神経科学と強化学習理論を統合して，ニューロエコノミクス，ニューロポリティクスという新分野を切り開いたのでした。第８章まで読み進むとそれまでの章が，社会知能に必要な背景や考え方をわかりやすく説明するために論理的に組み立てられているのがわかります。

第８章の最後の節『デフォールト認知：擬人化』は，本書のハイライトの一つです。ヒトの脳にはデフォールトモードネットワークと呼ばれる不思議でしかし重要な大規模ネットワークがあります。PETやfMRIといった非侵襲脳活動計測で，視覚刺激や聴覚刺激，運動想像や注意課題などを与えるタスク期間と，タスクを与えない休息期間を順番に設定して脳活動を測ります。すると，タスク期間では，それぞれ視覚野，聴覚野，運動野，頭頂葉などの活動が休息期間に比べて増加します。しかし，休息期間でかえって活動を増加させる脳のネットワークが20年くらい前に発見されました。休んでいる時に働いているということで，デフォールトモードネットワークという名前が付きました。内側前頭前野，後部帯状皮質，楔状部，角回などからなる大規模ネットワークです。デフォールトモードネットワークの中には非常に多数の脳領域と繋がっている顕著なハブがあることや，精神疾患でその結合や活動に異常を来すことから，最近20年間の神経科学のホットトピックスです。研究の初期には，休息期間に活動するので，課題陰性ネットワークなどと呼ばれましたが，やがて，社会認知，マインドワンダリング，自分自身にかかわる記憶の想起，社会相互作用を予測する課題などで活動していることが判りました。こうしたデータに基づいて，デフォールトモードネットワークの主な機能は，社会行動に関してモデルベース強化学習に基づいて，脳内シミュレーションをする事だと示唆されています。私達の脳は，外から課題や刺激を与えられずボーッとしている時でも，四則演算などで頭を一生懸命使っている時の95%のエネルギーを使っています。一見，非常に無駄に思えますよね。脳は身体の３%程度の重量しかないのに，身体全体の25%のエネルギーを消費していますから，脳は大飯ぐらいで，無駄飯ぐらいと怒られそうです。この節を読めば，そうでは無いことが判ります。社会知能が私たちにとって最も重要であり，実際に選択した社会行動だけを用いて学習していたのでは，最適な行動を取れないから，デフォールトモードネットワークが社会知能のメンタルシュミレーションとモデルベース強化学習に割り振られたのです。ヒトの認知の基本(デフォールト)は、社会認知のメンタルシミュレーションであると言うことと，デフォールトモードネットワークのデフォールトを掛けて，本節は『デフォールト認知』と名付けられています。その副作用として，世の中で起こることを何でも擬人化して理解してしまう私達の認知バイアスが生まれ，それが宗教を生み出したことも示唆されています。

研究会でお目にかかると，一緒に時間を過ごして色んなお話しを聞きたくて仕方が無くなるDaeyeol Leeの魅力的な物語を，それでは皆さん，是非お楽しみ下さい。

序章

我々は，石や水滴のような非生物や，単細胞生物や哺乳類のような無数の生物とは異なる。我々人間は特別であり，他の動物達とは根本的に異なるのだろうか。もしそうなら，我々はどうやって，そのような状況を手に入れることになったのだろうか。どのような特徴が他の動物と異なるのだろうか。何が人間を人間たらしめるのか。このような問いは新しくはない。古代から多くの学者や哲学者が答えを模索し続けてきた。おそらく，我々が他の動物と異なるのは，種の起源，我々を取り巻く環境，宇宙に対して好奇心を持っているという点である。我々が動物たちと本当に異なるのは，その知能である。本書は，それがどのようなものであるかを検討する。

人間の知能の起源と限界を探求するには，知能の定義を考えることから始める必要がある。これまで，たくさんの定義が提案されてきたが，知能とは，多様な環境で目的を達成するための能力という点で多くは一致している。すべての動物は，それぞれの環境において，生存と繁殖の確実さを最大限にするために適切な行動を選ぶ能力を持っていることから，知能は人間に固有のものというわけではない。それにもかかわらず，地球上の他の知能の形と比べて，人間の知能はより素晴らしい結果をもたらした。例えば，人間だけが地球の大気の外側に出て，安全に帰還する宇宙船を造ることができる。驚くべきことに，様々な技術が加速度的に進展している。これはデジタルコンピュータの技術に顕著に表れている。わずか1世紀昔，集積回路（Integrated Circuits; IC）を搭載した最初のコンピュータが，月へ旅立つアポロ飛行船の飛行誘導に使われた。今では，それより10万倍強力なデジタルコンピュータ（訳注：スマートフォンのこと）を世界の20億人がポケットに携帯する。

人間の知能は，食物や水のありかを探すことから，物理や数学の諸問題を解くことまで，様々な問題に適用されてきた。人間は，自分たちの知能を含めて，遭遇するあらゆるものに対して好奇心を抱いてきた。本書は，人間と動物の知能において好奇心が果たす役割について議論していく。それに加え，我々の知能の起源と限界について理解することには，実利もある。我々の知能は，我々が社会で直面するあらゆる種類の問題を解くのに必要である。それゆえ，我々の知能の潜在的な弱さやバイアスを理解することは必須である。このメタ知識は，過信を避け，他人の意見をより積極的に受け入れることで，社会における様々な対立を平和的に解決するのに必要である。

人間の知能には，多くの強みがあるが限界もある。公害や交通事故など社会における問題の多くは，より単純で基本的な他の問題を解決するために開発された技術がもたらす副産物である。最終的に，先進技術は，人間にとっての基本的，物質的要求に関連する殆どの問題への解決策を見つけるかもしれない。しかし，先進技術は新しい社会政治的な問題ももたらす。それこそ人間の知能が直面する最も困難な問題かもしれない。例えば，新しい技術によってもたらされる物質的な利益はすぐには広がらず，我々の社会のメンバーの全てに行き届くとも限らない。このような，しばしば繰り返される政治的論争の原因となっている，物質的な利益をどのように分配するかについて，全員が合意するのは難しい。これらの対立を平和的に解決するためには，我々の知能がどこで誤って誘導し，満足の行く妥協点を見つけるのを妨げるのかを理解することは有用である。社会的な対立が生じるのは，我々が異なる動機を持つからか，もしくは，仮に共通の目標を持っていたとしても，達成するための最良の方法について全員が一致していないからである。知能には，どちらの場合にも重要な役割がある。人々が異なる目標を持つなら，満足の行く妥協点を見つけるために知能が必要である。もし，同じ目標を持っていても，最良の方法が何であるかについて意見が合わないのなら，知能とその限界をよく考えることは，推測に間違いを見つけるのにとりわけ役立つ。我々が知能のバイアスに気づいていなければ，良い考えを持っていたとしても悪い結果に結びつく。

もし知能について，しっかりとした科学的な理解を持てば，人工知能(Artificial Intelligence; AI)の急速な進展からもたらされる社会的な問題に対処する準備にもなる。特に，多くの著述家や学者は，AIが人間の知能を超えるかどうか，超えるとしたらいつか，ということについて推測している。

これらの問いに対する答えは，人工知能と人間の知能の両方を我々がよく理解したときにのみ可能となる。本書は，知能が，生命の歴史と分かち難く結びついていることを示す。生物学的な知能は，生存と繁殖を可能とするために始まり進化した。最も原始的な形態の生物は，ある程度は環境に適応できたことから，ある種の問題解決のスキルを持っていたと言える。対照的に，人工知能の歴史は全く異なる経路をたどった。人工知能は誕生して100年も経っていないが，その間，人間の知能がほとんど変化しないうちに，人工知能とコンピュータ産業は完全な変貌を遂げた。特にこの10年間の人工知能の進展は驚くべきものである。人工知能は，人間の積極的な介入が必要とされてきた多くの実際的な問題において解決法を見つけつつある。医学的な診断や，碁のような複雑なボードゲームなど，最近まで人間の優秀さが長く続くと考えられてきた領域で，人間のエキスパートのパフォーマンスを超えることも多くなった。

一冊の本で知能のすべてについて説明するのは不可能である。起源や未来を含む，知能の性質を全体的に理解するためには多くの学問分野の広い知識が必要である。知能は見えず，簡単に測ることもできない。知能は，ある人物の行動を観察し，それをある理論的な枠組みを用いて解釈することによってのみ，推測できる抽象的なものである。本書の目的は，知能のすべての面にいくばくかの照明をあてることである。このためには，人間と動物の行動を解析する方法をよく理解する必要がある。知能は，行動に現れ，行動は脳の機能がもたらす。つまり，脳の構造と機能を理解することが知能を理解する鍵になる。神経科学は最近20～30年間に大きく進展し，人間の知能を含む，生物学的な知能の本質に対して驚くべき洞察を与える。本書の目的は，そのような新しい洞察を読者と共有することにある。

本書は，知能の本質を理解するのに重要ないくつかの分野を探求する。例えば，人間と動物の行動について重要な原理を理解するための正確な方法を与える心理学の概念と，実験に基づく発見を紹介する。行動は脳と神経細胞によって制御されるので，神経科学には特に依拠する。進化が知的行動の多様性とそれを支える脳をどのように形作るかを理解するためには，遺伝学と進化生物学についても知る必要がある。知能は，多くの異なる状況の下で良い選択をする能力であるから，意思決定が何であるかを深く理解するのに必要な，経済学で発展してきた幾つかの洗練された理論的な枠組みも探求する。生物学的な知能と人工知能の間の類似と相違を理解するために，デジタルコンピュータがどのように働いているのかを簡単に説明する。知能の全体像を示すために，これらの分野からの重要な知見を紹介するが，著者である私は全ての分野のエキスパートというわけではない。本書のいくつかの表現や主張は私の推測や個人的な意見に基づいている。この点は，できる限り明示するようにした。重要な疑問に対して，まだ不完全で可能性のある答えであっても，提示するほうが役に立つかもしれないと考えたからである。

本書の要約は次のとおりである。「生命とは複製する物理的なシステムであり，複製は不完全でエラーを含むこともある。そのため，生命が複製される時，そのコピーは少なくとも時々は元のものとはわずかに異なる。それが何回も繰り返され，長い期間にわたってエラーが蓄積されると，めったに起こることではないが，ついには元のものよりもより効率的に複製することができるコピーをもたらすようになる。どのシステムが最も効率的かは環境によって異なる。したがって，ランダムな突然変異の長期的な蓄積と，環境による選択とが相まって，進化のプロセスとなる。進化を通して様々な生物は環境に適応する。どの生物も生存と複製(すなわち，生殖または繁殖)の可能性を高めるために一連の行動を選択する能力を発展させてきた。これこそが知能の本質である。」そのため，多様な生物の知能を評価したいと思うなら，多様な環境下で複雑な問題を解決することによって，どの生物が複製に成功したかを考えることが理にかなっている。言い換えると，自己複製の効率が知能を評価する客観的な基準を与える。他方では，生命を考えることなしに，知能のレベルを評価できるか否かは明らかでない。人工知能が，人間によって設計，管理され，人間によって設定された目的を達成するように利用されるとき，人工知能は人間の知能を代理する。誰かの意図に沿うように一連の指示に従うだけの機械は，本質的に知的ではない。そこで，本書では，「自己複製するために，多様な環境下で複雑な問題を解決する生物の能力を知能と定義する。」本書においてこの定義に磨きをかけ，これが妥当すると主張したい。

どの生物も進化の産物であるから，異なる生物は，それぞれの環境において生存と繁殖を促進するのに応じて多様な知的な行動を示す。その結果，知能の本質を掴むために，本書では，知能についての多くの例を示し，クラゲやタコなどの種々の動物や，植物やバクテリアなどの動物でない生物の知的な行動についても議論する。また，脳と行動の関係を理解する際に直面する困難さを示すため，眼球運動のような単純な行動が，どのように複数のアルゴリズムと神経回路によって制御されているか考察する。眼球運動は，外界の物体を動かすわけではないが，複雑な行動に対処する際の重要な多くの原理に従うので好例となる。

どのように人間の行動が脳によって制御されているかを完全に無視すると，人間の知能の本質を理解するのはきわめて困難になる。人間を含むすべての動物の脳はもちろん進化の産物であり，過去の生物の生存と複製に寄与することで脳は進化した。20世紀における科学上の魅力的な発見の多くは，どのように複雑で知的な行動が，脳内の多くの神経細胞の繊細な相互作用によって生じるかについてである。そのため，脳の基本的な働きを理解することは，知能を理解しようとする我々の努力とは切り離せない。生物学的に言えば，脳を含む我々の身体器官は，維持と修復のために貴重なエネルギーを必要とし，生物にとって，コストより利益が多くない限りは，進化の過程で失われてしまう。さらに，新しい変化が一時的にすばらしい結果を伴うものであっても，それが繁殖を妨げるものであるなら，どの器官も次の世代には受け継がれない。脳もこの例外ではない。心臓と肺が多くの栄養物と代謝物を体内のすべての細胞に届けるように進化してきたように，脳も環境における不規則な変化に対して行動を素早く制御するために必要である。このミッションを実行するため，遺伝子の指示では遅すぎるため，脳は自律的に行動する必要がある。これは遺伝子と脳の間に潜在的な対立を作り出す。一方では，遺伝子は進化を通して脳の設計を維持し，改良する役割がある。他方では，脳は自身が自律的に決定できないなら役に立たず，しばしば対立する生存と繁殖の要求を調整する権限を持つ。もちろん，この関係の究極的な牽引役は，脳ではなく，遺伝子である。脳は，遺伝子が複製するのを助ける代理人に過ぎない。それにもかかわらず，脳は，遺伝子にコードされている指示が生化学的に翻訳されて物理的な行動になるのを待つことなく，環境の予測不可能な変化を検出し，適切な行動を取ることで，動物の遺伝子を絶滅から守ることができる。

脳は，我々に環境について学習するための多くの手段を与える。本書では，脳の進化につれて現れた学習に基づく複数の解決法を概観し，高いレベルの知能は異なる学習アルゴリズムを柔軟に切り替える必要があることを見る。

人間の知能は，社会的文脈において，動物の知能と最も明らかに区別される。人間は，多くの情報を交換するために，言語と他の記号に依存している。さらに，人間は，他の人間が知っていることや知らないこと，好き嫌い，何を意図しているかなどを予測できる。そのような社会的な情報に基づいて，人間は動物界において，高い洗練された文化と文明を作り出す稀有な能力を持っている。本書の最後では，社会的な知能がどのように人間の自己意識に究極的に貢献するか，どのような問題をもたらすのかを検討する。

第１章　知能のレベル

歴史を通して，人間の本質についての問いは哲学的な分析や議論の重要なテーマであり続けてきた。今日では，生物学がこれらの問いの多くに答えることができる。細胞生物学や霊長類学などの生物学の多くの分野は，人間と他の動物との間の正確な違いを理解しようと努めてきた。これらの問いは，結局は，地球上の他の生物との多くの類似性を人間が共有していることを明らかにする。人間とチンパンジーの間の遺伝情報の違いは２％以下であることが知られている。同様に，多くの異なる霊長類の視覚系の解剖学的特徴および神経生理学的特徴は人間ときわめて似ており，人間とサルは我々の視覚的環境を基本的に同じように経験しているのだろう。実際，他の動物にはない人間固有のものを見つけるのは難しい。例えば，すべての植物と動物を含む，地球上のすべての生物は細胞からなる。それらはすべて，複製し，遺伝物質を渡すことで，自身の物理的な性質を子孫に伝える。異なる動物の行動は大きく異なるように我々には見えるが，それらはほぼすべて，空間的，時間的に連動する，動物の体の筋肉の収縮と弛緩から生じる。筋肉は神経細胞からの指令に基づき収縮，弛緩し，全ての脊椎動物の神経細胞の構造と機能は多くの類似性を有する。

それゆえ，基本的なデザインと構造について，人間と他の動物を比較しようとするとき，大きな違いを見つけるのは難しい。しかし，人間は多くの特筆すべき技術的な偉業をなしえた。人間は，斧，農耕具，車輪，武器を含む道具を発明し，巧妙に作り上げた。それらの道具を使って他の動物を支配し，ロケットで地球外の宇宙へ旅行するまでになった。我々の惑星は約45億歳であるが，その間に出現した他のどんな種もなし得なかったことである。何が人間にそのような特別な能力を与えたのか？　もちろん，その答えは知能である。人間に科学的な知識と技術を獲得することを許したのは人間の知能であり，他の動物には利活用できない特別な生活様式を発展させたのも同様に人間の知能である。

そうは言っても，知能は人間に固有のものではない。知能は他の動物や植物にさえ見られる。すべての動物は知能を使って環境の変化に適応する。行動生態学者と霊長類学者は，動物界で見られる様々な種類の知能を注意深く比較し，人間の知能が他の動物とどのように異なるかを正確に理解することができる。本章では同じ戦略に従う。人間の知能に固有なものが何であるかを議論する前に，最初に，動物，植物，さらにバクテリアの知能を調べることから始めよう。

もし，人間の知能のよく知られている分野を超えて，知能についての議論を広げたいなら，知能という単語の意味を再考する必要がある。科学的な探求において，口語的な定義は経験的な事実と理論的な考えを正確に反映しないので，しばしば不十分である。加えて，少なくとも動物では，知能は神経系と密接に結びついている。だからといって，神経細胞もしくは神経系を持たない生物が知能をもたないというわけではない。それにもかかわらず，我々が最もよく知っている種類の知能は，動物についてのものであり，神経系の協調的な作用を必要とする。それゆえ，本章は，本書の中で使われている神経細胞，活動電位，コネクトームなどの神経系の重要な特徴についての議論に有用な基本的な語句について説明する。我々の目的は，進化という文脈を考慮することで，人間の知能の本質をよりよく理解することである。

1.1　知能とはなにか

我々の日常生活において，他人が複雑な推察や速い計算などで難しい問題を解く能力を見せるとき，知的であると表現する傾向がある。しかし，知能の概念は，思考，想像，他者への思いやりなど，より広い意味で使われる。言い換えると，知能はすべての種類の精神作用を含むと言える。さらには，知能は生命の機能でもある。それは全ての生物に存在する。

対照的に，IQと呼ばれる知能指数は，標準化されたテストの結果から計算される要約された得点である。それゆえ，間違ってIQを知能と同じと捉えないことが重要である。IQを図るために使われるテストは，ある特定の教科や分野，たとえば，歴史や物理などにおいて知識の量を測るための試験とは異なり，記憶力や類推力のような特定の認知過程の質を評価するために，心理学者が設計したものという点で特殊である。そのような基本的な認知能力は，料理や買い物などの日常生活で行われる幅広い課題で必要とされるだろう。しかし，人間の行動力や精神的な能力の全てを捉えることはできない。IQテストは言語の指示に基づくため，人間ではない動物の知能を測定するのにも役立たない。したがって，IQテストは，知能の本質を理解するのに特に役立つわけではない。

IQの値は人間の認知能力のすべての様相を反映しているわけではないかもしれないが，二つの理由で意味がある。第一に，単純な数値が人間の複数の物理的ならびに精神的な能力を要約できるかというのは論理的に科学的な問題である。例えば，フランシス・ゴルトンは，知能テストの最初の提唱者の一人である。19世紀後半，彼はその仮説の経験的な根拠を見つけなかったが，知能は多様な反射と筋力と相関するだろうという仮説を立てた。20世紀の初め，より成功したテストは，子供の精神遅滞を明らかにするためにフランスのアルフレッド・ビネーによって開発された。それとほぼ同時に，イギリスのチャールズ・スピアマンは概念的に重要な前進をなした。スピアマンは因子分析として知られる統計手法を開発し，それを用いてg因子として知られる一般知能の指標を導出した。しかし，スピアマンでさえg因子が知能の個体差を完全に捉えることができると信じていたわけではなかった。

第二に，たとえIQテストが人間の認知能力を十分に捉えることができなくても，実用的な価値を持っている。今日でさえ，多くの学校や会社では何らかのテストで生徒と従業員を選び，それらのテストのほとんどは特別な知識を持つ人を選ぶためではなく，高い知能を持つ人を選ぶことを目的としている。実際，アメリカ合衆国でのIQテストの人気は，第一次世界大戦中に士官を選抜するのにアルファ，ベータ知能テストが幅広く使用されたことによるところが大きい。それでも，これらのテストは，語彙力，比喩力，パターン補完力など特定の能力をテストするように設計されているに過ぎなかった。これらの知能指数は，招集兵と志願兵の能力を十分に特徴づける意味を持たなかったことはよく理解されていた。

それでは，知能とは何だろうか？　知能という単語は，理解する，もしくは，知覚するという意味を持つラテン語であるintelligereに由来する。一般的な辞書の知能の定義は，知識と技術を獲得し，適用するための能力（オックスフォード英語辞典）と，新しい，もしくは難しい状況に対処する能力，または学習，理解，対処する能力（メリアム・ウェブスター辞書）を含む。学者は，様々な方法で知能を定義している。例えば，ハワード・ガードナーによると，「知能とは，問題を解決する能力，または，文化的な状況の下で価値のある物を作り出す能力である」という。対照的に，人工知能の研究者，マービン・ミンスキーとレイモンド・カーツワイルは，それぞれ知能を，「時間を含む限られた資源を最適に利用して目的を達成するための能力」と，「難しい問題を解く能力」と定義した。70の異なる知能の定義を抽出した結果，シェーン・レグとマーカス・フッターは知能を，「広い範囲の目的を達成するための主体の能力」と定義した。

これらの定義の多くには共通点がある。知能とは問題解決の能力である。より複雑な問題は，より高次の知能を必要とする。例えば，二けたの数字の足し算ができることより，微分方程式を解くことができることの方がより知能を必要とする。３目並べのような単純なゲームをプレイするより，碁で勝つことの方がより知的である。しかし，一つの複雑な問題を解決する能力は，必ずしも高いレベルの知能を示すわけではない。例えば電子計算機は，二けたの大きな数同士の掛け算など，とても複雑な算術的な問題を解くことができるが，我々は計算機をあまり知的だとは考えない。これは，計算機は算術的な計算を解くことに限定されているからである。計算機は碁をプレイすることや，夕食を注文することはできない。それゆえ，知的な人は，多くの異なる問題をうまく解くことが得意だと期待される。例えば，もしあなたがチェスが得意で，天気の予測ができ，政治や軍事的な戦略についてよいアイデアを思いつくなら，人々はあなたを知的であると考えるだろう。

実際，生物が直面する問題は絶えず変化する。次にどんな問題を扱う必要があるかを確実に予測することはできず，それゆえ，将来の問題を解くために必要な知識とスキルをあらかじめ用意しておくことも難しい。加えて，手遅れになってから可能なベストな答えを見つけるよりも，素早く十分によいものを見つけることが重要かもしれない。要するに，知能とは，絶えず変化する環境に適応するために様々な問題を解く能力のことである。しかし，数学とは違って，我々が人生で直面する多くの問題は客観的に正しい答えがあるわけではないから，この定義では十分ではない。例えば，夕食を何にするかを決める場合，誰が調理するか，誰が食べるかによって答えが変わってくる。それゆえ，知能とは，単に数学的，論理的な問題を解く能力のみならず，その選択をする主体にとって最も望ましい結果をもたらす選択肢を選ぶ能力のことでもある。すなわち，知能とは，意思決定者の視点からよい決定をする能力である。

知能が，意思決定者の選好を前提条件として要求するとの認識は重要である。意思決定者の必要性を考えることなく，ある行動が適応的で，知的であると判断するのが難しい自然界において，例を見つけるのは容易である。例えば，私たちがウイルスや寄生虫に感染するとき，通常の行動を妨害する反応が生じる。我々は風邪をひいたときにくしゃみをして鼻水を流す。免疫反応が十分に働く前に，風邪のウイルスをくしゃみや鼻水で取り除こうとして，ウイルスを次の被害者に広げてしまう。我々から見れば，くしゃみや鼻水は知能と関係のない反応ではあるが，ウイルスにとっては，人間にそのような反応を起こさせることは適応的であり，知的であるといえるかもしれない。ウイルスは自己複製に必要な生化学的な構造を持っておらず，複製のためには他の生物を必要とするから，ウイルスは生物とは考えられていない。それゆえ，ウイルスの選好と知能について話すことは，拡大解釈，こじつけに聞こえるかもしれない。それでも，もし，知能の前駆体としてのウイルスによって影響を受ける行動があるなら，そのような行動を考えることは意味があるだろう。

人生は，あらゆる時点で多くの行動から一つの行動を選ぶ，選択の連続である。日常生活では，夕食後に映画を見るなど，たくさんのことをこなす。何を食べようか，どんな映画を見ようかというような比較的単純な課題でさえ，選択肢の数は膨大である。そのような選択の質は，その基礎となる知能を反映する。それゆえ，誰かの知能を評価するためには，知的な存在が選ぶことのできるすべての範囲の行動を評価する必要もある。もしすべての範囲の行動を考慮に入れなければ，その人の知能を過小評価してしまうかもしれない。例えば，ボディーランゲージを考慮することなく，誰かが話すのを聞くだけなら，その人のコミュニケーションスキルを十分に評価できないだろう。

すべての生物は，生存と繁殖のために様々な選択を行う。さらに，人間によって作り出された機械も，コンピュータプログラムでさえも，意思決定を行うことができる。本書では，そのような意思決定過程，および，動物と機械における知能の表現について理解することを目指す。知能は究極的には行動に現れる。そして，我々は，その行動の表現に基づいて，その内在する知能を推測できるだけである。それゆえ，様々な種類の行動がどのように分析可能かについて，最初に議論する。動物の行動は，その神経細胞と脳によって制御されるから，脳と行動の関係についても手短に議論する。

1.2　神経細胞がない知能：バクテリアから植物へ

行動とはなんだろうか？　一般的に，行動とは，内的もしくは外的なイベントに反応して何らかのシステムが変化することをいう。行動は動物に特有で，行動は植物などの他の生物には存在しないと考える傾向があるが，これは間違いである。機械でさえ，行動することができる。例えば，室温を現在のレベルに保つために，ヒーターを制御するサーモスタットの動作は行動といえる。行動と機械の知能については後の章でまた議論する。ここでは，多様な種類の生物の行動に焦点を絞る。

生物が環境における様々なイベントに反応するために使う方法は多様である。実際，すべての生物が，環境からの情報を処理し，運動を制御するために神経細胞に依存しているわけではない。バクテリアのような単細胞生物でさえ，環境からの刺激によって運動を制御できる。例えば，我々の腸の中に存在するバクテリアである大腸菌は，栄養分の濃度が高い場所へ動くように行動を制御する。そのような行動は走化性と呼ばれる。大腸菌は，走行と方向転換という，二種類の動きを切り替えることができる。走行により大腸菌は同じ方向に安定して進むのに対し，方向転換はその方向をランダムに変える。大腸菌は，多様な化学物質の濃度の変化に依存して，走行か方向転換かを選ぶことができる。食物のような誘引物質の濃度が高くなったり，有害な物質の濃度が低くなったりすると，走行を続ける。対照的に，誘引物質の濃度が下がると，大腸菌は方向転換の頻度を増やす。このプロセスを繰り返すことで，大腸菌にとって最も好ましい化学的な環境の領域に徐々に移動することができる。大腸菌が化学物質の濃度が高くなっているか，低くなっているかを判断できるという事実は，化学物質の現在の濃度と比較するために，過去の濃度の記憶を持っていることを示唆する。それゆえ，大腸菌の単純な行動でさえ，知的な行動の二つの最も基本的な要素があることがわかる。過去の経験を記憶する能力と，記憶の中身と感覚入力を比較する能力である。

走化性は，走性の一つの例であり，ある刺激の方向へ，もしくは離れる方向へ個体が移動する先天性の行動である。特定の化学物質に反応する走化性に加えて，関連する刺激の性質によって，走性はいくつかの下位に分類される。例えば，走光性は，光の方へ，もしくは光から離れる方への動きであり，温度走性は，高い温度，または，低い温度の方へ動くことをいう。同様の行動は植物にもみられる。植物は，その位置を変える能力を持つことはまずないが，光の方向に反応して，体を傾けたり，成長して伸びる方向を変えたりできる。植物はまた，地中の水分と化学物質の濃度に基づいて，根を伸ばす方向を常に選んでいる。光の方向へ体を傾けたり，成長する方向を変えたりする能力のことを，光屈性という。光屈性の化学的な基礎は比較的単純である。中心的なプレーヤーは，オーキシンと呼ばれるホルモンであり，細胞壁を弱くして細胞を膨らませる(図１－１)。オーキシンは，光から離れる方向に集まる傾向がある。それゆえ，もし植物がある方向から光を受ける場合，その反対側の細胞は大きくなり，それにより植物は光の方向へ曲がる。

図１－１　屈光性

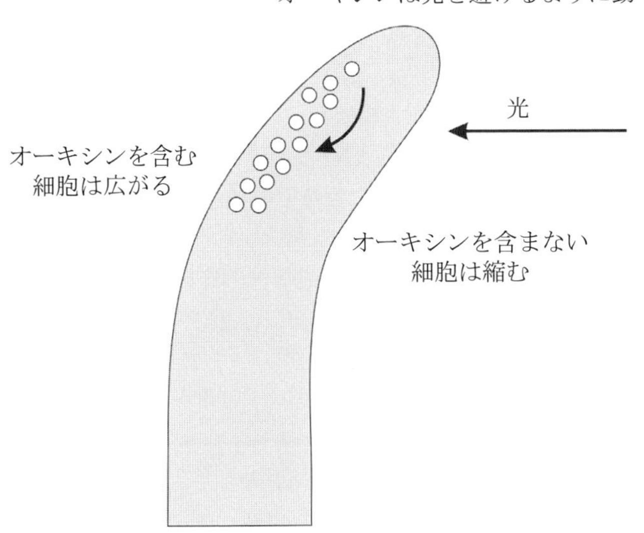

まとめると，単細胞生物と植物で見出される行動は，走性や屈性のような比較的単純なものにとどまる。対照的に，動物は，運動をすばやく選択的に制御できる筋肉と神経細胞を持つ。その結果として，動物は植物やバクテリアよりもずっと多様な行動のパターンを持ち，これはその意思決定過程の複雑さを増大させる。動物では，脳と神経系の他の部分で組織化されている神経細胞による協調作用によって，行動が選択され，意思決定がなされる。

1.3　どのように神経系は働くのか？

神経系の機能は，外部の環境からもたらされる感覚信号と記憶として内部に保存されている情報に基づいて，筋肉を制御することである。動物の体中にある多くの腺もまた，神経系により制御されている。言い換えると，神経系の機能は，動物の環境において最も適切な行動を選ぶ能力，意思決定のことである。動物の知能は，その神経系に依存する。神経細胞と神経系はどのように働くのだろうか？

神経系は複数の神経細胞からなる。神経細胞は，複数の細胞間で情報を伝達するのに特化した細胞である。神経細胞は，動物の外部の環境から，または他の神経細胞から，化学的，機械的，電気的な信号を受け取る。

これらの信号は統合され，処理される。各神経細胞はその出力を，近接する他の神経細胞や筋肉に送る。各神経細胞の中では，細胞内の他の領域間で電気信号が情報伝達に使われ，電気信号は膜電位と呼ばれる細胞膜の内外の電位の変化によって生成される。動物とバクテリアの大部分の細胞は，細胞のすぐ外側と比較して約－40～－80 m Vの電位に相当する負の電荷を細胞の中にもつ。ある神経細胞が適切に刺激されると，これは膜電位を変化させ，それは刺激された箇所から，ほかの領域へ伝達される。

神経細胞の多くは，木のような形をしている（図１－２）。神経細胞は，ギリシャ語で木を意味する（dentron）を起源に持つ樹状突起（dendrite）と呼ばれる多数の枝を持つ。樹状突起は，外部の環境やほかの神経細胞からの物理的，もしくは，化学的な信号が届く部分である。神経細胞の中心部分は，細胞体と呼ばれる。細胞体は，遺伝物質が貯蔵されている核をはじめ，他の多くの種類の細胞器官を含む。ほとんどの神経細胞はまた，細胞体から生じる細い繊維を持つ。その繊維は軸索と呼ばれ，細胞体からの信号を軸索の端(末端)まで信号を伝達し，ほかの神経細胞，筋肉，腺に信号を送る。しかし，樹状突起で受け取るすべての信号が，軸索末端まで送られるわけではない。神経細胞が信号を次の神経細胞に送るかどうかの決定は，軸索が細胞体から伸び始める場所にある，軸索小丘と呼ばれる場所でなされる。軸索小丘の膜電位が一定の閾値に達するほど高くなると，膜電位は，活動電位と呼ばれる急激な電位の変化を生じる。１ミリ秒以内の短い間，膜電位は正の値になる。活動電位は，１か０の値を採る。すなわち，一度起こると，それ以上の大きな電位の変化を起こさずに，軸索をそのまま伝搬していく。活動電位が軸索終末に達すると，神経伝達物質と呼ばれる特定の化学物質を放出する。このように，軸索終末では，電気信号は化学信号に変換される。ある神経細胞からの信号が別の神経細胞に送られる場所のことをシナプスという。軸索終末から情報を送ろうとしている神経細胞のことをシナプス前細胞，信号を受け取る細胞のことをシナプス後細胞という。

神経伝達物質が軸索終末から放出されると，それらはシナプス前細胞とシナプス後細胞の間の狭い空間に拡散し，受容体と呼ばれる特定のタンパク質の分子と結びつく。神経伝達物質が受容体に結びつくことで，シナプス後細胞の膜電位が変化する。この変化がどのように起きるかにより，シナプスは二つのタイプに分けられる。興奮性と呼ばれるシナプスは，神経伝達物質がその受容体に結びつくと，シナプス後細胞の内側の電位をプラスにさせ(脱分極という)，シナプス後細胞が活動電位を起こしやすくさせる。対照的に，抑制性と呼ばれるシナプスは，シナプス後細胞の内側の電位をマイナスにし

図１－２　神経細胞の構造

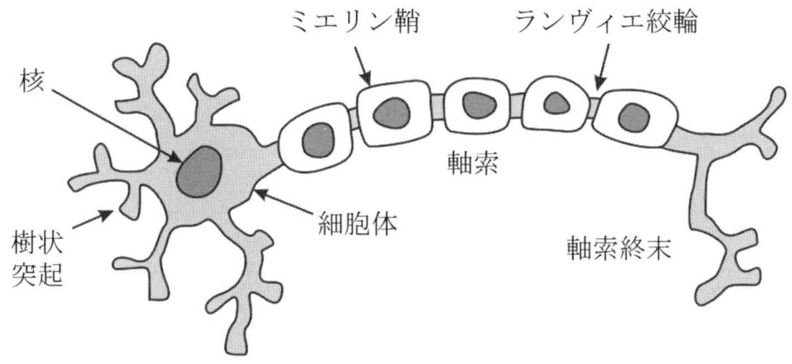

ミエリン鞘
ランヴィエ絞輪
核
軸索
細胞体
樹状突起
軸索終末

(過分極という)，シナプス後細胞が活動電位を起こしにくくする。

動物の知能は究極的には，どのように神経細胞が神経系の中で組織されているかによって決定される。神経系の神経細胞は，その機能により，三種類の大きなグループに分けられる。したがって，ヒトを含むすべての動物の意思決定は，これらの三種類の神経細胞の働きの組み合わせから生じる。第一に，感覚神経細胞は，動物の外部の環境からの光や音のような物理的なエネルギーを電気信号に変換し，神経系の他の部分に素早く伝える。例えば，網膜の光受容体は，光のエネルギーを電気信号に変換する。第二に，運動神経細胞とその神経伝達物質は，筋肉の収縮と腺の分泌を制御する。それゆえ，理論的には，感覚神経細胞と運動神経細胞のみからなる神経系は，意思決定を行うことができ，動物にとって有益な行動を選ぶことができる。しかしながら，神経系には，感覚神経細胞と運動神経細胞をつなぐ，介在神経細胞と呼ばれる第三の種類の神経細胞がある。

18世紀後半，ルイージ・ガルヴァーニは，動物の神経系が電気信号を使っていることを発見した。しかし，彼はその信号の性質については十分に理解していなかった。1848年，エミール・デュ・ボア=レーモンが活動電位を発見した。活動電位は神経系を持つ動物にのみ存在すると思うかもしれない。しかし，それは正しくない。活動電位は，ある種の植物にも存在するからである。例えば，ハエトリグサ(図１－３)は，葉を閉じることで小さい昆虫やクモを捕らえ，消化酵素を分泌して，数日かけてゆっくりと栄養分を抜き取る。ハエトリグサのような食虫植物は神経細胞を持たないが，葉にある毛が，物理的な刺激を受けると活動電位を発し，活動電位が葉の全体に広がり葉を閉じる。ハエトリグサの活動電位の発生能力は，1872年にサー・ジョン・バードン＝サンダーソンによって発見された。バードン=サンダーソンは既にその地位を確立した科学者で，1871年にはそれまでに青カビと呼ばれるカビの一種が細菌の繁殖を抑えることを発見していた。この発見は，1928年，アレキサンダー・フレミングによる最初の抗生物質の発見につながる。

ハエトリグサのように，ある種の植物が餌の存在を検出し，葉を閉じて餌をとることができるという事実は，意思決定を行う基本的な能力を持っていることを示唆する。植物は動物のような複雑な神経系を持たないため，感覚と運動の機能は比較的制限されており，葉を閉じる過程は，葉が受ける機械

図1－3　ハエトリグサ

ウイリアム・カーティス(1746～1799)による
ボタニカル・マガジンのイラスト

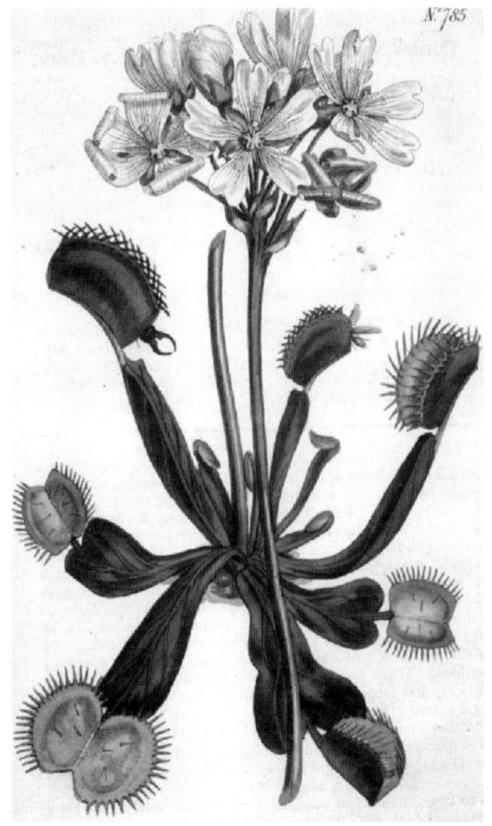

出典　(National Agricultural Library of the United States Department of Agriculture's Agricultural Research Service. Public domain.)

的な刺激によって引き起こされることがほとんどである。とはいえ，刺激を受けるたびに葉が閉じると，虫が完全に葉の中に入る前に閉じてしまう可能性があり，きわめて非効率的である。実際，ハエトリグサの葉は，約20秒の間に少なくとも二回刺激を受けたときに閉じる。これは，葉が閉じるとき，餌を得ることができる可能性を高める。また，浮き釣りをしている人が，浮きの最初の動きに反応せず，魚が十分に食いつくまで待つ行動に似ている。ハエトリグサが同じ刺激に対して，別の刺激が先行していたか否かにより異なった反応をするという事実は，直近の経験について単純な形態の記憶を持つことを示唆する。

1.4　反射：単純な行動

ハエトリグサと他の食虫性の植物は外界の物理的な刺激に反応して葉を開いたり閉じたりできるが，その反応は動物が筋肉を動かす反応よりも緩慢である。動物と植物を真に区別するのは筋肉である。筋細胞はおよそ6億年前に出現し，それは動物が地球上に最初に現れた時期でもある。素早く収縮，弛緩できる筋肉のおかげで，動物は異なる場所にバクテリアよりも早く移動することができる。動物が，ほかの生物を捕食し消化することで，大量のエネルギーを得ることを，筋肉はより簡単にする。

しかし，筋肉の活動に伴う行動は，それがランダムに行われるなら，動物にとって有益とは限らない。例えば，もし動物が単にランダムに歩き回っていれば，その行動はただ捕食者に見つかり食べられてしまう可能性を高めるにすぎない。それゆえ，筋肉は，適切に制御されたときにのみ有益となり，これこそが神経細胞と神経系の役割でもある。神経系によって制御される行動は，反射と学習した行動に分類できる。反射は，その行動を引き起こす刺激によって予め決められている行動の種類であり，学習行動は動物の経験によって修正されうる。話すことや楽器を演奏するというような複雑な行動を含む，大部分の人間行動は学習される。実際，本書の後半の章では学習を取り扱う。とはいえ，動物の知能を広く理解するためには，まず反射がどのように動物の神経系によってもたらされるかを理解する必要がある。

進化を通して動物の神経系は劇的な変化を遂げた。これは，異なる動物間で神経系の構造が大きく異なるという事実から推測できる。ヒトを含むすべての脊椎動物において神経系の主要な部分は脳である。しかし，すべての動物が脳を持つわけではないし，非脊椎動物の神経系は異なる見かけを持つ。同じ機能が大きく異なる構造を持つ神経系によって実現されていることを理解するのは，神経系の構造と機能の正確な関係について重要な洞察を与える。単純な神経系を持つ動物の研究は，ときには，ヒトの脳がどのように機能するかについての重要な手掛かりを与える。その体表的な例が，小さい線虫であるカエノラブディティディス・エレガンス(Cエレガンス)である。

Cエレガンスは，比較的単純な神経系を持ち，個体差がほとんどないことから，神経科学者にとって人気のある実験動物である。Cエレガンスは，土中に生息する体調1mm程度の線虫である。成体のCエレガンスはおよそ3000個の細胞を持つ。人間の体の細胞の数はおよそ30～40兆個であるから，人間よりも非常に単純である。

Cエレガンスの細胞は，動物とともに死ぬ体細胞と，複製できる生殖細胞に大まかに分けられる。約100個のみの体細胞が筋肉細胞だが，探索的な頭の動きや前後を選んで移動するなど，Cエレガンスのすべての動きをもたらすのに十分である。

Cエレガンスの神経系は極端に単純だが性差がある。成体の雄のCエレガンスは神経系に385個の神経細胞を持ち，雌は302個の神経細胞を持つ。しかし，各々の雄と雌は，神経細胞の数に個体差はない。もし，Cエレガンスのあらゆる神経細胞が，ほかのすべての神経細胞とつながっているならば，シナプスの数は雄では147,840個，雌では90,902個であろう。実際には，Cエレガンスのシナプスの数は，およそ5600個と推定されている。およそ4～6％の組み合わせである。Cエレガンスの異なる神経細胞間の結合の大部分が固定であり，その事実に対応して，行動の大部分は反射であり，間近の環境に存在する刺激によって決まる。左側に食べ物を見つければ，左に回転する。もし左側に有害な物質があれば，右を向く。

Cエレガンスよりも研究室で行うのは困難だが，神経科学者と進化生物学者からより多くの注目を集めているもう一つの非脊椎動物はクラゲである。クラゲは神経網と呼ばれる神経細胞のネットワークをなす神経系を持つ。クラゲの多様な種の中で，ハコクラゲは最も進んだ神経系を持つ。ハコクラゲは複数の水晶体と眼を持ち，環境から受け取る視覚的な情報の中の異なるパターンを見分ける能力を持つ(図１－４)。ハコクラゲはまた適切なレベルの塩分濃度を見つけるために泳ぐ能力と，太陽の位置を参考にして泳ぐ方向を調節する能力も持つ。また，捕食者を避ける能力があり，他のクラゲと集団を形成する能力もある。しかし，我々はクラゲがどれほどの知能を持っているかを十分理解していない。クラゲが人を刺すことを知っているからといって，一般的な人がクラゲの自然な行動を知っているとはいえない。科学者

図1－4　ハコクラゲの一種であるミツデリッポウクラゲ

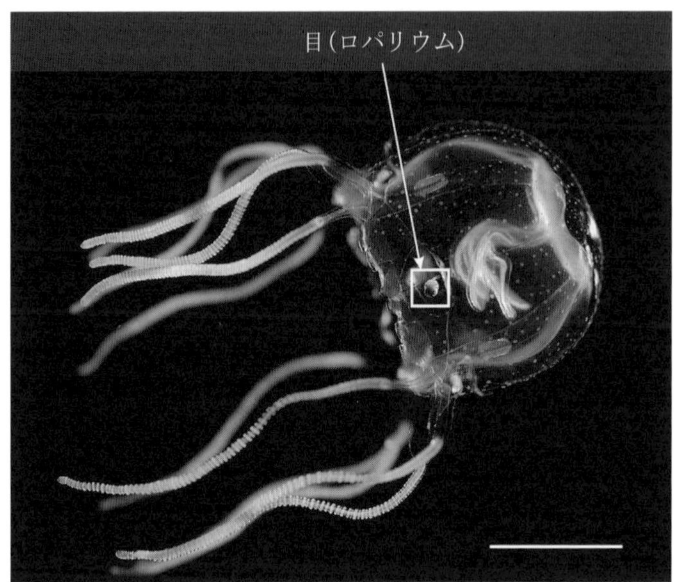

出典　（Figure 1A from Bielecki J, Zaharoff AK, Leung NY, Garm A, Oakley TH（2014）Ocular and extraocular expression of opsins in the rhopalium of Tripedalia cystophora（Cnidaria: Cubozoa）. *PLoS ONE* 9: e98870. Creative Commons Attribution（CC BY）.）

は，それでもCエレガンスのようにクラゲの大部分の行動は反射であると推測している。

1.5　反射の限界

Cエレガンスは神経科学者にとって人気のある動物モデルであり，クラゲの神経系はきわめて魅力的である。動物界において，神経系には多様な様式が存在する。Cエレガンスとクラゲよりも我々に身近な別の動物は，昆虫である。昆虫の神経系は，脊椎動物の神経系により近い。それでも，昆虫は，Cエレガンスとクラゲのように，行動を制御するため反射に頼っている。

多くの動物にとって，昆虫は食料である。それゆえ，昆虫の神経系の重要な仕事は，捕食者をできる限り早く見つけ，それから逃げることにある。これは，昼夜を問わず常に行われる。これは，自身を守るために複数の感

図1－5　逃避反射を担うゴキブリの神経系

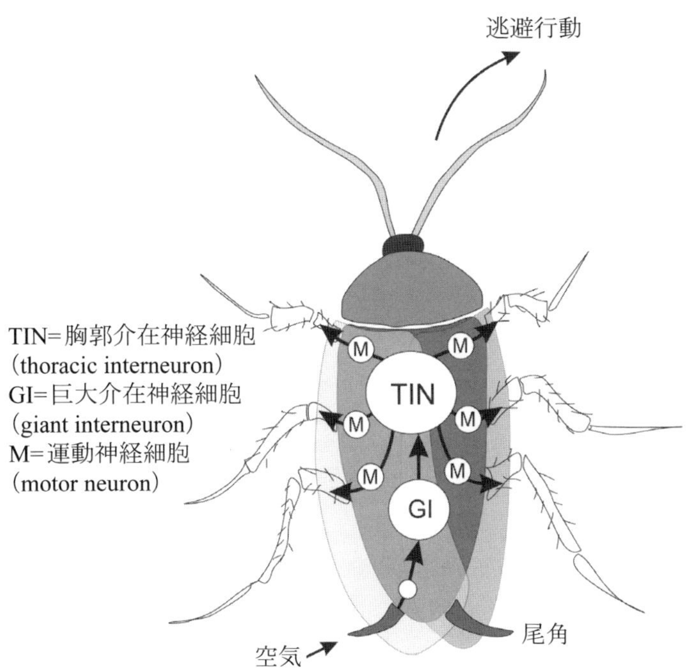

覚的な手掛かりを用いる必要があることを意味する。例えば，もしゴキブリが捕食者を避けるために視覚的な情報だけに頼っていたなら，夜に，ゴキブリを捕まえるために音や化学的な手掛かりを使う動物に，食べられてしまうだろう。

ゴキブリの防御システムの重要な部分は，しっぽのペアのように見える尾角である(図1－5)。尾角を覆う毛は空気のわずかな流れにも敏感である。あなたが丸めた紙でゴキブリを叩こうとすると，ゴキブリは紙の動きによる風を感知して，すぐに反対方向に走り始める。ゴキブリが空気の動きを感覚神経細胞が検出してから逃避反応を始めるまでにかかる時間は，たったの14ミリ秒である。七分の一秒ほどである。この素早い逃避行動は進化によって最適化されてきたに違いない。ゴキブリほど素早く逃げる能力を持たない動物は，他の捕食者に食べられて殺されてきただろう。

そのような素早い逃避行動をとるためには，それを制御する神経系は比較的単純である必要がある。実際，ゴキブリの腹を開いてその内部を調べると，逃避行動を担う多くの神経細胞を簡単に見つけることができる(図１－５)。第一に，尾角の毛は空気の動きに敏感な感覚神経細胞を持つ。これらの感覚神経細胞とゴキブリの筋肉とのやりとりは，神経節と呼ばれる神経細胞を含む構造を介して行われる。第二に，尾角の感覚神経細胞は，腹部の神経節にある大きな介在神経細胞と結合しており，それは次に胸の神経節にある介在神経細胞と結合している。これらの胸の介在神経細胞こそが，ゴキブリの足の筋肉の制御を担う運動神経細胞に接続している。この神経細胞の比較的単純な回路によって，ゴキブリが逃避行動を素早く開始できる。ゴキブリのような種はおよそ３億6000万年間生息していると推定されている。そのようなゴキブリの進化の成功は，その神経系による素晴らしい逃避行動に少なくとも部分的には原因があるに違いない。

反射には大きな限界がある。動物がその環境で出くわすすべての問題を反射とそれを担う神経系が解くことができるなら，より複雑な神経系は進化しなかっただろう。ゴキブリの逃避行動を例にとって考えてみよう。この反射は，動物の体の一部分(例えば，尾角)がある刺激(風)によって刺激されたときに起きる。そのような刺激が，特定の感覚神経細胞によって検出されると，この情報は，あらかじめ決められたように(走る)，体の一部分(足)の筋肉を制御する神経細胞へ，しばしば単純な順番で組織されている一群の神経細胞から伝達される。この過程は，風がなぜ吹いているか，刺激が検出されたとき他に何をしようとしていたかなどのゴキブリの生存にかかわる他の要因にほとんど影響されない。尾角で検出される空気の動きは自動的に逃避行動を引き起こす。ゴキブリが，大きな食物の貯蔵庫に入る前に，予測していないが有害でない風に耐えることができると考えてみよう。自動的に逃避行動を起こしてしまうと，ゴキブリがその環境を十分に活用することができなくなってしまう。反射の大きな利点は，あらかじめ決められていることであり，それゆえに素早く行われることである。これは，捕食者を避けるためには良い戦略であるが，それは大きな欠点でもある。反射は，素早く行動できるように比較的単純な神経系によって行われるから，もはやそれが適切でなくなったからといって止めることは大抵できない。反射は頑固なので，もし与えられた刺激に対する最適な反応が常に同じではなく，動物の過去の経験やその他の変化する必要性に応じて変化するのであれば，反射は良い戦略とは言えない。

1.6　コネクトーム

動物の神経系の規模とそれがどのように組織されているかは，動物によって大きく異なる。節足動物(例えば，昆虫)や軟体動物(例えば，イカ)のような非脊椎動物と比べて，哺乳類，鳥類，爬虫類，両生類，魚類を含む脊椎動物は，大抵は多くの神経細胞からなる精巧な神経系を持つ。しかし，異なる行動を決めるものは，神経細胞の数ではなく，それらがどのようにつながっているかである。例えば，ゴキブリは，感覚神経細胞，運動神経細胞と介在神経細胞の間の特定の接続パターンなしに，逃避行動を行うことはできないだろう。脊椎動物は，動物の行動を制御する神経細胞間の結合の大部分が，脳の中にある。

動物が移動するとき，その環境の中で進む方向に頭を向ける傾向がある。その結果として，移動中に，新しく，予期していない感覚情報は，しばしば，動物の頭の中にある神経系に入力される。進化の過程で，動物が最も必要とした動物の頭の中に感覚神経細胞が集まることになったのだろう。さらに，お互いに情報をやり取りする必要のある神経細胞間の距離を減らすから，感覚情報の解析と貯蔵に関わる神経細胞が動物の頭に集まることには利点がある。脊椎動物では，神経細胞は頭に多く集まり，複雑な行動を制御する脳を形成する。脊椎動物の脳と比べて，非脊椎動物の脳は神経系の他の部分との違いがそれほど明瞭ではない。脊椎動物と同様な脳を，Cエレガンスやクラゲのような単純な動物に認めることはできない。

すべて脊椎動物の行動は，神経系にある神経細胞間の相互作用と情報の交換によって決まる。それゆえ，動物の知能は，その神経系の構造によって大部分が決まる。もし，ある動物の神経系の構造と機能を完全に理解できるなら，その動物がどんな刺激に対してもどう反応するかを予測できるかもしれない。例えば，たった一つの感覚神経細胞と運動神経細胞からなる極端に単純な神経系を持つ動物を考えてみよう。この動物の知能と行動を理解するための最初のステップとして，その感覚神経細胞がどのような刺激に対して反応するかを見つける必要がある。加えて，運動神経細胞が活動すると，どのような行動が起きるかを理解する必要がある。最後に，感覚神経細胞と運動神経細胞の間のシナプスが興奮性か，抑制性かを知る必要がある。もし，運動神経細胞が興奮すると動物の口は開き，かつ，その二つの神経細胞のシナプスが興奮性ならば，さらに，その感覚神経細胞は光に敏感ならば，この動物は光刺激にどのように反応するだろうか？　答えは，動物は口を開くはずである。対照的に，もし，二つの神経細胞の間のシナプスが抑制性となるように遺伝的に改変したら，動物はどのように行動するだろうか。今度は，光刺激に対して，口を閉じるだろう。

感覚神経細胞の多様性が増すにつれて，動物は，光，感触，音のような，より広い範囲の物理的な刺激に反応するだろう。加えて，筋肉とそれを制御する運動神経細胞の複雑性が増すと，可能な行動の幅もまた増す。しかし，先ほど考えた二つの神経細胞からなる動物の例で分かるように，感覚神経細胞と運動神経細胞の性質は，動物の行動を完全に決定するものではない。むしろ，感覚神経細胞と運動神経細胞の間の結合も重要である。もし，ある動物の神経系がごく少数の神経細胞を持つなら，神経細胞間の接続関係，もしくは，回路構造に基づいて，いろいろな刺激に対してその動物がどのように反応するかを正確に予測することができるだろう。ある動物の神経系のすべての接続関係の総合的なマップのことをコネクトームという。ある動物のコネクトームを作るのは簡単な仕事のように思われるかもしれない。しかし，これは極端に難しい仕事である。加えて，コネクトームから行動を予測することは，さらに難しい。例えば，Cエレガンスについては，約300個の神経細胞と5000のシナプスからなる完全なコネクトームが分かっているが，その行動を完全に予測するのは依然可能ではない。昆虫や脊椎動物のような，より複雑な神経系を持つ動物の行動をどれくらい正確に予測できるかはまだ分からない。

1.7　筋肉の複数の制御器

ヒトの脳のような複雑な脳を持つと，動物はより複雑で多様な行動をとることができるようになり，変化のある環境に常に適応できるようになる。しかし，複雑な行動は，単純な行動よりも研究するのが難しい。行動と目的の間に単純な一対一の関係があるとき，それらの行動の機能を理解することは比較的簡単である。ゴキブリの逃避行動の機能とそれを担う神経機構は比較的理解しやすい。なぜなら，行動とその予期した結果，すなわち，捕食者と逃避の関係が分かりやすいからである。しかし一般的には，行動と望ましい結果の間は，単純に一対一の関係ではない。人間は，異なる結果を意図して行動する場合でも，同じパターンの筋肉の収縮を起こすことができる。例えば，もし誰かがあなたに片目でウインクをしたなら，これは，あなたの注意をひくために意図的に送った信号かもしれないし，虫が眼の近くに飛んできたために反射が起きたのかもしれない。瞬きは，脳幹の顔面筋の神経細胞の活動が強まり，眼輪筋と呼ばれる瞼の筋肉が収縮することで起きる。それゆえ，なぜ誰かが瞬きをしたかの本当の理由を知るためには，行動の観察や筋活動の測定だけでは不十分である。脳の中で何が起きたのかを理解する必要がある。

もちろん，脳にあるすべての神経細胞の活動を記録，解析，理解できれば，なぜ，どのように，瞬きという行動を誰かがとることを完全に理解するかもしれないが，これは当面不可能である。もっと少ないデータから，人間の行動と知能についての多少の洞察を得ることができるかもしれない。体を動かす信号は，脳の異なる多くの場所から生じる。しかし，動きの目的と無関係に，これらの信号は脳のどこかで収束し，同じ経路を通して筋肉へ流れる必要がある。これは，最終共通路と呼ばれる。例えば，ピアノやギターを演奏するとき，指を動かす手の筋肉を制御する神経細胞は，最終共通路の一部である。なぜなら，すべての指の動きに関わるからである。それゆえ，ある行動がなぜ行われるかを理解するには，最終共通路に至る信号の源をつきとめる必要がある。

1.8　眼球運動：ケーススタディ

本書を通して見るように，動物は行動を選ぶための制御器を複数持つことができる。人間の目の動きを調べることが，おそらくもっとも良い例となる。なぜなら，人間の体のすべての筋肉の中でも眼筋が最も頻繁に，また，異なる動的な性質をもつ複数の制御器によって働いているからである。眼を含む大部分の感覚器官は，その方向を変えることができる。瞬間ごとにその動物にとって最も関連のある感覚情報を収集する必要がある。眼球

図1－6　アルフレッド・ヤーバスが測定した，ある人が「思いがけなく」)を見ているときの眼球運動の軌跡(1967年)

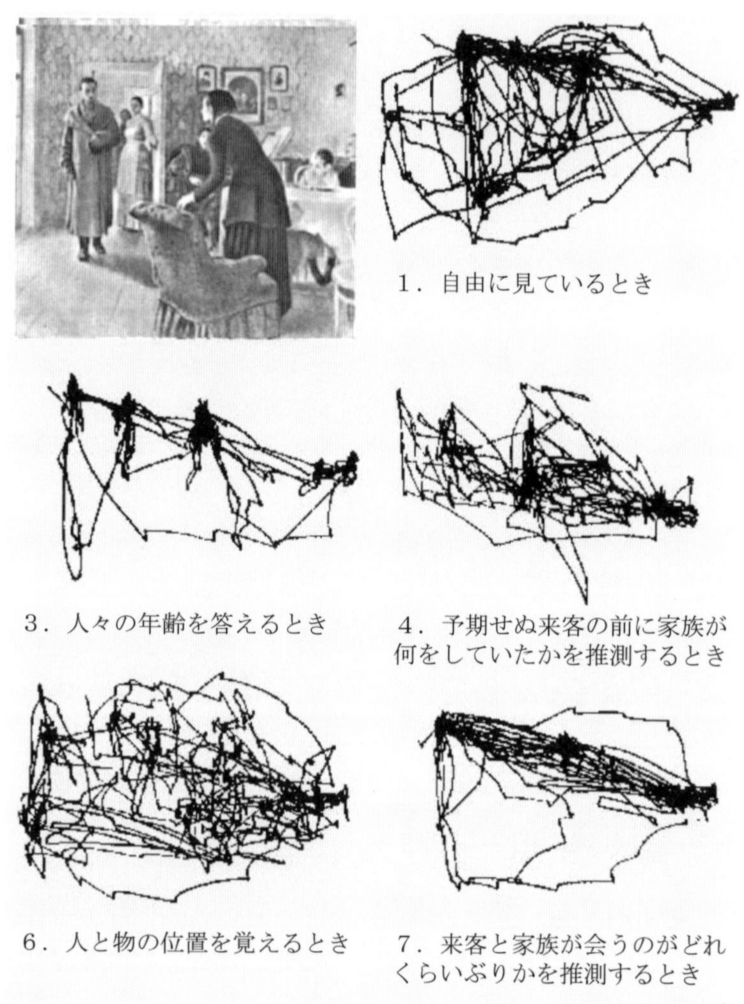
1．自由に見ているとき
3．人々の年齢を答えるとき
4．予期せぬ来客の前に家族が何をしていたかを推測するとき
6．人と物の位置を覚えるとき
7．来客と家族が会うのがどれくらいぶりかを推測するとき

出典　(Yarbus AL (1967) Eye Movements and Vision. New York, NY: Plenum Press. Public domain.)を元

運動は，環境に対する情報の大部分を視覚から得る人間のような霊長類に

絵画(イリヤ・レーピンによる

全ての同じ被験者の3分間の記録

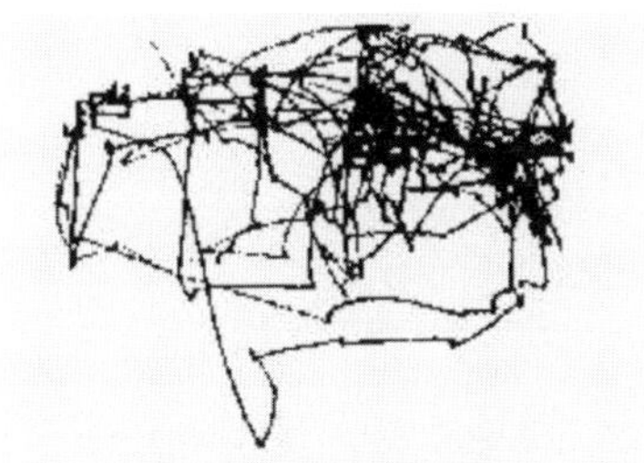

2．家族の物的環境を推測するとき

5．人々が着ている服を覚えるとき

に改変。

とっては特に有用である。コンピュータスクリーンやカメラと違い，網膜で得られる像の解像度は一様でないため，眼球運動が必要である。網膜の中心は中心窩と呼ばれ，この領域に投射された像は，周辺視と比べて，高い解像度で像が得られ，分析される。したがって，本を読むときや他人の表情を判断するときなど，異なる対象物の視覚像のわずかな違いを見つけるためには，対象物に目を向けて，脳が画像の重要な部分を分析できるようにする必要がある(図1－6)。関心のある物体に注視するために眼球を回転することは，単純な仕事のようにみえるが，脳はその目的のために，別々の回路からなる少なくとも5つの異なるアルゴリズムを用いている。これらの眼球運動の種類を，手短に次に述べる。

(1) 前庭動眼反射

視覚は安定した像を必要とする。不安定なカメラや携帯電話で撮影された写真や動画では，物体をはっきりと認識するのが難しい。何らかの補償機構がないと，動物が頭を動かすと視覚の品質は低下する。前庭動眼反射は，頭の動きと反対方向に目を回転させることで，網膜上の像を安定化させる。これは，脳が内耳にある前庭器官から受け取る，頭の動きの速度と加速度についての信号を利用することで行われる。頭の回転加速度と直線加速度は，それぞれ，三半規管と耳石器として知られる二つの別の構造によって検出される。大抵は，前庭器官や前庭動眼反射が運ぶ情報に気づくことはない。しかし，前庭動眼反射や，安定した姿勢を保つときなど，前庭器官からの入力に基づいて行動を修正する能力はきわめて重要であり，これは入力がうまく機能しないときにめまいを起こすことからもわかる。

前庭動眼反射は最も単純な眼球運動の一種であり，他の眼球運動に先がけて進化しただろう。それを担う神経回路もまた単純であり，眼球を回転させるための外眼筋を制御する運動神経細胞，前庭の感覚神経細胞と，一層の介在神経細胞からなる。そのため，頭を急に動かしてから前庭動眼反射が起こるまでの時間は，100分の１秒程度しかない。頭の動きがあるときはいつでも，自発的に行う時であろうと，外からの力であろうと，眼球はいつも素早く回転し，視界がぼやけないようにする。

(2) 視運動性反応

前庭動眼反射と同じように，視運動性反応も視野全体が一方向に動くときに網膜上の像を安定化させるための眼球運動である。例えば，映画館で場面全体が動くとき，あなたの目はそれを自動的に追うだろう。これは視運動性反応によるものである。前庭動眼反射と視運動性反応の違いは，眼球運動を制御する信号源である。前庭動眼反射は，前庭器官からの入力により駆動されるのに対し，視運動性反応は視覚的な信号によって駆動される。視運動性反応は主に副視索経路と呼ばれる構造によって制御される。

(3) サッカード

サッカードとは，注視している場所を視野の別の場所に移動させる，急速な眼球運動のことである（図１－６）。人間は，寝ているときでさえも，平均すると１秒間に３ないし４回サッカードをする。それほど頻繁に起きているにもかかわらず，サッカードは反射ではない。外界の刺激で自動的に起きるのではなく，自発的にサッカードは起こる。これは我々は，次にどこを見るべきかを毎秒３～４回決定していることを意味する。本書の読者が行った最も直前の決定は，最後のサッカードの場所として次の単語を選ぶことだったに違いない。前庭動眼反射と視運動性反応と同じように，脳は，各サッカードのために外眼筋に適切な命令を出す必要がある。小脳の下にある上丘は，ほ乳類の脳においてサッカードを制御するのにほぼ特化している。

(4) 追従眼球運動

追従眼球運動は，動いている物体を追う自発的な眼球運動である。追従眼球運動を行うために，脳は，動いている物体の速度と方向を分析し，その物体の網膜像が中心窩に位置するように外眼筋を収縮・弛緩するする必要がある。眼球運動のダイナミクス，つまり，視運動性反応と追従眼球運動の外眼筋の活動は区別できない。しかし，この二つの異なる眼球運動は，それらを制御する脳の場所など，それが行われる場所が異なる。最も重要な違いは，追従眼球運動は，走っている車のドライバーを認識しようとしているときのように，詳細な解析のためにある物体を選んだ結果として生じる。視野内に別の方向に動く複数の物体があるなら，我々は最も興味のある物体の方へ追従眼球運動を行うように選ぶことができる。これに対し，視運動性反応は，視野の大きな部分が動くときに自動的に起きる

(5) 輻輳開散運動

前述した4種類の眼球運動はすべて，両目が同じ方向に動く共同性眼球運動の例である。しかし，物体が我々に近づく方へ，もしくは遠ざかる方へ動くとき，二つの目は反対方向に動く必要があり，これは非共同性眼球運動，もしくは輻輳開散運動と呼ばれる。ある物体の網膜像を保ちたいとき，我々の目の水晶体は変化する必要がある。この眼筋と水晶体の協調した反応は調節と呼ばれる。

1.9　多くの行動は社会的である

眼球運動は，視覚の質を最適化するという一つの機能を果たすために大部分は進化してきた。しかし，あなたの眼球運動は他者にも見えている。それゆえ，社会的な状況で，誰かが注視している方向は，その人が何に興味を持っているか，次にどんな行動を選ぶかについても価値のある情報を与えう

る。したがって，眼球運動は社会的なコミュニケーションの手段として用いることができる。例えば，階層性を持ち群れで生活している霊長類では，ほかの個体の顔を直接見ることは，攻撃の前ぶれとして解釈され，罰されるかもしれない。加えて人間は，ほかの人が見ている物体に目を向ける傾向がある。それゆえ我々は，友人の注意をある物体に向けさせるために，意図的に視線を向けることができる。

これは，サッカードや追従眼球運動のような自発的な眼球運動を行う時，どこを見るかの選択に多くの異なる要因が影響を与えていることを示唆する。ある物体の価値と重要性は，我々が，どれくらい迅速に，どれくらい長く，その物体を見るかを決める。もしその物体がある人物なら，その社会的な状況もまた我々の眼球運動に影響を与える。各サッカードや追従眼球運動は，それゆえ複雑な意思決定過程の結果である。眼球運動は比較的単純だが，異なる種類の眼球運動を担う複数のアルゴリズムと制御器が存在するという事実は，そのようなアルゴリズムと制御器が緊密に協調する必要があることを示唆する。眼を動かすための複数の要求間の衝突は，即座に解消される必要がある。指の動きや会話など，我々の行動の多くは，眼球運動よりも複雑な時間的・空間的パターンで明らかになる。それゆえ，どのように，どんな目的のために，そのような行動が行われたかを正確に理解することは，困難になりうる。さらには，これらの行動を制御する神経系は，行動自体よりももっと複雑である。それゆえ，精力的な科学的な取り組みが，脳と行動の間の関係を理解するためには不可欠である。

これまで，我々は知能の定義を考え，知的な行動の一つの単純な例として眼球運動をみた。知能は，生物が環境で直面する問題を解決するために発達した機能であり，様々な行動として表に現れる。しかし，脳がより複雑になるにつれて，知能の性質を行動の解析のみに基づいて理解することは，より難しくなる。眼球運動の研究で示されたように，動物の脳と神経系を研究することは，知的な行動の性質に対する価値ある洞察を与えることができる。続く章では，知的な行動とそれを担う脳の仕組みを理解するために役立つ，様々な科学的な取り組みをみていく。

参照文献

Alcock J.（2013）*Animal Behavior: An Evolutionary Approach*, 10th Edition. Sinauer Associates, Inc.

Bielecki J, Zaharoff AK, Leung NY, Garm A, Oakley TH（2014）Ocular and extraocular expression of opsins in the rhopalium of *Tripedalia cystophora*（Cnidaria: Cubozoa）. *PLoS ONE* 9: e98870.

Dener E, Kacelink A, Shemesh H（2016）*Pea plants show risk sensitivity. Current Biology* 26: 1763-1767.

Herculano-Houzel S（2016）*The Human Advantage: a New Understanding of How Our Brain Became Remarkable*. MIT Press.

Mancuso S, Viola A（2015）*Brilliant Green: The Surprising History and Science of Plant Intelligence*.

Sanderson JB（1872）Note on the electrical phenomena which accompany irritation of the left of Dionaea muscipula. *Proc. R. Soc. Lond.* 21: 495-496.

Varshney LR, Chen BL, Paniagua E, Hall DH, Chklovskii DB（2011）Structural properties of the *Caenorhabditis elegans* neural network. *PLoS Comput. Biol.* 7: e1001066.

Yarbus AL（1967）*Eye movements and vision*. New York: Plenum Press.

第2章　脳と意思決定

Cエレガンスとゴキブリのように比較的単純な神経系を持つ動物では，ほとんどの行動は遺伝的に決定され，感覚刺激によって自動的に起きる。人間もまた反射行動をするが，我々の比較的大きい脳のおかげで，多様な環境下において生存と繁殖の機会を最大化するために，より柔軟に望ましい行動を選択できる。様々な環境下で最も適切な行動を柔軟に選ぶことのできる能力が，知能の本質である。つまり，脳を持つ動物では，脳を理解することがその知能を理解するカギとなる。

しかし，知能を理解することは，脳の遺伝的・生化学的・電気生理学的な性質を解析する以上のことを必要とする。知能には多くの次元があり，その科学的な研究は極めて困難を伴う。知能は環境に対する個体の適応であるから，知能の複雑さとその質は，その個体が置かれた環境の文脈で評価されるべきである。このことは，異なる環境に適応している異なる動物の知能を比較することを難しくする。単にベッドに横たわっているときと比べて，地下鉄に乗って図書館に行こうとしているときの方が，より複雑な環境に直面しているといえるだろう。しかし，環境がどの位複雑か判断するのは常に容易という訳ではない。特に，異なる動物種の間においてはそうである。例えば，自身の体の100倍の重さのクッキーのかけらを運ぼうとするアリの群れと，近くの八百屋で果物を選んでいる人間のどちらが，より難しい環境に直面しているといえるのだろうか。実験室では，個体の環境の複雑さを正確に制御し，測定することは簡単かもしれない。しかし現実の世界で，これを行うのはきわめて難しい。

同様に，実生活において意思決定の問題の複雑さを定量化するのは難しい。人間が作った正確なルールと打つことができる手の数がはっきりと決まっている碁や五目並べのようなゲームでは，異なるゲームの複雑さを数理的に比較することができる。選択肢の数と幅の定義が不十分であったり不明であったりする時は，これはより困難となる。例えば，野球やサッカーでは，我々の実生活の多くの問題よりもより正確に決められているが，どちらがより複雑かを判定するのは簡単ではない。スポーツの複雑さは，各ゲームのルールにどれくらい多くの詳細が含まれているかによるかもしれないし，その観察者の視点が重要となる。これらの疑問に正確に客観的に答えるために，より組織的な取り組みが必要である。

効用理論は，意思決定の過程を体系的に分析するのに使われる重要なアプローチである。効用理論は経済学の研究だけでなく，意思決定の神経科学においても重要な役割を演じる。効用理論のような経済学的なフレームワークに従って意思決定に関連する脳機能を研究する神経科学の分野は，神経経済学と呼ばれる。効用は，ある選択肢や行動の価値や望ましさを反映する大きさのことである。効用は質的に異なる選択肢の望ましさを比較するために必要であり，知能の定量的な研究にも有用である。

2.1　効用理論

人々はどのように行動や品物を選ぶのだろうか。人々がどのように意思決定を行うかについて多くの異なる理論があるが，それらのほぼすべては，効用や価値という概念に基づく。意思決定の理論では，効用と価値という二つの用語は似たような意味を持つ。効用や効用関数という語は，経済学における公理的・数学的な理論の文脈でよく使われる。対照的に，価値や価値関数は，選択との関係がより近似的，もしくは経験的に推定されるときに，より多く使われる傾向がある。現在のわれわれの議論にとっては，それらの区別は重要ではないので，ここでは効用に注目しよう。

効用には二つの区別がある。序数的効用は，異なる選択肢の順位を決めるもので，好みに従ってすべての選択肢を順序付けることができるようにする。言い換えると，二つの選択肢のうちどちらがより良いのかを決めるのみで，どれくらい良いのかを決めるのではない。対照的に，基数的効用とは，私たちが一方と比較してどれだけ良いのかを決めることができるように，選択肢に実数を割り当てる。本章では，序数的効用よりも数学的に計算しやすい，基数的効用に注目する。赤，黄，青色の傘の中から一つ選ぶ場合を考えてみよう。青があなたの好きな色で，赤が嫌いな色だとしよう。この場合，それぞれの傘の効用を１，２，３と仮定すると，青い傘が効用を最大化するから，あなたは青い傘を選ぶということになる。同様に，もし他の誰かが赤い傘を選ぼうとしている時，その人にとっては赤い傘の効用は，黄色と青い傘の効用よりも大きいことが，あなたにもわかるだろう。

基数的効用は実数であるから，基数的効用に基づく選好は，実数のすべての性質を持つ。例えば，推移性は実数の性質の一つである。任意の３つの実数，a，b，cは，もしaがbよりも大きく(a>b)，bがcよりも大きい(b>c)なら，aはcよりも大きい(a>c)。それゆえ，基数的効用は推移性を持ち，もし効用がすべての選択肢に割り当てられれば，選択肢に順番を付けることができる。誰かがブドウよりもリンゴを好み，リンゴよりもオレンジを好むとしてみよう。推移性は，その人はブドウよりもオレンジを好むという結論を導く。

どのように意思決定がなされるかを比較的単純に記述することで，効用は，意思決定の理論で重要な役割を演じる。すべての選択肢について効用が知られている，もしくは，決定されれば，これらの選択肢のどんな組み合わせにおいても，ある一つを選ぶという問題をすぐに解決できる。意思決定問題がどれくらい複雑かにかかわらず，効用理論は，意思決定者が最大の効用を持つ選択肢を選ぶだろうと常に予測する。より重要なことは，この同じ理論は，すべての可能な選択肢の一部のみが利用可能な時でも，どの選択肢が選ばれるかを決定する。あなたの近所に４つのレストランがあるとしよう。レストランの名前を，A，B，C，Dと呼ぼう。もし，これらのレストランが互いに無関係に営業しているなら，これらのレストランが営業している組み合わせは，ある日において，合計16通りである(訳注：営業するかしないかの２通りが，４つのレストランについてそれぞれあるから，合計2^4=16通り)。営業しているレストランの一つを選ぶことを考えてみよう。もし営業しているレストランがないか，一つのレストランしか営業していなければ，何も選ぶ必要はない。このため，そのような５通りを排除できるから，11個の選択問題がある。例えば，今日は，レストランAとBのみが営業していて，明日は，D以外のレストランが営業するとする。もし，レストランの選択で効用を考えないなら，これら11個の選択問題のそれぞれを解決しなければならない。対照的に，効用を考えるのであれば，レストランの営業にかかわらず，どのレストランを選ぶべきかを決めることができる。効用がどの程度意思決定を簡単にできるかは，選択肢の数とともに増加する。例えば，ニューヨークには２万５千以上のレストランがあり，その選択問題は実際的にほぼ無限大である。食事する場所を選ぶような比較的単純な問題でさえ，効用なしでは途方もなく複雑となりうる。選択肢のどの特徴に着目して選ぶかを決めるのに，効用は，便利な手段である。我々の行動の結果は，常に不確かで，すぐに分かることはほとんどない。例えば，オンラインストアで何かを注文するとき，すぐには何も届かず，期待していた通りの物が届かない可能性も常にある。すなわち，実生活における意思決定は常に不確実性と遅延を伴う。もし我々の行動の結果を正確に予測することができれば，意思決定問題は些細なこととなる。すべての望ましくない事故を避けることができ，常に当たる宝くじを買うことができる。しかし，実生活では，我々の行動の結果は常に不確実性がある。同様に，すぐに満足できる状況も珍しい。行動の結果は，数時間，ときには何年も遅れるのが通常である。行動から予期される結果が起こるのが遅れるほど，不確実なほど，我々はその行動を選ばないだろう。行動のそのような変化は，効用のフレームワークを用いて，体系的にかつ正確に記述できる。

2.2　時間と不確実性

意思決定の目的は，単に，得られる報酬を最大にするように選ぶことではない。考えうる最も良い結果が得られるはずの行動のリスクやコストが大きすぎることもある。効用理論は，報酬の確実性（訳注：統計学用語では尤度）や即時性といった要素が意思決定にどのように影響するかを理解するのに役立つ。

数学では，ある事象が起きるかもしれないという尤度は，確率で表現される。確率がゼロの事象は決して起こらないし，確率が１の事象は常に起きる。それゆえ，ある不確かな結果についての効用は，その結果の効用と，その結果の確率の積と考えるのは自然だろう。この積は期待値と呼ばれる。しかし，ある不確かな結果の効用は，常に期待値と一致するとは限らない。誰かが，100ドル当たるかもしれないくじをあなたに売りたいとしよう。もしこのくじが10ドルなら，あなたは買いたいと思うだろうか？　もちろん，これはくじの確率による。もし，くじの当たる確率と当選金をあなたが知っていたら，くじの期待値は，これらの二つの積で与えられる。例えば，もし，くじの当たる確率が10％なら，当たれば100ドルのくじの期待値は10ドルとなる。もし，あなたが期待値に基づいて選ぶなら，くじの値段が10ドル以下なら，買いたいと思うかもしれない。しかし，売主は損したくないので，そのような寛大なくじは存在しない。現実のくじの価格は期待値よりも常に高いけれど，それでも人々はくじを買う。これは，単に期待値に基づいて意思決定をしているわけではないことを示唆する。

なぜ効用は期待値と異なるのか？　これには二つの大きな理由がある。第一に，結果の客観的な指標が，その効用を常によく予測できるとは限らない。これは，お金のように，客観的な数値を持つ結果についてでさえそうである。例えば，20ドルの効用は，10ドルの効用の２倍になるわけではない。同様に，食物や音楽の質について，数字でランキングを付けることも，効用を反映しそうにない。それらから期待される喜びは主観的だからである。第二に，結果が起こる確率を正確に知るのが難しい。これは特に，低い確率で起こる事象について言える。あなたが車の事故や停電にあう確率はどれくらいだろうか？　あなたの全人生の経験を合わせたとしても，そのような問いに正確に答えることは難しいだろう。同様に，我々の生活で求める多くの品物の望ましさはしばしば正確に推定できない。

確率に加えて，効用に大きな影響を与えるもう一つの要因があり，それは遅延である。望ましいが遅延する可能性のある結果の効用は，どれだけ遅延するかに比例して減少する。これは時間割引と呼ばれる。将来の報酬の価値は，報酬が(得られるのが)遅れるとともに急激に減少する，つまり時間割引が起こり，すぐに手に入る結果の方により重きを置く意思決定がなされる。もしあなたが，すぐもらえる100ドルと１週間後にもらえる200ドルの選択を与えられたら，あなたはどちらを選ぶだろうか。すぐに100ドルを必要としていない限り，人々は１週間待って100ドル多い方を選ぶだろう。この例のように，待ち時間が異なる二つの結果の選択は，異時点間選択(intertemporal choice)と呼ばれる。

1960年代，ウォルター・ミシェルは，今ではマシュマロ実験と呼ばれる，５～６歳の子供に単純な選択を行わせる実験を行った。子供は目の前にあるマシュマロをすぐに一つ食べて家に帰るか，実験者が打ち合わせから戻るのを待ってから２個のマシュマロを食べるか，選ぶことができる。実験者が部屋を出た後，子供がマシュマロを食べるまでの時間を記録して調べるのである。もちろん，その時間には個人差がある。ある子供は実験者が部屋を出るやいなやマシュマロを食べてしまったし，他の子供は実験者が20分後に戻ってくるまで待つことができた。ウォルター・ミシェルと同僚が，待つことで２個目のマシュマロを手に入れる能力が，子供の後の人生に影響を与えるかを調べたところ，忍耐強い子供の20 ～ 30年後の人生を予測できることがわかった。より忍耐強い子供は，IQとSAT（訳注：アメリカの大学進学適性試験）のスコアがより高く，医者や弁護士のようなより高収入の職業に就く大人となっていた。彼等はまたより健康的で，刑務所に入る可能性もより低かった。

マシュマロ実験で示されているように，異時点間選択における目先の欲求を辛抱する能力は，他の動物と比較して，人間で最も顕著である。人間は現在の小さい報酬を控え，将来のより大きい報酬を待つ特別な能力を持つ。異なる動物種において，待つことでより大きい報酬を手に入れる能力を測定した研究は数多くある。例えば，すぐに貰える報酬の２倍を手に入れるのに待つことのできる最大の時間を調べた比較研究から，ネズミのような哺乳類は，鳩のような鳥よりも辛抱強いことが分かっている。つまり哺乳類の間でさえ違いがある。例えば，霊長類はげっ歯類(訳注：ネズミなど)よりも忍耐強く，霊長類の中でも，チンパンジーのような類人猿の方が，他のサルよりも忍耐強い。これまでに調べられた動物の中で，人間が最も辛抱強い。一番高い報酬を後回しにすることを好む人さえいる。例えば，寿司や飴などを食べるとき，一番のお気に入りを最後までとっておくこともある。これは，時間割引とは逆である。なぜなら，遅延のある報酬の価値は，遅延とともに増加しており，それゆえ負の時間割引，もしくは負の時間選好と呼ばれる。

将来の報酬のために働く能力は社会的な文脈で特に重要であることに注意する必要がある。これは，協力や社会規範に従うことなど，社会的に望ましい行為は，各個人の利益をすぐにはもたらさないからである。本書の後の章で議論するように，人々はしばしばお互いに助け合う。人々が協力しあい，利他的に振る舞う，重要な理由の一つは，良い評判を得るため，そして維持するためである。良い評判の利益は，しばしば不確かで，だいぶ時間がたった後に実現される傾向がある。それゆえ，そのような利益は，すぐに得られる小さい報酬を諦め，将来のより大きい報酬のために働こうとする人々にとってのみ魅力的である。

2.3　優柔不断：ビュリダンのロバ

経済学における効用理論では，すべての利用可能な選択肢の効用を比較し，最大の効用を持つそれを選択することで，あらゆる選択を行う。もし二つの選択肢が全く同じ効用を持っていたらどうなるだろうか。重労働で疲れ果て，のどが渇いた空腹のロバに，水と食物が与えられるところを想像してほしい。これらが全く同じ効用を持ち，ロバから全く同じ距離の位置においてあるなら，どちらがより大きな効用を持つかを決めることは不可能であり，可哀想なロバは決断できないことによる飢えと渇きの結果，死んでしまうかもしれない。この仮想的な状況は，14 世紀のフランスの哲学者にちなみ，ビュリダンのロバとして知られる。

ビュリダンのロバは本当に存在するのだろうか。もしある選択肢が他のそれよりもだいぶ良いなら選択は簡単である。もし二つの選択肢が多くの点で異なり，どちらも同じくらい魅力的であるなら，選ぶのはとても難しくなる。これは，ビュリダンのロバのようなものである。我々の日常生活では，コカコーラとペプシコーラのような異なる飲み物や，同じ飲み物の異なるボトルの中から，どれを選ぶかというように，些細だが難しい選択にしばしば直面する。レストランでメニューから料理を注文しようとするとき，メニューにある食物がどれもおそらく美味しいだろうとしても，大抵の人は選ぶのに悩む。その場合，同じような価値を持つものの中から，どれを選ぶかについて，しばしば多くの時間を費す。最終的に選ぶことができたとしても，熟考に費した時間を正当化するのは難しいかもしれない。ノイズが多く確率的な脳の情報処理のために，果てしない正確さですべての選択肢の効用を計算する能力を我々が持たないからである。選択肢が等しく魅力的なとき，選んだものを消費し始めるやいなや，気が変わるかもしれない。例えば，アイスクリームの味を選ぶとき，選んだ後に，他の味を選べばよかったと思うかもしれない。これは，少なくとも部分的には，感覚適応によるかもしれない。ストロベリーアイスクリームが我々の鼻と口にある感覚受容器を一度刺激し始めると，ストロベリーアイスクリームの喜びは減少し，バニラアイスクリームの価値を相対的に高めるのである。

2.4　効用理論の限界

効用理論は，意思決定の理論においてきわめて重要な役割を果たす。しかし，これは，異なる選択肢から選択をするときに常に効用が計算されるということを意味しない。効用に基づく選択は推移性があるから，推移性のない選択パターンは，効用に基づいていない。例えば，ある人がAよりC，CよりB，BよりAを好むなら，効用とは一致しない。一貫した推移性をもって選択しない人は，Aの代わりにBを手に入れ，そのBの代わりにCを手に入れ，そのCの代わりにAにお金を払おうとする，マネーポンプに陥る(訳注：マネーポンプとは，意思決定者が利益を得ることなく，各選好を満たすためだけに繰り返しお金を払おうとさせる非推移的，循環的な選好のパターンのこと)。非推移的選好は明らかに非合理的だが，複数の基準で選択をするとき，選択は推移性を破ることが多い。一例を説明しよう。

価格と燃費の異なるA，B，Cという３つの車があるとする。価格は，AよりもB，BよりもCが好ましい(安い)。これらから，Cは，Aよりも好ましい。燃費は，CよりもB，BよりもAが良い。つまり，AがBよりも，BがCよりも好ましい。燃費をより気にする人は，BとCから選ぶときはBを好み，AとBから選ぶときはAを好むだろう。ここで，Bが売り切れ，手に入れられなくなったとして，同じ購入者はAとCから選ぶ必要があると考えてみよう。どちらを選ぶだろうか？　もし推移性に従って選び，燃費がまだ唯一の重要な基準だったなら，Aを買うに違いない。しかし，AとCの価格差は，AとB，もしくは，BとCの価格差よりも大きいだろう。高価格のAを買うことには満足できず，より安い車であるCを選ぶかもしれない。そのとき，推移性が破られる。この例のように，選択肢が異なる組み合わせで提示され，選択肢を比べるために使われる基準が変わる場合には，推移性は破られうる。推移性の破れは，どのような効用関数によってもそのような選択を記述できないことを示す。これは，選択の特定のパターンを予測するために，効用理論に依存する経済学者にとっては致命的に見える。あなたは，選択肢が新しい組み合わせによって提示されたときに，毎回効用が計算されると主張するかもしれない。例えば，車B，もしくは車Cのどちらと比べるかによって，車Aの効用が変わると考えることもできる。しかし，どのような選択のパターンでも，その選択と一貫性をもたせるように効用を考えることができるから，魅力的な回答ではなく，倹約的でもない。

効用関数には別の弱点もあり，選択をするために効用が計算されて使われているのか，またそれがどのようになされているかを行動観察だけでは明らかにできない。効用関数に必要な条件を満たす行動は，効用関数を明示的に使うことなく生じうる。例えば，ひまわりが茎を傾けて常に太陽に向くことを考えてみよう。ひまわりの効用関数を，太陽の向きから茎の向きが何度ずれているかに反比例する量として定義するなら，太陽の振る舞いは効用を最大化した結果のようにも見える。そのような仮説的な効用関数に従う化学物質を見つけることができるかもしれない。しかし，そのようなひまわりの振る舞いは，効用関数を使わずに太陽を追跡する仕組みによって完全に制御されているのかもしれない。例えば，もし朝にひまわりを180度回転させて西を向くようにすれば，太陽を追わずに，日中，西から東へ向き始めるだろう。ひまわりの動きは，太陽の追跡のための仮説的な効用関数の最大化とは一致せず，機械的な反応の予め決まった順序から生じていることを示す。ひまわりの自然な振る舞いを観察するだけでは，これらの二つの可能なシナリオを区別することは簡単ではない。

実際，ゲーム理論のように，多くの経済学の派生分野では効用理論が堅固な数理的な基盤を与えているが，経済学者は効用が本当に存在するか否かを調べることにはほとんど興味がなさそうである。経済学者は，もし効用理論により消費者と会社の複雑な振る舞いを倹約的に説明できるなら，効用が脳の中で計算されているか，その計算はどのようにされているかにかかわらず，効用理論には実際的な価値があるとしばしば議論する。これは効用のような，その提案された仮説的な量が実際に存在するかのように経験的なデータを説明しているから，アズ=イフの法則(as-if theory)の例である。明らかにアズ=イフの法則は，主要な部分が測定されて直接検証される理論に比べ不十分である。

最近になるまで，効用が選択に関わっているかという質問は，重要な科学的な問題として考えられてこなかった。なぜなら，人間の脳の機能を正確に調べることのできる方法がなかったからである。たとえ効用が脳の中で表現されていたとしても，人間の脳が選択肢の効用を計算しているか，どのように計算しているか，選択の際にどのように使われているかを調べることは不可能だった。しかし，この20～30年で状況は大きく変わった。今では，人々が様々な意思決定を行っているとき，脳の中の効用に関連する信号を測定することができる。神経経済学(Neuroeconomics)，もしくは，意思決定神経科学(Decision neuroscience)という分野が出現した。その結果，将来，脳の活動を測定することで，人々が何を選択するかを予測することが可能になる。これにより，効用理論を経験的に検証し，生物学的に精緻化していくことができる。

神経経済学の研究上の発見は，多くの分野に応用可能である。もし，ある新商品について消費者の効用が測定できたら何が起こるだろうか？　過去には，新商品と市場戦略を開発するために，調査と質問に大いに頼っていた。参加者の行動は質問者のわずかな手がかりによって影響を受け，そのため質問者の意図に不当に従ってしまうので，これらの方法は必ずしも信頼性があるわけではない。調査と質問はまた，それらを受ける人達が自分の好みをはっきりと自覚し，言語を用いて報告することができることを仮定しており，これが常に正しいとは限らない。今では個人の好みについての情報を，言語を用いて表現できなくても脳から抜き出すことができる。これは神経市場調査(Neuro-marketing research)でよく用いられる手法である。

神経経済学研究の最も刺激的な応用は，効用を人工的に操作できる可能性についてかもしれない。1950年代の始め，ジェームズ・オルズとピーター・ミルナーは，ネズミがレバーを押すことで脳の中のいわゆる快楽センターを電気的に刺激できるという実験を行った。これらの実験では，動物は肉体的に疲れ果てるまでレバーを押し続けた。同様な実験は人間でも行われた。例えば，1970年代後半，ロバート・ヒースは，患者の中隔核として知られる脳の領域を電気的に刺激することでオーガズムを引き起こすことができた。患者のそのような脳領域に脳外科医が電極を挿入し，患者が望む快楽経験を作り出すことは技術的には可能である。将来，同程度の効果を実現する，もっと単純で外科手術を伴わない方法が発明されるかもしれない。もしあなたがそのような装置を身につけてしまうと，どのような行動をしても快楽を経験することができる。例えば，皿洗いのようなつまらない作業の効用を，この装置を使うことで高めることができる。これはあなたの効用を人工的に変えることができることを示唆する。ある行動を行う前と後で，その行動の効用が違うとき，効用を増加させたのは，どの行動か，決定できるだろうか？　同じ行動を選ぶことがその効用を変えうるとき，その行動の効用を計算することは論理的に可能だろうか？　言い換えれば，異なる効用関数で(同時に)効用を考えることは可能であろうか？　そのような技術が現実になる前に，この論理的な問題について考えることは有用だろう。

2.5　幸福

神経経済学での発見は，我々の社会に多くの示唆を与える。効用は幸福と密接に関連するから，神経経済学から学んだことは，我々の生活の質をどのように改善するかに影響を与えるだろう。いくつかの国の憲法やアメリカ合衆国の独立宣言で述べられているように，幸福の追求は人間の基礎的な権利として広く考えられている。それにもかかわらず，幸福を客観的に定義することは簡単ではない。実際，科学者たちは，幸福，もしくは，主観的な福祉(wellbeing)が科学的な問いのテーマとなりうるかについて必ずしも一致していない。この複雑さにもかかわらず，効用と幸福の類似性と相違を理解することは有用だろう。この目的のために少なくとも幸福の二つの異なる意味を区別することは重要である。

第一に，幸福とは，ある人が現在の状況に満足している状態のことだろう。これは，誰かが「私は幸せである。」というときや，誰かに幸せかどうかを尋ねるときに，一般的に人々が思うことである。この種の幸福は，経験した幸福(experienced happiness)としばしば呼ばれる。経験した幸福は完全に主観的であるから，これを測定する唯一の方法は，人々に直接幸福かどうかを尋ねることである。しかし，人々の言葉での報告や言葉によらない報告が，人々が本当に正確に幸福かどうかを反映しているかの保証はないので，経験した幸福を客観的に定量的に研究することは難しい。さらに，経験した幸福は，言葉を持たない動物では研究できないし，報告に必要な反応を示すことができない課題を人々が実行している間は調べることができない。もし経験した幸福が脳の中の神経細胞の活動で決定され，それに反映されているなら，神経経済学は解決法を与えるだろう。それゆえ，神経活動と経験した幸福の間の関係をよりよく理解するにつれて，経験した幸福をより科学的に研究することが可能となるだろう。

第二に，幸福とはまた，ある特定の目的を達成したときに感じる満足や喜びについての予測のことをいう。これは，予期した幸福(anticipated happiness)と呼ばれる。予期した幸福はまだ経験していないから，単に予期に過ぎない。それにもかかわらず，予期した幸福は経済学の効用に密接に関連する。実際，もし人々が自己の予期した幸福を最大化するように常に振る舞うのであれば，予期した幸福が効用ということになり，効用の最大化は，可能な限りの幸福だということを意味するだろう。

もし人々が常に，あらゆる行動をとったときに将来どれくらい幸福であるかについて正確な知識を持つなら，経験した幸福は予期した幸福とほぼ一致するだろう。残念ながら，実際はそうではない。予期した幸福と経験した幸福には，大きな不一致が見られる。幸福は時間とともに変わりうる主観的な感覚であるから，おそらく驚くことではない。例えば，もし，賭けで数億円勝てれば，その後の生活は幸福だと思う人もいるだろう。しかし，実験研究は，そのような喜びは比較的短期間しか続かないことを示してきた。同様に，交通事故で四肢が麻痺するような不運な出来事に遭遇しても，主観的な幸福は，すなわち経験した幸福は，多くの人が考えるよりも早く，以前のレベルに戻る傾向がある。これらの発見は，経験した幸福には設定点(set point)があり，経験した幸福は嬉しいまたは悲しい出来事があったとしても，長期的には同じベースラインに戻る傾向があることを示唆する(図２－１)。

経験した幸福がベースラインに戻るという事実は，脳が環境からの感覚刺激をどう処理しているかによく似ている。動物が同じ刺激を繰り返し経験するとき，感覚順応に至り，将来，同じ刺激に対してあまり敏感でなくなる傾向がある。これは脳の中の知覚的なシステムが，環境の変化，もしくは，明暗などの差を検出することに焦点を絞っているからである。例えば，様々な物体が反射する光の量や明るさは，それを照らす光や照明の条件によって大きく変わり，平均的な明るさは，我々が関心を向けている物体が何であるか，ほとんど情報をもたらさない。それゆえ，明るさや暗さへの視覚の順応は，視覚入力の平均というよりも，そのパターンに注目させる。よく照らされた領域に突然移動するとき，我々の視覚は明るさに適応するまで光順応を経験する。逆に，暗い劇場に入ると，暗順応によって物体がよく分かるようになるまでに数分かかるだろう。

同じ原理が，幸福や，日々の喜びの経験や予測にも当てはまる。これは，

図２－１　幸福の設定点が，ある嬉しい出来事の後に（灰色の四角で示している期間），どのように時間とともに変化するかを決める

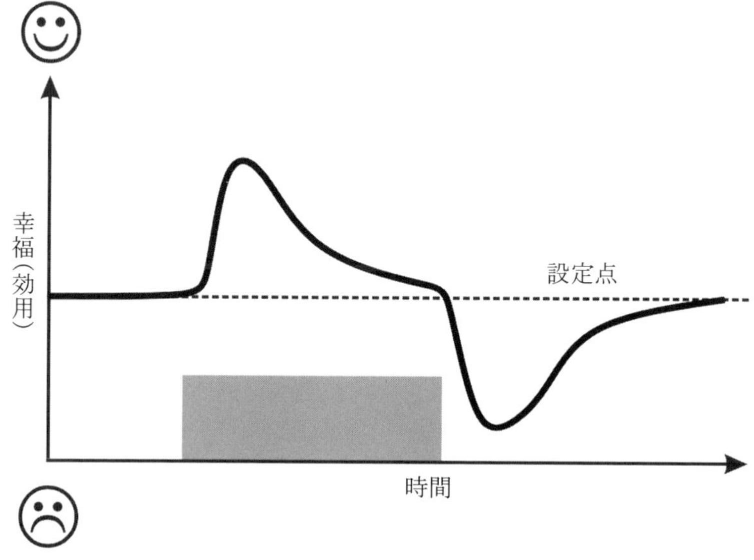

よく統制された動物実験においても実証できる。例えば，直線のトラックの端にお腹の空いたネズミを置き，もう一方に食物を置けば，動物はその食物を得るためにトラックを走ることを容易に学習するだろう。ここで，ネズミたちを二つの実験グループに分ける。あるグループでは，トラックの片方の端に２個のペレット（訳注：小さい固形飼料）を置くが，もう片方のグループでは，６個のペレットを置く。予想できるように，ネズミは２個のペレットを手に入れられるときよりも，６個のペレットを得るときにより早く走る傾向がある。これは驚くことではない。次に，両方のグループの動物が同じ数のペレットを食べた後に，４個ペレットを用いる実験で走る速度を測定する。何が起きるだろうか？

もし食物の量が，この実験で動物のモチベーションを決める唯一の要因であるなら，走る速度はどちらのグループでも同じだろう。しかし，これは研究者の見つけたこととは異なる。実際，２個のペレットを受け取っていたネズミは，６個のペレットを受け取ったネズミたちよりも，速く走り始めた。

これは，設定点の理論と一致している。動物がそのために働いている食物の絶対的な量ではなく，前より多く，または前より少ない食物を得ようとしていることが，動物のモチベーションを決めている。動物が報酬の量が増えるとき，より一生懸命に働くために，よりモチベーションが高まるという事実は，予期した幸福，または効用は報酬が予期したものより良かったときにより高いことを示唆する。1940年代に行われたこの実験は，順応の過程が感覚だけでなく，モチベーションにも当てはまることを示した最初の実証例となった。この実験で実証された現象は，誘因対比と呼ばれる。我々の視覚系が主に変化や対比に敏感なように，我々のモチベーションも，絶対的な量より予期した報酬の量の変化を反映する傾向がある。

幸福が結果的に設定点，またはベースラインに戻るという傾向は，ある望ましい出来事の後に，幸福感を無限に持続させることは不可能であるかもしれないことを示唆する。これは快楽のトレッドミル(訳注：ジムなどにあるランニングマシン)と呼ばれる。トレッドミルの上で走ってもどこへも行かないのと同じように，何か欲しい物を手に入れたとしてもそれは一時的な満足を得るのみである。かねて願っていたことがかなったことで生じる喜びが長続きしないことは，古今東西を問わず，学者らによく知られていた。例えば，仏教でもストア哲学でも，盲目的に快楽を求めることは，長い目で見れば，より良い生活を導かないと考えられている。楽しい経験を避けた方が，より高い幸福を導くというのは，直感に反するかもしれないが，これは，幸福の感じ方に，設定点／ベースラインが存在するからである。これは禁欲が期待のレベルを下げるので，小さく，些細な喜びをもたらす結果であっても，満足と幸福を得られるからである。本書の後半で，どのように我々の脳が，この逆説的にも見える性質を進化的に獲得したかを議論する。

2.6　効用理論と脳

行動の観察だけでは，選択肢の効用を明示的に計算し，比較して意思決定を行っているかどうかを決定することはできない。これを調べるために，脳内で何が起きているかを知る必要がある。意思決定は脳の機能であるから，もし選択が最大の効用を持つ選択肢を選ぶことで行われているなら，効用に直接関連する脳活動を測定できるだろう。さらに，もし誰かの脳活動を測定することで効用を正確に推定できれば，その人が何を選ぶかを予測することもできるだろう。もちろん，これは，もし脳活動を十分に正確に測定でき，脳活動から効用を導出する解析手法があってこそ可能となる。19世紀に効用理論の基礎を築いた経済学者フランシス・エッジワースは，そのような機械はいつか実現し，快楽の量を測ることができるだろうと想像して，その装置を「快楽メーター（hedometer）」と名付けた。約百年後，機能的磁気共鳴イメージング（functional magnetic resonance imaging; fMRI）の発明により，そのような実験が現実となった。

現在，fMRIは，生きている人の脳活動を最も効果的に測定する手法である。元々，磁気共鳴イメージング（MRI）は，脳のような生物的な組織の構造を診断するために開発された。MRIは強い磁場の中で短時間電波によりプロトンを共鳴させるときに生じる信号に基づく。プロトンは，水を構成する水素原子の核である。それゆえ，脳を含む人間の体には多くのプロトンが存在する。プロトンからの信号はその周囲の組織の化学的組成によって変わるので，MRIを用いて脳の構造を診断できる。さらに，1980年代後半，血液に含まれるヘモグロビンは酸素が結びついているか否かによって磁気的性質が異なるので，血管に含まれる酸素のレベルを測定するためにMRIが使えることが発見された。脳領野における血液酸素濃度は，その領野の神経活動の大きさによって変わるので，MRIで測定可能な血中酸素濃度依存型（Blood-oxygen-level-dependent; BOLD）信号を示す。解剖学的構造を測定するのに使われるMRIと区別するために，この新しい手法は機能的MRIもしくは，fMRIと呼ばれる。生きている人間から活動電位や神経伝達物質の放出を直接測定することは，侵襲的な手術なしには不可能である。

MRIの機械の中で被験者が様々な意思決定をしているときに異なる脳領野のBOLD信号がどう変化するかを調べるためにfMRIが使われ始めた1990年代中頃，人間の意思決定に関わる脳機能研究は加速し始めた。その結果として，効用に関連する脳信号を見つけるために数百の研究が行われた。これらの研究は，きわめて広いトピックをカバーする。例えば，これらの研究の多くは，食物の種類や望ましさに従って，異なる脳領野の活動がどう変化するかを調べた。他の研究では，金銭的な報酬の大きさと確率がどう脳活動に影響するかを調べた。実際，性的な画像やこっけいな話など，人間に満足を与えるあらゆる種類の報酬に関連する脳活動のパターンとして特徴づけた。これらの研究の多くは，効用に関連する信号を持つ脳領野を同定するという共通の目的を持つ。その結果として，効用に関連する信号の信頼性を高く示す人間の脳領野として，前頭前野腹内側皮質と腹側線条体の二つがあることは多くの研究で一致している(図２－２)。様々な状況で，被験者が利用可能な選択肢の効用が増加すると，この二つの脳領野のBOLD信号は増加する傾向がある。これらの二つの脳領野は効用の計算，したがって，意思決定に関与する。

fMRI実験によるこれらの結果は注意深く解釈する必要がある。fMRI実験は神経活動を測定しているのではなく，神経活動と間接的に関連するBOLD信号に基づいているからである。BOLD信号は比較的遅く，個々の神経細胞の活動を観察するために必要な空間解像度もない。神経細胞が多くの入力を受け取り活動的になるとき，より多くの酸素とエネルギーを必要とするから，神経活動とBOLD信号の間には因果関係がある。それにもかかわらず，fMRIは単一の神経細胞の個々の活動電位を測定するために十分な空間的，時間的解像度を持たない。fMRIの典型的な空間解像度は約1mmであるのに対し，大脳皮質の神経細胞の細胞体は約20μmであり，fMRIの解像度の

図２－２　前頭前野腹内側皮質(ventromedial prefrontal cortex; vmPFC)と腹側線条体(ventral striatum; VS)を含む効用に関連するBOLD信号を示す脳領野

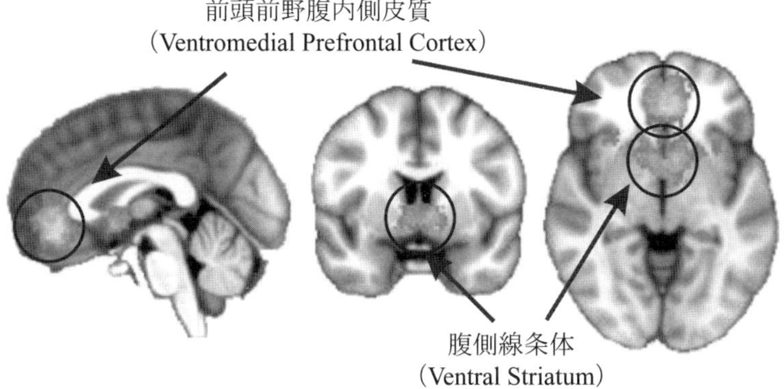

出典　(Figure 6A in Bartra O, McGuire JT, Kable JW (2013) The valuation system: a coordinate-based meta-analysis of BOLD fMRI experiments examining neural correlates of subjective value. *Neuroimage* 76: 412-427. Copyright (2013), with permission from Elsevir)を元に改変。

約50分の１である。同様に，fMRIの時間解像度は１秒以上で，一つの活動電位の時間の少なくとも1000倍もある。それゆえ，脳がどのように意思決定に必要な様々な種類の情報を処理しているかをより理解するためには，人間でのfMRI実験の発見は，動物実験によって補完される必要がある。個々の神経細胞の活動を直接観察できる動物実験では神経活動をより正確に測定することが可能だからである。

2.7　活動電位の意味

脳の個々の神経細胞の活動電位を測定することで，fMRIよりも脳機能に関するより多くの情報を得ることができる。第１章で議論したように，脳の神経細胞は活動電位を用いて互いにやり取りをする。しかし，ある神経細胞の活動電位を記録するためには，その神経細胞の近くに電極がなければならず，脳の奥深くにある神経細胞からそのような記録をすることは技術的に難しい。さらに，脳の大部分の神経細胞から記録される活動電位は，複雑な確率的なパターンを示す。ある神経細胞からの電気的な信号を増幅してスピーカーに繋げば，ポップコーンマシーンのような音に聞こえるだろう。単一の神経細胞からの信号をどのように解釈するかを理解するための重要なブレークスルーは，1932年ノーベル生理学医学賞を受賞した，イギリスの生理学者エドガー・ダグラス・エイドリアンによってなされた。エイドリアンは，神経細胞は活動電位の周波数を調節することによって情報を送ることができることを発見した。

1920年代に，カエルの坐骨神経からの電気信号を増幅して記録するために，エイドリアンは当時先端機器だった真空管アンプと電位計を利用した(図２－３)。彼はカエルの足に付けた重りを変化させたときの坐骨神経の活動電位のパターンを調べた。重りの情報は，カエルの脚の筋肉にある感覚神経細胞から，坐骨神経によって脊髄の神経細胞に送られる。エイドリアンは，重りが増すにつれて，ある時間間隔の中で生み出される活動電位の数が増えることを見つけた。対照的に，各々の活動電位の形とサイズは変化しなかった。それゆえ，彼は活動電位の単位時間あたりの比率が，カエルの脚の筋肉が重りによってどれくらい伸びているかについての情報を送っているに違いないと結論づけた。

図２－３　カエルの足の筋肉につながる感覚神経からの活動電位(下)を記録するためにエイドリアン(1926)が用いた増幅器(上)の模式図

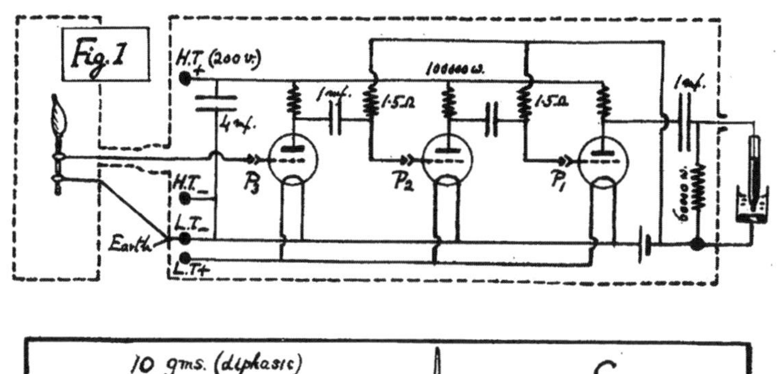

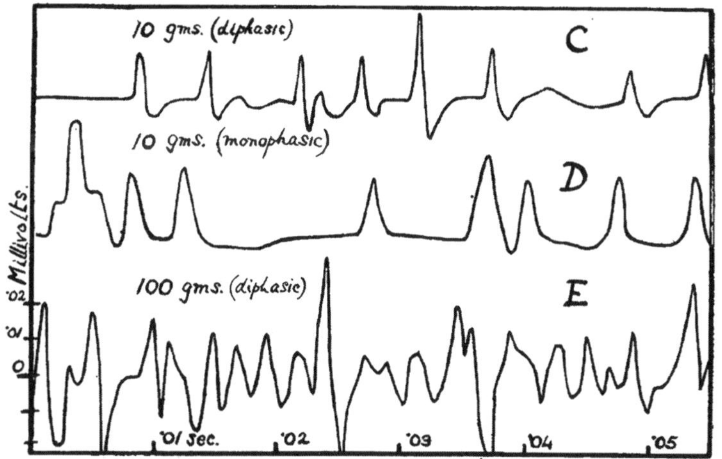

出典　(Figures 1 and 4 in Adrian ED (1926) The impulses produced by sensory nerve endings: Part I. *Journal of Physiology* 18: 49-72. Permission from Wiley.)

エイドリアンの発見は，きわめて重要であり神経科学においてその後多くの研究を導いた。元々の観察はカエルの坐骨神経でなされたが，同じ原理が他の神経系でもきわめて一般的であることがわかった。例えば，視覚皮質の神経細胞は，活動電位の頻度を変え，視野の中にある線が，どこからどこまで伸びているか，どのように傾いているかについての情報を信号にして送る。同様に，運動皮質の神経細胞は同じコードを用いて，手をのばす運動の意図した方向や，筋肉がどれくらいの力を生み出す必要があるかの信号を送る。したがって，発火率としばしば呼ばれる活動電位の頻度は，脳全体を通して個々の神経細胞によって運ばれる信号の性質を調べるために広く用いられる。

もし脳にある個々の神経細胞が独立に異なる種類の情報を伝達するなら，そのような信号は，個々の神経細胞の活動を検出するのに十分な解像度のないfMRIでどのように検出されるのだろうか？　fMRI実験で使われるBOLD信号は脳の中の小さい体積の代謝の変化を反映するが，これは多くの神経細胞を含んでいる。それゆえ，もし同じような機能的性質を持つ神経細胞が，ランダムに散らばっているのではなく，脳の中で空間的に集まっているなら，fMRI実験から意味のある結果を得ることが期待できる。もしある刺激に対して活動が減少する神経細胞が，活動が上昇する別の神経細胞と混在しているなら，その領域の多くの神経細胞の活動が変化しても，その平均的な活動，つまりBOLD信号は変化しないだろう。脳の中では，同じパターンの活動を示す神経細胞が空間的に集積しているから，ある脳機能に関連する神経活動を同定するためにfMRIを使うことができる。これは，感覚と運動機能に特化する皮質の領野においては特に当てはまる。また，意思決定や感情

図2－4　人間の視覚皮質から測定されたBOLD信号

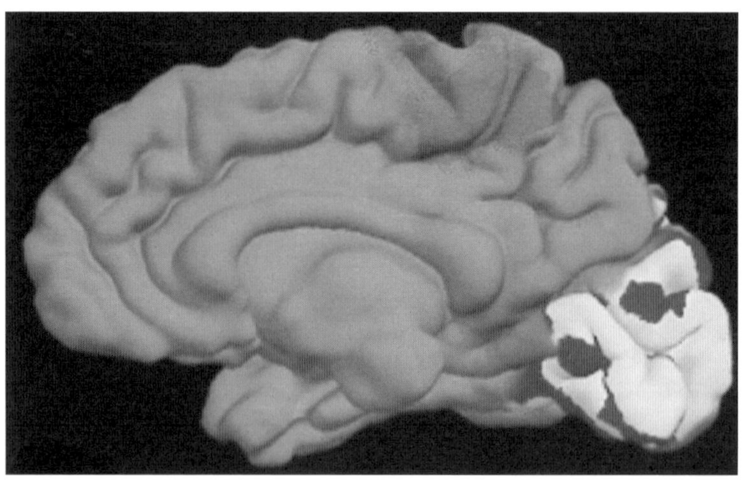

出典　(Figure 1A in Tootell RB, Hadjikhani NK, Vanduffel W, Liu AK, Mendola JD, Sereno MI, Dale AM (1998) Functional analysis of primary visual cortex (V1) in humans. *Proc. Natl. Acad. Sci. USA* 95: 811-817. Copyright (1998) National Academy of Sciences, U.S.A., with permission from National Academy of Sciences, U.S.A.)

に関連する要因と比較して，感覚刺激と運動反応はより容易に制御できるから，視覚と運動皮質で処理される情報を特徴づけるのはより簡単である。そのため，fMRIが最初に発明されたとき，その手法を検証するのに，視覚と運動皮質におけるBOLD信号を特徴づける多くの実験が行われた。例えば，被験者に視覚刺激を与えているか否かによりBOLD信号の強さが変化するかを調べることで，人間の脳の視覚皮質を特定する実験である。そのような実験により，人間の視覚皮質における視覚誘発的なBOLD信号は何度も実証されている(図２－４)。

現在fMRIは，疑いなく，人間の脳の機能を調べるために用いられる中心的な手法である。感覚と運動機能に関与する脳領域の研究に加えて，fMRIは意思決定のような他の認知機能に関連する脳活動を研究するためにも多く使われてきた。それにもかかわらず，人間や動物が適切な選択をするために，脳のさまざまな領域にある個々の神経細胞がどのように情報を交換しているのかを理解するために必要な情報を，fMRIがすべて提供してくれる可能性は低い。既に述べたように，多くのfMRI実験は効用に関連するBOLD信号を同定した。これは前頭前野と線条体が意思決定で重要な役割を演じることを示唆する。しかし，どのように効用の信号がこれらの脳領野で生成され，どのように個々の神経細胞の活動が意思決定に必要な効用と他の要因によって影響を受けるかを理解するには，動物実験が必要である。特に，げっ歯類やサルのような，ヒト以外の哺乳類の脳から個々の神経細胞の活動を記録することは，意思決定に関連する脳機能についての理解を深めるために必要な価値のある情報を与えてきた。サルの脳とヒトの脳は多くの類似性があるから，よく統制された意思決定課題を遂行するように訓練されたサルの実験はより貴重である。

例えば，サルは，すぐに貰える小さい報酬と，後で貰えるより大きい報酬のどちらかを選ぶように訓練できる。私の研究室では，コンピュータスクリーン上の異なる２箇所に，緑色と赤色の標的を提示して行った(図２－５左)。もしサルが赤の標的を注視するなら，３滴の甘いりんごジュースをもらえ，緑の標的を選ぶと２滴のジュースがもらえる。加えて，これらの標的の周りには小さい黄色の点があり，その点の数は，サルが標的を選択してからジュースを貰えるまでの時間を示している。標的の色と黄色の点の数の意味を一度理解すると，一貫した時間割引を示すようになる。すなわち，小さい報酬と大きい報酬の遅延が同じ時は，大きな報酬をサルは選ぶ。しかし，大きい報酬の遅延時間が長くなるか，小さい報酬の遅延時間が短くなると，小さい報酬をサルは好むようになる。さらに重要なことに，サルはそのような異時点間選択をしているとき，前頭前野皮質と腹側線条体の神経細胞は，標的から予測される報酬の量と遅延によって活動が変化する。これは，ある選択肢の効用を神経細胞が表現していることを示唆している（図２－５下）。

図２－５　サルが遂行する異時点間選択課題（上）および遅延報酬の効用と密接に関連する神経細胞の発火率（下）

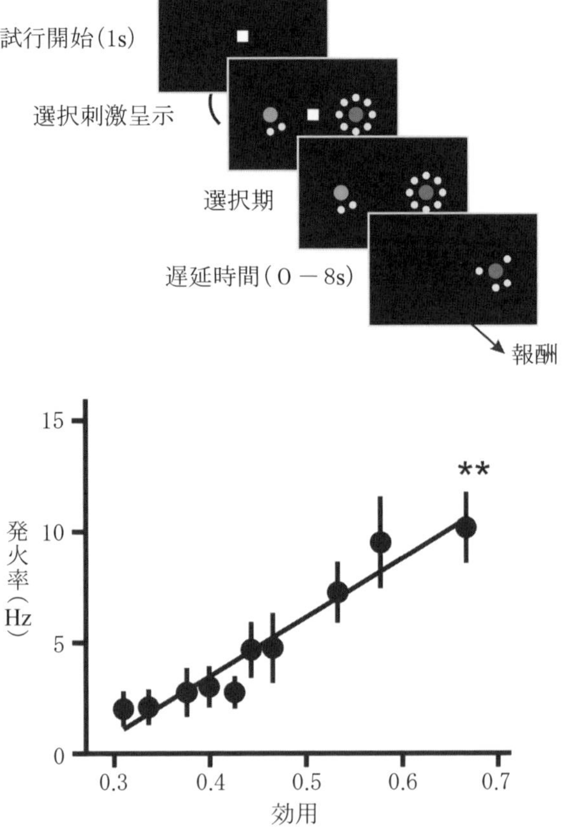

出典　（Cai X, Kim S, Lee D（2011）Heterogenous coding of temporally discounted values in the dorsal and ventral striatum during intertemporal choice. *Neuron* 69: 170-182. Copyright（2011）, with permission from Elsevier.）を元に改変。

2.8　効用の進化

効用は我々の選択の基礎をなし，我々がどれくらい幸せであるかを形作るかもしれない。何が効用を決めるのだろうか？　効用は遺伝的に決まることもある。生命体のほとんどの物理的な性質のように，効用は進化に従って選択されていることを示唆する。甘いものを好み，苦いものを避けようとすることを，環境を操作して変えさせるのは難しい。同様に，人糞や腐った食物をとることは不可能である。熱いものに触ったり，大きな騒音を聞いたりすることは，常に不快である。生物学的に，我々の生存に必須の栄養素を含む食物を好み，したがって，それに高い効用を割り当てることは進化の産物である。もし生存に必要な食物を常に避けたり，生存を脅かす状況を常に求めたりするなら，どんな動物も生き残れないだろう。一方で，経験によって変わる効用もある。たとえ初めは楽しんでいたものであっても，同じ食物をとったり，同じ音楽を何度も聞いたりすれば飽きる。もし好きな物が有害な化学物質を含んでいることを知ったら，それを好きでなくなるだろう。それゆえ，効用は遺伝的に決まるだけでなく，経験によっても決まる。本書の後半で，遺伝子と環境がどのように効用と我々の行動に影響を与えるかをより詳しく検討する。

参照文献

Adrian ED（1926）The impulses produced by sensory nerve endings: Part I. *Journal of Physiology* 18: 49-72.

Cai X, Kim S, Lee D（2011）Heterogenous coding of temporally discounted values in the dorsal and ventral striatum during intertemporal choice. *Neuron* 69: 170-182.

Bartra O, McGuire JT, Kable JW（2013）The valuation system: a coordinate-based meta-analysis of BOLD fMRI experiments examining neural correlates of subjective value. *Neuroimage* 76: 412-427.

Casey BJ, Somerville LH, Gotlib IH, Ayduk O, Franklin NT et al.（2011）Behavioral and neural correlates of delay of gratification 40 years later. *Proc. Nat. Acad. Sci. USA*. 108: 14998-15003.

Gallistel CR, King AP（2009）*Memory and the computational brain: why cognitive science will transform neuroscience*. Wiley-Blackwell.

Gilbert DT（2006）*Stumbling on happiness*. Knopf.

Glimcher PW, Camerer CF, Fehr E, Poldrack RA (2009) *Neuroeconomics: Decision Making and the Brain*. Academic Press.

Heath RG (1972) Pleasure and brain activity in man. *Journal of Nervous and Mental Disease* 154: 3-18.

Hwang J, Kim S, Lee D (2009) Temporal discounting and inter-temporal choice in rhesus monkeys. *Front. Behav. Neurosci.* 3: 9.

Ingle D (1968) Visual releasers of prey-catching behavior in frogs and toads. *Brain Behav. Evol* 1: 500-518.

Kahneman D, Diener E, Schwarz N (1999) *Well-being: The Foundations of Hedonic Psychology*. Russell Sage Foundation.

Kandel ER, Schwartz JH, Jessell TM, Siegelbaum SA, Hudspeth AJ (2013) *Principles of Neural Science*. 5th Edition. Mc-Graw Hill Companies.

Lee D (2006) Neural basis of quasi-rational decision making. *Curr. Opin. Neurobiol.* 16: 191-198.

Leigh JR, Zee DS (2015) *The Neurobiology of Eye Movements*. Oxford Univ. Press.

Loewenstein G, Read D, Baumeister RF (2003) *Time and Decision: Economic and Psychological Perspectives on Intertemporal Choice*. Russell Sage Foundation.

Logothetis NK, Wandell BA (2004) Interpreting the BOLD signal. *Annu. Rev. Physiology* 66: 735-769.

McComas AJ (2011) *Galvani's Spark: The Story of the Nerve Impulse*. Oxford Univ. Press.

Mischel W, Shoda Y, Rodriguez ML (1989) Delay of gratification in children. *Science* 244: 933-938.

Robinson DA (1972) Eye movements evoked by collicular stimulation in the alert monkey. *Vision Res* 12: 1795-1808.

Rosati AG, Stevens JR, Hare B, Hauser MD (2007) The evolutionary origins of human patience: temporal preferences in chimpanzees, bonobos, and human adults. *Curr. Biol.* 17: 1663-1668.

Thaler RH (1991) *Quasi Rational Economics*. Russel Sage Foundation.

Tootell RB, Hadjikhani NK, Vanduffel W, Liu AK, Mendola JD, Sereno MI, Dale AM (1998) Functional analysis of primary visual cortex (V1) in *humans. Proc. Natl. Acad. Sci. USA* 95: 811-817.

第３章　人工知能

20世紀の半ばまで知能は生物に固有のものとされてきたが，もはやそうではないのかもしれない。コンピュータ科学の進展と合わせて，過去60年の人工知能の進展は，産業と人間の文明の多くの面で根本的な変化をもたらした。人工知能は，かつて人工知能が人間のパフォーマンスを超えることはほとんど不可能と考えられてきた多くの領域で，絶えず人間の心の認知能力にチャレンジしてきた。例えば，1997年，IBMの人工知能チェスプログラムであるディープブルー（Deep Blue）は，チェスの世界チャンピオンであるガルリ・カスパロフに勝った。より印象的なのは，2016年，グーグルのディープマインド（DeepMind）のアルファ碁（AlphaGo）は，前の碁の世界チャンピオンであるセドル・リーを負かした。2017年，カーネギーメロン大学のノアム・ブラウンとトーマス・サンドルムによって開発されたリブラタス（Libratus）と呼ばれる人工知能プログラムは，ノーリミテッド・テキサス・ホールデム（訳注：ポーカーの種類の一つ）において，プロのポーカープレーヤーよりも優れていた。2019年，ディープマインドのアルファスター（AlphaStar）と呼ばれる人工知能プログラムは，高度なリアルタイム戦略ゲームであるスタークラフト（StarCraft）のプロプレーヤーたちを負かした。これらの眼を見張るような成功は学者たちを心配させた。そのうち幾人かは，人工知能が碁やチェスのような抽象的なゲームだけでなく，人間の知能のあらゆる側面において，人間の能力を超えることに対して準備するべきだと警告した。そのような人工知能は，超知能（super-intelligence）としばしば呼ばれる。

超知能は本当に出現し人間に置き換わり始めるのだろうか？　この問題に答える前に，人間の知能の本質について理解し，それが人工知能とどのように異なるかを理解する必要がある。そうでなければ，我々は表面的な類似性や違いにだまされるかもしれない。例えば，脳は細胞からなる構造物で，タンパク質のような多くの異なる生体高分子で作られているのに対し，デジタルコンピュータはシリコン(ケイ素)を用いる半導体によって作られている。それにもかかわらず，異なる材料でできているという事実は，人工知能は人間の知能と根本的に異なると捉える理由とは全くならない。人間の脳がどのように機能しているかを完全には理解できていないが，我々が今日知っているコンピュータよりも人間の脳に近い機械をいつか作ることは可能になるかもしれない。

現在の人工知能は，本質的に知的ではない。それは材料と構成が人間の脳と異なるからではなく，人間が選んだ問題を解決するように人工知能が設計されているからである。もし人工知能が本当に知的であるなら，それ自身の目的を持ち，それ自身のためにどんな問題に対しても解決法を探しだす必要がある。人工知能は，人工知能自身のためではなく，人間の福祉と繁栄を改善するために作られている。これは，人工知能が決して人間を傷つけることがないということを保証するものではない。人工知能の失敗や悪意のある人間の動機の結果として，起こりうるものだからである。それにもかかわらず，人工知能の成功や失敗を決定するのは人間である。実世界的な問題の多くは完全な答えがなく，最善の答えは，誰がその答えを評価するかによって異なりうるからである。このように，人工知能は人間という評価者の好みによって，異なって評価される可能性がある。

人工知能は，自身の幸福を考える効用関数無しには真の意味で知的ではない。もちろん，効用関数なしに意思決定ができるように，効用関数を考えない人工知能も可能である。しかし，前章で検討したように，効用は意思決定をより効率的にする。これは人工知能にも当てはまる。一連の複雑な問題を解くように人工知能ロボットを創る時，直面するすべての問題に対して明示的にすべての指示を用意することは不可能である。代替案が多数あり，前もって正確に選べないときに，すべての代替案について，人が効用を定義することもまた困難である。実際，深層強化学習(Deep Reinforcement Learning)のような最新の人工知能の技術では，人工知能は人間が与えた基準を用い，経験を通して効用を学習する。もし人工知能がそれ自身のために効用関数をどのように変化させるかを理解し始めれば，そのような人工知能は真に知的になるのであろうか？

前章では，人間と他の生物の知能の例を考えることで，知能についての直感的理解を深めた。本章では，生物学的な知能と人工知能を比較することで，知能と生命の間の関係をさらに検討していきたい。人間の脳とコンピュータには，根本的な違いがあるのだろうか？　もしコンピュータの技術が進歩し続けるなら，コンピュータは最終的には人間を凌駕するのだろうか？　これらの問いに対して答えを見つけるために，火星探査車の話に移ろう。人間が設定した効用関数を用いてロボットがどのように意思決定できるかの良い例になる。そして，なぜ真の意味での知能が生命を必要とするかを理解することになる。

3.1　脳対コンピュータ

我々はしばしば人間の脳とコンピュータを比較する。これはおそらく，これまではコンピュータが，人間が作った他のどの機械よりも難しい多くの課題をこなすからである。歴史を通して，人々は人間の脳と，そのときに最も複雑な機械を結びつけてきた。例えば，17世紀，パリ郊外，サン＝ジェルマン＝アン＝レーの王立庭園では，パイプを通る水の圧力によって機械の色々な部分の動きが制御されており，ルネ・デカルトはその水圧による自動

図３－１　フォン・ノイマン型機械の構造

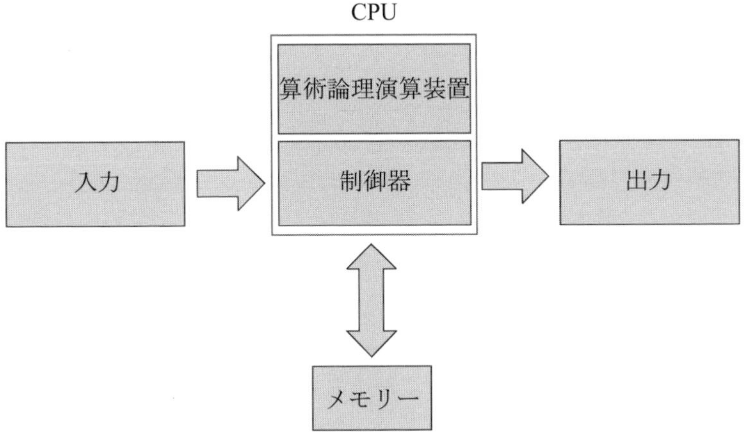

CPU

	算術論理演算装置	
入力 →	制御器	→ 出力
	↕	
	メモリー	

化と脳を比較した。同様に，19世紀後半，ジークムント・フロイトが精神分析の理論を開発した時は，蒸気機関によってインスパイアされていた。このように，今では我々は脳とコンピュータを比べるが，この比喩の正確さは我々の想像力の制約を受ける。

まだ我々が脳を詳しく理解していないという事実は脇においておくとして，脳を一種のコンピュータとして捉えるのには理由がある。まず初めに，コンピュータは人間の心と同様に機能するように設計されている。

元々コンピュータは，人間が計算するよりも計算速度と正確さを向上させるために，論理演算や数値計算を行うものとして発明された。コンピュータは多くの点で人間の脳の機能を真似するように作られ，脳機能についての我々の知識が，より良いコンピュータを作るための過程に組み込まれてきた。脳は，感覚刺激に含まれる情報を分析し保存する。次に脳はそのような情報を必要なときに取り出す。コンピュータも同様に動く。キーボードとマウスのようなデバイスから入力を受け取り，その入力に基づいて様々な計算を行い，追加の情報をメモリから読み込み，結果をメモリに書き込む。このような方式で動くコンピュータは，フォン・ノイマン・マシンとしばしば呼ばれる(図３－１)。もちろん，モーターやバルブなどのような追加の機械的な部品は，コンピュータによって制御される。機械がより洗練され，コンピュータがより強力になるにつれて，人工知能ロボットは人間のような知能を示すようになる。

脳とコンピュータの類似性はまだ終わらない。脳とコンピュータを構成する部品は，物理的な構造は全く異なるが，機能的な類似性を示す。これは特に現代のデジタルコンピュータによく当てはまる。ここで，脳の個々の神経細胞がお互いにどのようにコミュニケーションを取るか見ていこう。脳の各神経細胞の樹状突起は，他の数千の神経細胞から情報を受け取る。これらの信号には２つのやり方がある。いくつかの神経細胞は，細胞内の負の電荷の量を減らして活動電位を起こしやすくするのに対し，他の神経細胞は細胞内の負の電荷の量を増やす方向に働く。このような興奮性と抑制性の信号の合計が，神経細胞の活動電位を引き起こすか否かを決定する。仮に２つの入力だけを受け取る単純な神経細胞を考えてみよう。そのような神経細胞は両方の入力がアクティブのとき，常に活動電位を生じるだろう。また，少なくともどちらかの入力がアクティブであるときも，活動電位を生じるかもしれない。これらは論理演算に似ている。前者は，両方の入力が真のときに，真を出力する論理積(AND)に対応する。そして後者は，少なくともどちらかの入力が真のときに，真を出力する論理和(OR)に対応する。コンピュータでは，これらの論理演算が２進数の計算に用いられ，トランジスタを用いて物理的に実装されている。たった２つのトランジスタを用いて，論理積もしくは論理和を実行する単純な電気回路を作ることができる(図３－２)。それゆえ，脳のシナプスとコンピュータのトランジスタはよく似た機能を実行する。

多くのトランジスタは狭いスペースに集められ，集積回路またはチップとして知られる。コンピュータの脳とよく結び付けられる中央処理演算装置(CPU)もしくはプロセッサは，集積回路の一種であり，トランジスタの

図３－２　ANDゲートは神経細胞(左)もしくは２つのトランジスタ(右)を用いて実装される。インテルの8086チップ(下)のように，集積回路では多くのトランジスタが組み合わされている

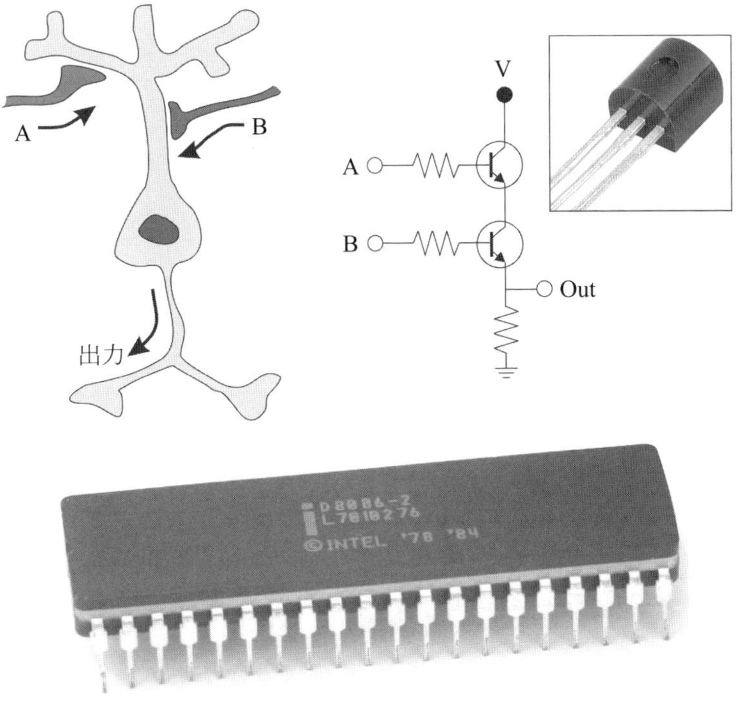

集合体でもある。例えば，1978年にリリースされたインテルの8086CPUは，29,000個のトランジスタを持つ(図３－２)。対照的に2019年にリリースされiPhone 11 Proで使われているAppleのA13には，85億個ものトランジスタがある。2020年にAmazonから出されたGraviton2と呼ばれる別のプロセッサは，およそ30億個のトランジスタを持っている。CPUにあるトランジスタの個数は，性能の指標としても使われ，指数関数的に増加する傾向がある。例えば，A13は8086の29万倍の数のトランジスタを持っていて，1978年から2019年までの41年間において，２年毎にトランジスタの数が２倍になると仮定した場合にほぼ符合する。高密度の集積回路におけるトランジスタの数が約２年でおよそ２倍になるという事実は，ムーアの法則としてよく知られている。これは，この現象を最初に発見した，インテルの創業者の一人，ゴードン・ムーアにちなんでいる。

3.2　コンピュータは人間の脳を超えるか

過去数十年の間に，CPUのようなコンピュータハードウェアが指数関数的に進歩してきたという事実は，コンピュータの性能が将来も指数関数的に進歩し続けるという楽観的な見通しをもたらす。それゆえ，ムーアの法則が将来も成り立つのなら，いつかコンピュータの性能が人間の能力を超えるかもしれない。トランジスタとシナプスの類似性は，脳とコンピュータの計算力を比較する方法を与える。すなわち，もし人間の脳の複雑さをトランジスタの数を用いて数値化できるなら，いつ人間の脳を超え始めるかを予測できる。人間の脳には約１千億個の神経細胞があり，各神経細胞は約千個のシナプスを持つ。それゆえ，人間の脳におけるシナプスの合計数は，およそ百兆個になる。もし，トランジスタとシナプスが同じ機能をこなすとみなすと，人間の脳は約百兆個のトランジスタからなるデジタルコンピュータに等しい。人間の脳の機能は，iPhone 11 Proのおよそ１万２千倍の計算力があるのに等しい。もしムーアの法則を外挿すると，2046年までに，iPhoneのような携帯型のコンピュータは人間の脳にあるシナプスの数と同じ数のトランジスタを持つようになる。コンピュータと人工知能の性能が人間の能力を超え始めるのは，技術的特異点(シンギュラリティ)と呼ばれる。「シンギュラリティは近い」において，著者のレイ・カーツワイルは技術的特異点は2045

年までに来ると予測した。しかし，そのような予測をするのは時期尚早だと疑うべきいくつかの理由がある。

第一に，人工知能は，明確な問題設定のできる特殊な領域での問題を解くにすぎない。人工知能は，人間が解くのに難しい複雑な問題を解くように開発されている。しかし，人工知能があらゆる問題における答えを見つけるためには，碁のように，問題が明確に定義される必要があり，見つけた答えが正解か否かを明確に判断できる必要がある。さらに，人間が人工知能を開発して以来，人間が得意でない問題，もしくは取り組みたくない問題を扱うように開発されてきた。したがって，環境が激変するときに柔軟な答えを人工知能が見つけ出すことは難しい。グーグルのディープマインドが開発した人工知能プログラムは，様々なビデオゲームをプレーするようにゼロから学習できるが，これらのゲームには多くの類似点がある。実世界において，人工知能が多くの異なる種類の問題を同時に解くことを学習できるようになるには，多くの時間が必要だろう。

第二に，人工知能はそれ自身のための問題を解くのではない。人工知能は人間が選んだ問題を解決するように開発されているので，メンテナンス，修復，繁殖など，人工知能自身に関する問題を解く必要がない。対照的に，動物の神経系と知能にとって生存と繁殖が一番の目的である。知能は，生命とは切り離すことができない。現在，最も進んだ人工知能プログラムは，開発者である人間の福祉を促進するために設計されてきた。それゆえ，人工知能研究の目覚ましい進展は人間のおかげによるものであって，人工知能自身によるものではない。それは人工知能の知能ではなく，人間の知能である。これは人工知能がまだ道具に過ぎないからである。もしヴァイオリン奏者が美しい音楽を演奏するなら，これは単にヴァイオリンによるものではなく，ヴァイオリンを作った弦楽器職人とヴァイオリン奏者の技術によるものである。

最後に，そしてもっとも重要なことに，我々は人間の脳の働きをまだ十分に理解していない。そのため，いつ人工知能の性能が人間の脳の能力を超えるのかを正確に予測することは困難である。コンピュータは人間の脳の良い譬えではなく，コンピュータと脳は根本的に異なる原理に従って働いているようにも思える。もしそうなら，コンピュータと人間の脳を比較する試みは困難になる。コンピュータと人工知能が人間の脳を近い未来に超えるという予測は，トランジスタとシナプスのような，コンピュータと脳の基本的な要素が機能的に同等で同様な機能を実行するという仮定に基づいている。しかし，以下に議論するように，シナプスの構造はトランジスタよりも複雑である。トランジスタはオン・オフのスイッチとして働くが，シナプスはそうではない。

3.3　シナプス対トランジスタ

シナプスとは，シナプス前細胞とシナプス後細胞とよばれる２つの神経細胞の間にある隙間のことをいう。その場所で，シナプス前細胞からの情報がシナプス後細胞に伝達される。このような伝達は，活動電位がシナプス前細胞の軸索に届いたときに起こる(図３－３)。これはシナプス前細胞の膜にあるカルシウムチャネルを開かせ，カルシウムイオンがその細胞内に流入する。これは一連のイベントを引き起こす。シナプス小胞がシナプス前細胞の膜に結びつき，シナプス小胞に蓄えられている神経伝達物質が，シナプス間隙と呼ばれる20ナノメートルの幅しかない空間に放出される。次に，神経伝達物質はシナプス間隙に広がり，シナプス後細胞の膜にある受容体に結び

図３－３　シナプスの構造

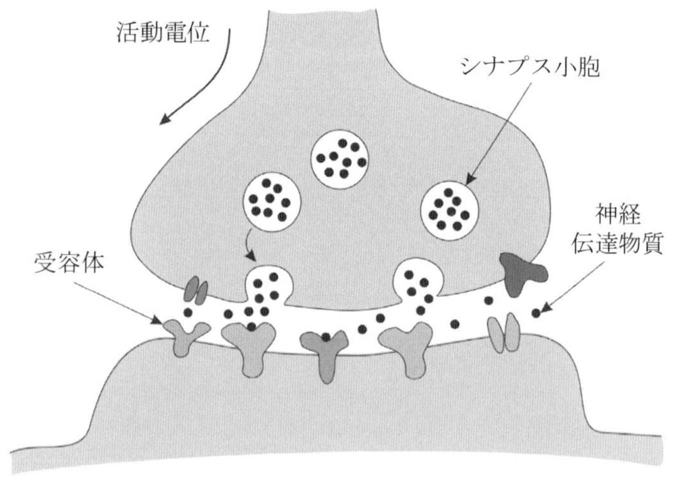

つく。これがシナプス後細胞の膜電位を変化させる。したがって，シナプスは，シナプス前細胞の信号がシナプス後細胞の興奮性に影響を与えるスイッチと考えることができる。対照的に，トランジスタの構造と機能は大分単純である。トランジスタは，サンドイッチのように配置された化学的性質の異なる二種類のシリコンからなり，ベース，エミッタ，コレクタと呼ばれる３つのピンを持つ。ベースとエミッタの間に小さい電圧がかけられるとトランジスタをオンにし，エミッタとコレクタの間に電流を流す。

シナプスとトランジスタの両方がスイッチとして機能するなら，なぜシナプスの構造がトランジスタの構造よりも複雑なのだろうか。単純な答えは，シナプスの複雑な構造は，状況に応じてシナプス後細胞で生成された信号の強さを変更できるからである。それゆえ，シナプスは単純なスイッチではなく，多くのスイッチの集合体と捉えるべきである。単純なシナプスは，一つのシナプス小胞ではなく，シナプス前細胞の数十万の小胞とシナプス後細胞の数十万～数百万の受容体を持っている。利用できるシナプス小胞とシナプスの受容体の数は，直近にどれくらい信号がシナプスを通過したかに依存して変わりうる。このように，シナプスの履歴はその機能に影響を与える。なぜならば，シナプス後細胞で生成された電位変化の大きさは，シナプス前細胞で利用できるシナプス小胞とシナプス後細胞の受容体の数に依存するからである。このようなシナプスの適応的な性質はシナプスの可塑性と呼ばれる。なぜシナプスの機能は状況によって変わるのか？　もしシナプスがいつも同じように機能しないなら，不必要なノイズが，シナプス間の信号伝達の間に予測できないほどに含まれてしまう。もし前の経験に従って機能が変化するトランジスタがあるなら，電子製品の製造工程においては欠陥品として捨てられてしまうだろう。しかし，むしろシナプスの可塑性は，脳が学習を通して複雑な問題に対する解決法を見つけるのに必須である。それゆえ，一つのシナプスは一つのトランジスタよりも大分複雑な機能を実行できる。実際，シナプスは，電流が通過した履歴に応じて性質が変わるメモリスタと呼ばれる仮想的な電子部品に近いものである。

一つのシナプスが一つのトランジスタよりも機能的に複雑であるという事実は，必ずしもコンピュータが人間の脳に追いつけないということを意味しない。もしコンピュータとコンピュータチップの性能が改善されるなら，より進んだコンピュータチップが，シナプスと機能的に同等になることができるかもしれない。例えば，シナプスと神経細胞の機能を真似する新しい種類の集積回路を開発することは，積極的な研究対象になっている。そのようなチップはニューロモーフィックと呼ばれる。さらに，高性能スーパーコンピュータは多くのCPUを持ち，並列処理を行っている。それらのコンピュータのいくつかは，人間の脳のシナプスの数と同じくらいのトランジスタを持っている。例えば，2020年6月時点で，最速のコンピュータは日本の富岳であり，A64FXと呼ばれる700万個以上のCPUを持っている。それぞれのA64FXは88億個のトランジスタを持ち，富岳の全トランジスタ数は6400兆個になる。これは人間の脳の全シナプスの数のおよそ640倍である。

3.4　ハードウェア対ソフトウェア

人間はより強力なコンピュータを作り続けるのは疑いないが，コンピュータが将来どのようになるかを予測することはできない。例えば，「重ね合わせ」のような量子力学的現象に基づくコンピュータは，ある種類の計算を伝統的なデジタルコンピュータよりもきわめて早く実行できるかもしれない。人間の脳とコンピュータの間の違いについての我々の議論は，現在存在するデジタルコンピュータに限定される。ここで，人間の脳と同等かそれ以上の計算力を持つコンピュータがあるとして考えてみよう。例えば，もし人間の脳に一つのシナプスで実行される計算が千個のトランジスタの機能に相当するなら，そのようなコンピュータはおよそ10京個(10^{17}個)のトランジスタを持つことになる。これはコンピュータが人間と同程度の知能があることを意味するのだろうか。おそらくそうではない。コンピュータの機能は，CPUとメモリのようなハードウェアだけでなく，プログラムやソフトウェアによって決まるからである。たとえ富岳のような最も強力なスーパーコンピュータを持っていたとしても，碁のような複雑なゲームをプレーできるようになるにはアルファ碁のようなコンピュータ上で動くプログラムに依存する。強力なコンピュータでなくとも，より良いプログラムがあれば，より早く答えを見つけることもできるだろう。

コンピュータプログラムとは何か？　コンピュータプログラムとは，どのような計算をコンピュータが実行すべきかを正確に決める指示の集合である。殆どのデジタルコンピュータはジョン・フォン・ノイマンによって1945

年に導入されたデザインに従っている。それゆえ，デジタルコンピュータはしばしばフォン・ノイマン型コンピュータと呼ばれる(図３－１　73頁)。フォン・ノイマン型コンピュータでは，コンピュータのCPUは指示とデータをメモリから受け取り，指示に基づいてデータを用いて計算し，その結果をコンピュータメモリの指定された場所に保存する。このプロセスが必要な回数だけ繰り返される。これらの各ステップにおいて，データがどのように処理されるかをコンピュータプログラムは指示する。確かに，このようなフォン・ノイマン型とは異なるデザインを用いて，指示とデータが異なるチャンネルを介してコンピュータのCPUと情報をやり取りできるコンピュータも存在する。しかしすべてのデジタルコンピュータは，プログラムによって明確にされた機能を実行する。

一つのコンピュータを様々な目的で使えるようにするため，コンピュータのソフトウェアとハードウェアを分けることは便利である。異なる課題を実行するために，新しいコンピュータを買ったり，コンピュータ全体を組み立て直したりすることは必要なく，ソフトウェアを変更するだけでいい。しかしコンピュータとは異なり，脳のハードウェアは固定ではない。例えば，脳は同じ感覚刺激に対する反応を経験に基づき変更するように学習できる。これは脳のハードウェアの変化，すなわち脳のシナプスの構造の変化による。人間の脳では，ソフトウェアとハードウェアははっきりと分かれていない。したがって，コンピュータと人間の脳の機能をハードウェアのみで比較することはできないだろう。

様々な環境で直面する多くの異なる種類の問題を，脳がどのように解決しているかを我々はまだ十分に理解していない。異なるプログラムに切り替えていると考えるのはあまり有用ではない。まだ脳の中でどのように異なるプログラムが選ばれうるか知られていないからである。それにもかかわらず，脳とコンピュータの類似性についての議論を終える前に，もう一つ言及すべき重要な問題がある。第１章で，我々は多様な環境における複雑な問題を解決する意思決定能力を知能と定義した。コンピュータが問題を解くことができるかを決めるのはプログラムである。それゆえ，コンピュータが異なる環境に適応し，真に知的であるためには，異なる環境において遭遇する新しい問題を解決するための適切なプログラムを選ぶ能力が必要である。プログラムを選ぶという問題を解決する能力のあるプログラムのことを，メタプログラムと呼ぶ。一般的なコンピュータにとって，メタプログラムはソフトウェアとハードウェアの間を結びつける種類のソフトウェアである必要がある。そのようなメタプログラムは，コンピュータのハードウェアが解くべき問題を認識し，その問題に対する最良のプログラムを決定するのに必要な知識を持つ。通常は，この仕事は人間が行っている。オペレーティングシステムのようないくつかの特別なプログラムは，異なるプログラムを切り替えることはできるが，それは限られた問題の範囲に対してのみ行われる。我々人間は，我々が解きたい問題を解くコンピュータのハードウェアとソフトウェアの両方を準備する。本当に知的なプログラムは，それ自身のためにメタプログラムとして機能することができるはずである。

これまでに開発された大多数の人工知能のプログラムは，メタプログラムなしに比較的単純な課題を実行する。例えば，サーモスタットのついたエアコンは，温度によって自動的にオンになったり，オフになったりする。同様に，掃除ロボットは部屋の全体を掃除した後，自動的に充電ステーションに戻ることができる。解くように設計された問題を解くことができるという点で，これらの機械は単純な人工知能を持つと言える。アルファ碁のような，より最新の人工知能プログラムはより強力であるが，プログラムを選ぶ能力は同様に限定されている。もし人間の知能と人工知能を真剣に比較したいと思うならば，碁の対局をするというような問題を解く能力だけでなく，環境を探索するときに遭遇する，予期せずに生じる問題をどのように解決するかについても比較する必要がある。もちろん，人工知能がその能力でテストされる時，人間は人工知能の性能をモニターして，必要なときに追加の指示を与えてはならない。人工知能は人間とやり取りすることなく自律的に課題を実行できる必要がある。この要件は地球から離れた場所で働く人工知能ロボットには不可欠である。

地球上で人工知能プログラムが動くコンピュータは，正常に働くための電源や冷却など，その生存について心配することはない。人間や別のプログラムが面倒を見ているからである。人工知能が人間の手を必要とする限り，人工知能は人間によって指示された課題を実行することに従事する。技術的な遅延はあるかもしれないが，人間の欲求に従わないコンピュータとプログラムは速やかに取り除かれる。しかし，他の惑星で動く人工知能は，自身の生存について気を配る必要がある。

3.5　火星に降り立つ人工知能

もし人間がいつか太陽系の他の惑星に移住するなら，それはおそらく火星になるだろう。金星は人間が住める星ではない。火星よりも地球に近いが，表面の平均温度は約460℃であり，鉛の融点(327.5℃)よりも高い。火星の大気も人間には適しておらず，火星の大気圧は地球の１％よりも小さい。それでも火星には水がある。加えて，火星の太陽日の期間(ソルと呼ばれる)は，24時間と40分で，地球の一日とほぼ同じである。火星が比較的居住できる環境であるという事実は，火星に生命があったかもしれないことを示唆する。

人類の火星への旅は1960年代の初頭に始まった。太陽系の他の惑星とそれらの衛星の探索は，典型的には，近接通過(フライバイ)，周回，着陸の３つのステージからなる。火星への近接通過の最初のミッションは，アメリカ航空宇宙局(NASA)が開発したマリナー４号(Mariner 4)によって達成された。1964年11月28日，地球を出発したマリナー４号は，1965年７月15日に火星から9846kmの距離に到達し，火星の22枚のデジタル画像を地球上に送信することに成功した。次のマイルストーンはマリナー９号(Mariner 9)であり，1971年に５月30日に打ち上げ，火星の軌道に初めて乗った軌道船となった。1975年には，それぞれ軌道船と着陸船をもつ２つの宇宙船をNASAは打ち上げた。バイキング１号(Viking 1)は，1975年８月20日に打ち上げられ，1976年６月19日に火星の軌道に乗った。バイキング２号(Viking 2)は，1975年９月９日に打ち上げられ，1976年８月７日に火星の軌道に入った。着陸船は，それぞれ，1976年の７月20日と９月３日に火星の表面への着陸に成功した(図３－４)。

天体観測のために送られるどのような装置も，ミッションの成功のために多くの異なる種類の機材を必要とする。これは地球のエンジニアとやり取りする機械，バッテリーや発電機を含む。例えば，バイキング１号と２号は，発電のためにプルトニウムを使う放射性同位体熱電気転換器と，軌道船や地球と交信するための複数のアンテナを持つ。生物学的，化学的，気象学的，地質学的なサンプルを解析する装置も含む。加えて，コンピュータと40メガビットのデータを保存できるテープレコーダーを持つ。これらのコ

図３－４　Viking Ⅰによる火星

ンピュータは，センサーで取得するデータと地球から受信するメッセージにしたがって着陸船の運行を制御するのに必須だった。しかし，バイキングの着陸船は植物のように移動せず，ナビゲーションに必要な知能を何も必要としなかった。ついに，人間は探査車を火星に送り始め，火星研究における人工知能の時代が幕を開けた。ここに火星研究のための人工知能の開発と，地球上の生物の知能の進化との間の対応関係を見ることができる。例えば，生存と繁殖のために動き回る能力は，地球上の動物にとって最も根本的な能力である。これは，火星探査車で利用される知能にとっても最も基本的な要件でもある。

これまでに６台の探査車が火星の着陸に成功した(図３－５)。最初は，1997年の７月に到着したソジャーナ(Sojouner)である。それゆえ，自律して移動する車が火星に存在して以来，しばらく時間が経っている。次の２つ，スピリット(Spirit)とオポチュニティ（Opportunity)は双子で，2004年の１月に火星に到達した。キュリオシティ（Curiosity)とパーサヴィアランス(Perseverance)は，最近，それぞれ2012年の８月と2021年２月に加わった。NASAのこれらの５台の探査車に加え，中国もまた2021年の５月，祝融と呼ばれる探査車の着陸に成功した。2021年の時点では，キュリオシティ，パーサヴィアランスと祝融の３台が稼働している。火星の未知の地形を動き回るために，これらの探査車は，静止している着陸船より複雑な意思決定能

の風景の写真　NASAの写真

力を持つ必要がある。加えて，きわめて遠いので，地球のエンジニアが遠隔で探査車の動きを制御するのは現実的ではない。地球と火星の間の距離は，5460万kmから4億kmの間で変化し，平均距離は2億2500万kmである。それゆえ，光速で伝搬するラジオ信号を用いても，信号を送信して受信するのにおよそ25分かかる。もし地球上の運転者が，火星探査車が崖から落ちそうだと気づいて停止信号を送信しても，その信号を探査車が受信するのは25分後である。そのため，すべての火星の探査車は，特に自律的ナビゲーションのために，ある程度の人工知能を必要とする。

3.6　ソジャーナはまだ生きているか？

ソジャーナは，火星の表面を縦横無尽に動き回る最初の探査車であり，1997年7月に運用を開始した，きわめて小さく，太陽パネルと分光器を含み，約11.5kgの重さしかない。直径13cmの車輪を6個持つ。移動する速さは，最速で秒速1cmである。ソジャーナの小さいアンテナは弱すぎて地球に直接送信できないため，随伴する探査車であるマーズ・パスファインダー（Mars Pathfinder）を経由する必要がある。ソジャーナは，3つのカメラと500キロバイトのメモリを持つコンピュータを持つが，ナビゲーションのための独立の意思決定を行う能力は持っていなかった。それゆえ，以下のステップ

図3－5　火星探査車

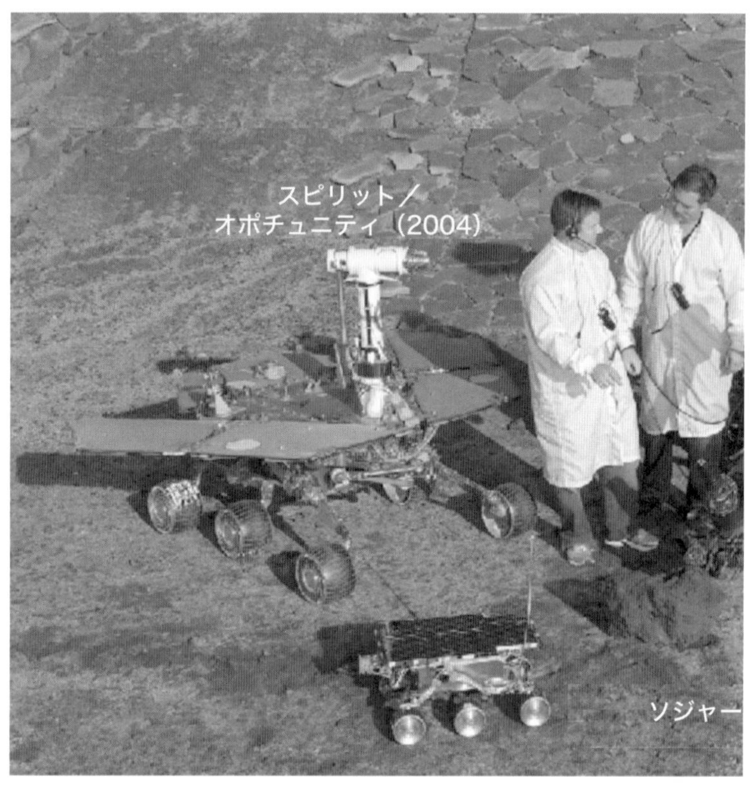

に従って移動した。最初に，パスファインダーは周囲の多くの写真を収集して地球に送った。次に，これらの画像に基づいて，地球にいるエンジニアがパスファインダーとソジャーナがいる領域の詳細な３次元構造を構築した。３番目に，科学者がパスファインダーを介して，ソジャーナに一連の司令を送り，新しい場所に移動させた。これは一日に一回行われた。このため一日に移動できる最大の距離は１メートルに制限された。これは，ソジャーナが最高速であれば移動することのできた860mと比べたらきわめて短い。

残念ながら，ソジャーナの問題ではなく，パスファインダーのバッテリーの故障により，ソジャーナとの交信は80日後に終わった。ソジャーナが地球から受信した最後の司令は，１週間静止，次にパスファインダーの周りを

NASAの画像

回れというものだった。このように，ソジャーナがどれくらい長く最後のミッションを実行し続けることができたかは不明だが，多くの人の想像を刺激するのには十分だった。ハリウッド映画のレッドプラネット(Red Planet)とオデッセイ(原題：The Martian)で示唆されているように，もしバッテリーが修復されれば，パスファインダーとソジャーナはまだ機能しているかもしれない。

3.7　自律的な人工知能

パスファインダーとソジャーナを失ってから，NASAは２つのロケットを

2003年に打ち上げ，スピリットとオポチュニティと呼ばれる双子の探査車を火星に着陸させた。それらは，2004年1月4日と25日に火星の赤道近くでその反対側に着陸した。ソジャーナと同様に6個の車輪があるが，15倍も重く，およそ180kgであった。ソジャーナは，バッテリーの再充電ができなかったので使い切った後は，環境の外部の熱源に依存する地球の変温動物のように太陽光パネルを用いて日中のみ動くことができた。対照的に，双子の探査車のバッテリーは再充電可能で，夜間に車体の温度をヒーターで制御することが可能だった。これは，夜の火星の気温はマイナス140℃まで下がることもあるから，夜に作動し続けるのに必要である。またこれは，ヒーターとエネルギーを消費する他の装置に探査車の電力を配分するための知的なアルゴリズムを必要とする。哺乳類や鳥類など，地球上の変温動物や恒温動物も同じ問題に直面している。

この双子の探査車は，高画質の画像と他の化学的なデータを収集する多種の装置を備えていた。ソジャーナは3つのカメラしかなかったが，スピリットとオポチュニティは，それぞれ9つのカメラを持っていた。ナビゲーションに使われた6つのカメラのうち，4つはハズカム(Hazcam; Hazard Avoidance Cameras; 危険回避カメラ)と呼ばれる。それらは探査車の下部に装着され，潜在的な障害物を監視するのに使われた。ナヴカム(Navcam; Navigation Camera; ナビゲーションカメラ)と呼ばれるもう2つのカメラは，帆の上に取り付けられ，移動中に地形を監視するための3次元画像を捉えた。双子の探査車は，岩と土の高画質な接写画像を撮る顕微鏡的な撮像装置と，人間の視力と同じような解像度で火星の表面の360°のパノラマ画像を撮影するパンカム(Pancam; Panoramic Cameras; パノラマカメラ)も備えていた。顕微鏡的なカメラは，探査車のロボットアームに取り付けられ，その位置を精密に制御することができた。スピリットとオポチュニティのロボットアームは，岩と土の化学成分を分析できる2つの分光器と，岩石研磨装置（RAT; Rock Abrasion Tool)を備える。

これらの装置を適切に用いるために，探査車は，ナビゲーションとデータ管理に関する重要な問題に対処する人工知能を必要とする。実際，これらはすべての知的なエージェントが取り組まなければならない最も基本的な二つの問題である。第一に，ソジャーナよりも火星を効率的に探索するために，新しい探査車は経路を自律的に選択し，地球上の科学者が選んだ目的地に安全に到達できるように操作する能力を必要とする。第二に，9つのカメラで収集されるデータの量は，編集や情報を整理することなく送信するには単純に大きすぎるので，この双子の探査車は，どの画像を地球に送るかを常に決定する必要がある。これらの2つの課題は，探査車の特別な人工知能プログラムによって扱われる。

APM（Autonomous Planetary Mobility; 自律惑星移動）は，地球上の人間が毎日選ぶ目的地に，双子の探査車を移動させるのに責任を持つ人工知能プログラムの名前である。このプログラムなしでは，この双子の探査車の移動は，一日に約1mしか動けなかったソジャーナよりも改善しなかっただろう。探査車の移動性を制限している要因は，モーターや車輪ではなく，ナビゲーションシステムを制御する能力である。APMは，停止してハズカムとナヴカムで収集される新しい画像を解析する前に，秒速5cmの速さで10秒間移動させた。APMは，もし何か障害物を見つけたら，探査車の経路を修正できる。APMのおかげで，双子の探査車はソジャーナのおよそ800倍である時速36mの速さで移動できる。この改善の殆どは，車輪やモーターのようなハードウェアの改善というよりは，APMによるものである。

もう一つの人工知能プログラムは，探査車のカメラを制御するイージス（AEGIS; Autonomous Exploration for Gathering Increased Science; 科学性を高めた収集のための自律探索システム）である。APMとイージスは，ナビゲーションと画像解析という，完全に異なる目標を持つように見えるが，それらの機能は関連している。第一に，APMは移動経路を効率的に選択するために，イージスの画像解析結果を必要とする。例えば，イージスが経路上の物体の形の種類を同定できないと，探査車はスピードを遅くする。第二に，イージスが解析する必要がある画像の数は，探査車のスピードに比例する。それゆえ，イージスの課題はより難しくなり，その複雑さはAPMの効率とともに増加する。イージスはまた，探査車のパンカムと顕微鏡的撮像装置によって収集される画像を解析，評価するのに重要な役割を演じる。もし探査車が画像の科学的な重要性を評価することができなかったらどうだろうか？

もし地球上の人間が評価したらどうだろう？　イージスがなければ，たとえいくつかのカメラが岩や科学的価値の高い風景を撮影したとしても，探査車は毎日設定される目的地に向かって単に移動するだけだろう。それらの画像が地球に送られ科学者が分析するまでには，探査車は完全に新しい地点に移動してしまって，もし追加の画像が必要なら，前の地点にまで戻る必要があるかもしれない。もし元の画像がシャイな火星の生命体の証拠を含んでいたら，それらを調べる機会を永遠に失ってしまうかもしれない。そのような機会を適切に利用できるようにするため，イージスは地球の科学者が欲しい岩や風景の種類についての知識を持ち，追加の画像を撮るために探査車をいつ停止するかについて自律的な意思決定を行う能力を持つ。

火星探査車のナビゲーションシステム(APM)と画像解析プログラム(イージス)は，根本的に互いに制限し合う感覚システムと運動システムの仕事ぶりをよく表している。感覚システムと運動システムのそのような共進化は，動物の神経系の進化においてもよく見られる。動物の感覚系が受け取る情報の本質は，環境を介して，動物の動きによって変化するからである。例えば，飛んでいる鳥が見ているイメージと，泳いでいる魚が見ているイメージは，それらのイメージが神経系でどのように分析，処理されているかを反映して，根本的に異なる。

スピリットとオポチュニティは，NASAの科学者達の当初の期待を大きく上回った。当初，ミッションが予定された期間は約90太陽日だった。しかし，2010年３月22日に交信が途絶えるまで，スピリットは2210太陽日稼働し，7.73km移動した。オポチュニティとの最後の更新は2018年６月10日であり，5111太陽日の間稼働し，距離計は45.16kmを示し，マラソンの距離よりも長かった。2019年２月13日，NASAはオポチュニティを失ったと宣言した。一方，2012年に着陸したキュリオシティは約900kgの重さであり，オポチュニティの５倍である。キュリオシティのハードウェアは，オポチュニティよりも遥かに優れている。キュリオシティは，夜でも稼働し続ける放射性同位体熱電気転換器から電力の供給を受ける。また，オポチュニティより性能の良いアンテナを持ち，オポチュニティのほぼ２倍である17個のカメラを備える。バックアップコンピュータを持ち，もしメインコンピュータが故障しても，課題を続行できる。おそらく最も印象的な事実は，キュリオシティは赤外線レーザーを持ち，火星表面の小さな部分を気化させることができる。そのレーザーを使った後に，その場所から放出される光の波長をもとに，岩石の成分を同定できる。面白いことに，ハードウェアの大きな改良にもかかわらず，キュリオシティの人工知能プログラムはオポチュニティとほぼ同じである。

2020年７月に打ち上げられ，2021年２月に火星に着陸したパーサヴィアランスは，キュリオシティが利用できなかった多くの機器を備えている。これは例えば，火星の大気の音を記録するのに使われる２つのマイクを含む。また，火星に大量にある二酸化炭素を使って酸素を作るためにMOXIE（Mars Oxygen In-situ Resource Utilization）と呼ばれる装置の使用にも成功した。パーサヴィアランスは，インジェニュイティ（Ingenuity）と名付けられたヘリコプターとともに着陸し，インジェニュイティは火星の空を数回飛んだ。

人工知能は火星探査車の成功に必須である。皮肉なことに，この成功は探査車の直接制御を諦めることを要求した。探査車を作る第一の目的は火星を探索することである。しかし，人工知能を備えると，探査車は自分自身で意思決定することができる。例えば，イージスが人間の選択した目的地への移動を中断して，重要性を示唆する岩石をオポチュニティが発見し，その日の残りを使って多くの写真を地球に送信することを選ぶと考えてみよう。これは時間と電力の両方を大きく消費する。画像の中身は些細なもので，探査車が行った決定は良いものではなかったかもしれない。しかし，探査車が独立に行動し始めると，それを人間が即座に修正することはできなくなる。たとえ地球上の人間が探査車の行動を継続して監視したとしても，賢くない行動を発見し，その判断を上書きしようとしても多くの時間がかかる。これは，依頼人（プリンシパル）が代理人（エージェント）に仕事を頼む場合のプリンシパル＝エージェント問題の一例である。経済学では，プリンシパル＝エージェント問題は，依頼人が自律的な決定権を代理人に与えた後に，依頼人が，自身の関心を最大化するために，代理人の行動を制御しようとするときに生じる。この問題は人間の社会ではよくあることであり，人間と人工知能の間の関係に固有のものではない。例えば，会社が従業員を雇う時，プリンシパル＝エージェント問題が起きる。従業員がサボらないように十分なインセンティブを従業員に与えるためには，どのようにすべきだろうか？　基本的に同じ問題が脳でも生じる。人間の脳は，我々の遺伝子を複製する過程を促進するために進化する生物学的な機械である。遺伝子の観点からは，人間の脳は，遺伝的自己複製のために，より効率的な戦略を見つけるように任命された代理人のようなものである。

3.8 人工知能と効用

第２章で，意思決定の問題は，すべての選択は合理的で常に効用を最大化すると仮定することができれば，単純化できることをみた。これは，人間と動物にとってだけでなく，火星探査車で使われたものを含む人工知能プログラムにも成り立つ。例えば，現在地と目的地の間で探査車が選ぶことのできる経路の数は無限にある。もし探査車が幸運なことに障害物なく平らな表面上にあるのであれば，エネルギー消費を最小化するために，現在地と目的地の間の直線を選ぶことができる。しかし，もし複数の障害物があれば，最良の経路を見つける問題は簡単ではなくなる。そのような場合によく使われる技術は，効用関数を最大化する経路を探査車が選択できるように，可能な経路ごとに計算される効用関数を定義することである。効用関数がなければ，技術者はすべての可能な障害物の位置のために，探査車の経路を事前に選択する必要があるだろう。その代わりに，探査車は，障害物の情報に従うだけでなく，目的地までの距離，移動のために使える時間とエネルギー，受け入れられるリスク，物理的な損傷の可能性などの情報も使って，効用関数を計算するアルゴリズムを使うことができる。そのような効用関数があれば，探査車は，現在の環境の状況に従って自律的に経路を選択する人工知能を持つことができる。実際，効用や価値に基づく計算は人工知能の分野では頻繁に使われる。例えば，アルファ碁は，シミュレーションをして多様な手の価値を更新する深層強化学習アルゴリズムを用いて人間よりも碁を上手く指せるように学習した。本書の後半で詳細に検討するように，このようなアルゴリズムは，現実やシミュレーション環境からの新しい予期せぬ情報に従って，効用の量を更新し，反復して意思決定戦略を改善する。まとめると，効用は，経済学，心理学，人工知能の幅広い領域で，重要な役割を担っている。

3.9 ロボット社会と群知能

社会的な文脈を抜きに，人間の知能と行動を理解することはできない。ほとんどすべての人間の行動は社会的な領域で起こる。これは，第１章で見たように，目のサッカードのような単純な運動も含む。現在，人間の知能と人工知能の間の最大の乖離もまた，社会的な領域にあるのかもしれない。それにもかかわらず，人工知能技術は改善し続け，人工知能ロボット間のコミュニケーションの量が増加するにつれて，機械の間の社会的なコミュニケーションの性質はより複雑になる。人工知能ロボットが，人間が行うよりも効率的に他の機械と相互作用し始めると，それは我々の社会にきわめて大きな衝撃を与えるだろう。

最も近くに存在するパーサヴィアランスと祝融の2台でさえおよそ1800km離れているから，火星に現在ある3台の探査車は，互いに出会うことはなさそうである。そのうえ，それらの人工知能は画像解析と自律ナビゲーションに集中している。それゆえ，ミッションをより効率的に達成するために協力するなど，意味のあるコミュニケーションや相互作用を期待することはできない。ヘリコプターであるインジェニュイティの行動はパーサヴィアランスによって注意深く監視されているが，インジェニュイティは1.8kgしかなく，1つのカメラしか持たない。それゆえ，インジェニュイティとパーサヴィアランスのコミュニケーションは比較的基本的なものにとどまる。それにもかかわらず，火星上の探査車の数と他のロボットが増えるにつれて，社会的なコミュニケーションと物理的な協力の頻度と程度は増えるだろうと予測できる。単純な例として，異なる探査車とロボットの間で気象情報を共有できれば，安全のための避難所を探すことが可能になる。もしそれらのうちの一台が火星の風景や生命体の重要な情報を発見し，新しい画像を保持する追加のメモリが必要な場合，データの記憶スペースを共有することができるかもしれない。しかし，そのような協力を可能にするには，多種の課題の優先順位を決定する一連の規則が必要になる。例えば，もし2台の探査車が同時に追加のメモリが必要になった場合，誰がどちらの画像をより重要だと判断するのだろうか？　そのような衝突を解決するのは簡単ではない。誰の好みや意見がより重要かについて人間が議論するように，いつか火星の人工知能ロボットも，取得したデータと知識の重要性について議論するようになるのかもしれない。

一度人工知能ロボットが物理的に交流し始めると，協力に関して，より興味深い社会的な問題が起こるだろう。例えば，探査車がエネルギーを共有し始めると，ある探査車は，より重要な課題に従事している他の探査者にエネルギーを与えるようになるだろう。また別の場合では，探査車が他の探査車を救うために自身を犠牲にするようになるかもしれない。あらゆる複雑なミッションを達成するために，ロボットは予期しない損害から守るための能力を持つ必要がある。すなわち，ロボットは自己中心的になる。人間からの直接の命令がなければ，そのような自己中心的なロボットが，他のロボットを救うために自身を犠牲にするようなことは考えにくい。人間はこのような衝突を完全に解決する方法をまだ見出していない。我々はなぜ，どのようなときに，人間が利他的で他者と協力するようになるのかを十分に理解していない。

もし火星上の稼働するロボットの数が増えれば，いつか，群知能を示すようになるかもしれない。群知能とは，どのように振る舞うかをすべてに指示する中心的なリーダーを持たずに，各々が比較的少ない数の他のエージェントとコミュニケーションするエージェントが多数集まるグループにおいて，よく組織化された振る舞いが創発されることをいう。群知能は，蟻や蜂の群れのような生物のシステムでよく見られる。動物と人間の社会では，階層的な構造もまたよく見られる。それゆえ，優れた人工知能とハードウェアを備えた探査車のリーダーが他の多くの火星探査車を制御する日が来ることもありうる。実際，アイザック・アシモフのSF小説「野うさぎを追って」（原題: Catch that rabbit）では，デイヴと名付けられたロボットが，採掘計画を実行するためにフィンガーと呼ばれる従属ロボットを制御する。残念ながら，デイヴは，周りに人間がいないとき，予期しない状況に直面するといつも，おかしな行進や踊りをするように命令し始める。最終的に，人間が，デイヴにマネジメントの責任をかけすぎているのかもしれないという仮説を思いつき，従属的なロボットの一つを爆発させることによって問題を解決する。この話が示すように，将来の人工知能ロボットは，他のロボットと人間との間に，多くの異なるタイプの社会的なジレンマに関する重要な課題に直面するだろう。同様に，人間の脳と知能を十分に理解するために，社会的な状況で直面する問題の解決法を，動物がどのように進化を通して見つけてきたかを考えることが必要である。

将来，ロボット自身の福祉を改善するために意思決定する能力を持つ，人工知能ロボットが到来するのを目撃するかもしれない。それがどのように振る舞うかを正確に予測することは難しいが，我々の想像力を刺激する。そのようなロボットは，人間と動物のように，自分自身を複製，修復する能力を獲得することになるだろう。そのようなロボットの振る舞いを正確に予測できるためには，生命に関する基本的な問いについて考える必要がある。我々は，様々な複雑な環境で遭遇する，複雑な問題を解決する生命体の持つ能力を知能と定義した。次の章では，どのように脳と知能が生命の進化を通して出現したかを詳しく見ていく。

参照文献

Bostrom N（2014）*Superintelligence: Paths, Dangers, Strategies*. Oxford Univ. Press.

Horowitz P, Hill W（2015）*The Art of Electronics*. 3rd Ed. Cambridge Univ. Press.

Koch C（1999）*Biophysics of Computation: Information Processing in Single Neurons*. Oxford Univ. Press.

Kurzweil R（2005）*The Singularity is Near: When Humans Transcend Biology*. Penguin Books.

NASA website. mars.nasa.gov.

Merolla PA, Arthur JV, Alvarez-Icaza R, et al.（2016）A million spiking-neuron integrated circuit with a scalable communication network and interface. *Science* 345: 668-673.

Peter Stone, Rodney Brooks, Erik Brynjolfsson, Ryan Calo, Oren Etzioni, Greg Hager, Julia Hirschberg, Shivaram Kalyanakrishnan, Ece Kamar, Sarit Kraus, Kevin Leyton-Brown, David Parkes, William Press, AnnaLee Saxenian, Julie Shah, Milind Tambe, and Astro Teller. "Artificial Intelligence and Life in 2030." *One Hundred Year Study on Artificial Intelligence: Report of the 2015-2016 Study Panel*, Stanford University, Stanford, CA, September 2016. Doc: http://ai100.stanford.edu/2016-report. Accessed: September 6, 2016.

Pyle R, Manning R（2012）*Destination Mars: New Explorations of the Red Planet*. Prometheus Books.

第4章　自己複製機械

もし，ある動物が他の動物に食べられたら，最もよくある結末は死であろう。しかし，常にそうだとは限らない。例えば，ぜん虫のような寄生虫は，宿主の体内から栄養分を奪う必要があるから，宿主に食べられる機会を歓迎する。これらの寄生虫は，捕食者によって不意に食べられた後でさえも，生き残り，繁殖できるほど幸運だった祖先から進化してきたに違いない。そして，進化の間，宿主の胃酸と他の消化酵素から自身を守ることのできる効率的な手段を徐々に発達させてきたに違いない。では，寄生虫の宿主が他の捕食者に食べられたら，これらの寄生虫にはどんなことが起こるだろうか。寄生虫は，その新しい宿主の体内でより効率的に生き残るために，自身の体を変える必要があるかもしれない。しかし，もし寄生虫が適応できれば，この新しい宿主の体内はよりよい生存の機会になるだろう。新しい宿主は，食物ピラミッドの高い地位を占め，寄生虫が成長し複製するためにより栄養とスペースを与えてくれるだろう。

多くの寄生虫は宿主から栄養を盗むだけでなく，自身に有利になるように宿主の脳と行動も変えてしまう。例えば，ハリガネムシと呼ばれる類線形動物は，バッタやコオロギのような昆虫の体内で成長する。寄生虫が繁殖できる準備ができると，宿主の神経系のタンパク質を操作することで，宿主を水中に飛び込ませることができる。これは大抵宿主を溺れさせ，寄生虫が宿主の体を脱し，水中で繁殖できるようになる。寄生虫が用いる戦略は，繁殖のために新しい宿主に移る必要があるとき，さらに洗練される。いくつかのぜん虫にとって，現在の宿主が新しい宿主のエサになる必要があり，宿主を捕食者にとって魅力的にさせることは利益となる。例えば，ロイコクロリディウムと呼ばれる寄生性の扁形動物は，カタツムリの中で生きるが，繁殖できるようになると，宿主のカタツムリに光を感じにくくさせ，新たに寄生する

図４－１　陸貝（訳注：カタツムリとナメクジを合わせたもの）の眼柄（訳注：目と顔をつなぐ組織）を突き刺すロイコクロリディウム

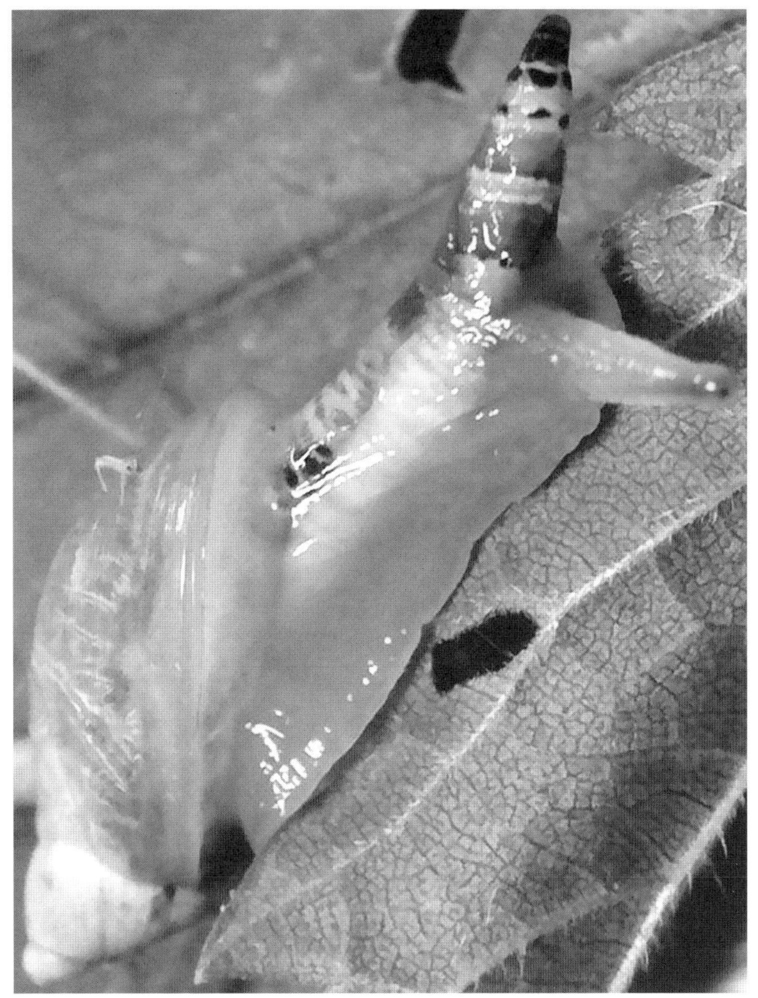

出典　（ウィキペディア（Wikipedia）より（the GNU free documentation license.））

宿主となる捕食者，主に，鳥などの前に，カタツムリがさらされるようにする。感染したカタツムリが捕食者の目につくよう，その寄生虫はカタツムリの眼柄に侵入し，芋虫のように見えるよう，眼柄を鮮やかな色にし，拍動までさせる(図４－１)。もう一つの例は，ヒトを含む多くの種類の恒温動物に感染するトキソプラズマと呼ばれる寄生性の原生生物である。トキソプラズマは猫の中でのみ繁殖できる。それにもかかわらず，げっ歯類にもしばしば感染し，ネズミの捕食者が捉えやすくなるようネズミの行動を変えることができる。通常，ネズミは猫の尿を嫌う。しかし，トキソプラズマに感染したネズミは猫の尿に惹かれるようになる。トキソプラズマはネズミの消化管の中でその数を増やし，血流を介して，ネズミの脳に侵入する。一度脳の中に入ると，トキソプラズマは嚢胞を形成し，猫に対する恐怖を減らすバソプレッシンと呼ばれる化学物質の発現を操作する。

脳が寄生虫に制御されると，宿主は自身に最も利益となる行動を選ぶ能力を失いかねない。そのような宿主は自殺行動でさえ選ぶかもしれない。明らかに，そのような自己破壊的な行動は宿主の知能を反映していない。代わりに，それらは寄生虫の知性の産物である。特定の行動を選び，その行動の結果に影響される個体や主体に関してのみ，その知能を適切に評価できる。例えば，知的なネズミは猫から逃げることが得意だが，知的なトキソプラズマは感染したネズミが猫を追うように制御することが得意である。同様に，アルファ碁はセドル・リーを負かしたとき，この負けはアルファ碁の知能によるものと考えるのは適切ではないだろう。この優れた成果は，ディープマインド社の科学者とプログラマーによるものである。彼等が直面した問題は，最高の人間の碁の棋士を負かすことのできるプログラムを開発することであり，彼等のミッションの成功は彼等の知能が正しいことを証明した。

知能はそれを持つ生命体の目的と密接に関連する。しかし，これは知的な動物があらゆる目的を任意に選べることを意味しない。知的なエージェントが選ぶ目的には，少なくとも２つの要件がある。第一に，知的なエージェントの目的は時間的に安定している必要がある。もし目的が時々刻々変化するなら，それらは達成することができない。目的がより複雑でより難しいものであるなら，より長い間同じ目的を維持する必要がある。第二に，どんな知的な行動の目的も自己保存を含まなければならない。自己破壊的な完全な能力を持つエージェントはすぐ存在しなくなるから，自己破壊は知的なエージェントの究極的な目的とはなりえない。

知的なエージェントは自身をどのように守ることができるだろうか。時間が経てば，あらゆるものは秩序のない状態に至る。熱力学の第二法則によると，全ての複雑な建物と人間が作ったものは，十分な時間が経てば，最終的には崩れ去り塵になる。重要な部品が多くなれば，それらが壊れる確率は大きくなるから，複雑な内部構造を持つ機械は，より簡単に壊れ，機能しなくなる。対照的に，生物は複雑な内部構造を殆ど永久に維持しているように見える。しかし，これは熱力学の第二法則を破っているのではない。生物は複製してその数を増やすことができるから，時間の経過に抗い，その体裁を保つことができる。知的なエージェントが自己を守るおそらく最良の戦略は，できるだけ多く複製を作ることである。自己複製は生命の本質である。これは，知能は生命の特徴かもしれないということを示唆する。生きているものは自己を保存するために知性を必要とする。これはなぜ知能が生物にのみ見つかるのかの理由でもある。本章では，どのように自己複製機械が出現し，進化を通してどのように効率的になったかを見る。生命の歴史と進化は，RNAとDNAから細胞と脳まであらゆるものを含む。脳と知能は，進化の過程で遺伝子を複製するために，遺伝子が発明した最も驚くべき装置かもしれない。

4.1　自己複製機械

地球上のすべての生物は細胞からなり，細胞の外側の表面は脂質二重層からなる。これらの細胞は適切な条件下で分裂し，それゆえ，その数を指数的に増やすことができる。細胞は遺伝的な物質をDNAの形態で含んでおり，それらは複製され，細胞分割後に新しく形成された細胞に移る。これこそが地球上のすべての生物が複製する仕組みだが，DNAを複製し，脂質二重層に囲まれている物理的なシステムを生命体と定義することは正しくないだろう。例えば，脂質二重層以外のもので囲まれ，DNA以外の遺伝的物質を複製する生物が他の惑星に存在するかもしれない。生命の本質は，DNAのような特定の化学物質ではなく，自己複製の過程である。生物は，自身を複製する物理的なシステム，または機械として定義できる(図4－2)。

自己複製機械は，我々が通常生物と結びつける他の性質を必然的に持つ。第一に，すべての自己複製機械は遺伝を持つ。これは成功を収めた自己複製から必然的に導かれる。自己複製は，元のものから別の複製に及ぶから，自

図4－2　想像上の

出典　(National Aeronautics and Space Administration conference publication (1982). Public domain.)

己複製する生物は，それらと物理的特徴が自身の親と似た子孫を生み出す。自己複製から予測される生命の第二の性質は，代謝と呼ばれる，一連の複雑な化学的な過程である。自己複製機械は，必要とする全ての元となる物質，または部品を環境から集め，適切に組み立てる必要がある。この過程は，環境からのエネルギーを必要とする。殆どの植物はこの目的のために，太陽の光エネルギーを使うが，動物を含む他の生物では，植物か他の生物から化学

単純な自己複製機械

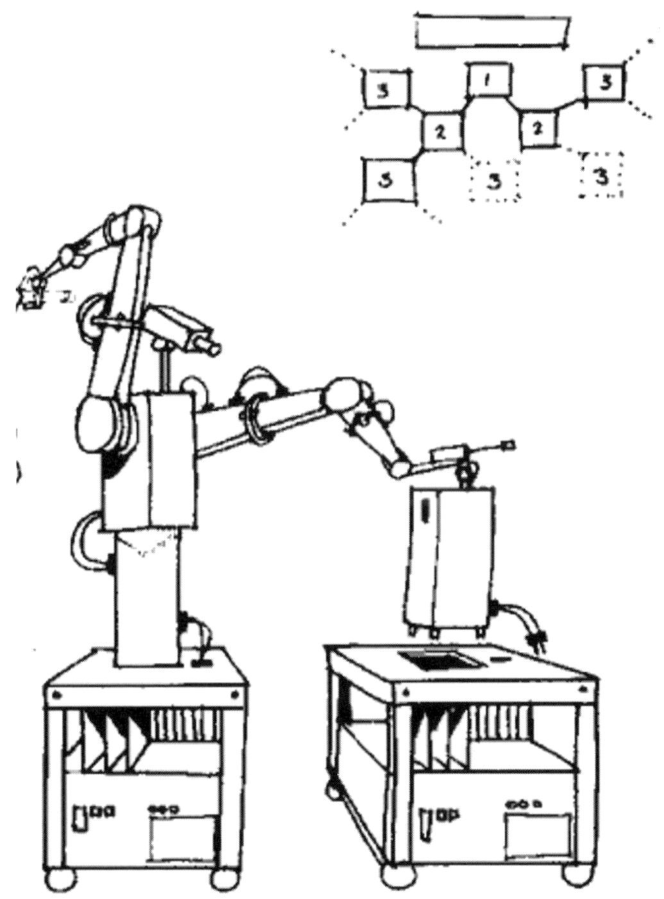

的なエネルギーを奪う。これらは，エネルギーを得る戦略としては，あまり一般的ではない。例えば，古細菌として知られる深海に住む微生物は，海底の噴出孔から出される熱エネルギーと化学エネルギーを利用して，代謝を助ける。いずれにせよ，自己複製機械は環境から必要なエネルギーを得る必要がある。

生命の第三の性質は進化である。進化は自己複製過程におけるエラーから生じる。どんな物理的なシステムも，環境からの予測できない変化を完全に免れない。自己複製機械も例外ではない。自己複製機械がエラーを犯す確率は常にある。これらのエラーはランダムに起こるから，大抵は複製の効率と正確さを減じることになる。しかし，よりよく複製できたものの方が数は多く，そのような有害なエラーの複製は徐々に取り除かれていく。しかし，ときには，これらのランダムなエラーは，元のものより，より優れた複製を可能とするコピーを生み出す。最初はそのような新しい機械は少ないが，より自己複製に優れる機械は最終的には元のバージョンよりも数で勝り，それらを打ち負かすだろう。自己複製機械は指数関数的に自身の数を増やすことができるからである。

エラーを起こさずに自身を完全に複製できる物理的な機械が実現可能だとしても，そのような完全な機械は，エラーを犯すことで徐々に複製の速度と効率を改善できる下等な機械に最終的には打ち負かされるだろう。子孫の数は世代間で指数関数的に増えるからである。これを説明するために，ある想像上の昆虫の遺伝子変異が，各世代の子孫を20%増やすことができると考えてみよう。その遺伝子変異を持たない同種の昆虫の数が変わらないままであれば，50世代後，遺伝子変異を持つ昆虫の数は9000倍以上増えるだろう。もしこの二つの種類の昆虫が最初は同数であったなら，遺伝子変異を持たない昆虫を見つけるのはきわめて困難になる。これらの昆虫のほとんどが，捕食者や汚染物質によって殺され，幸運な100匹のみが生き残ったとしよう。この場合，残った集団に元の種である複製の遅い昆虫がいる確率はたったの約１%である。更に，どの生物の環境も時間とともに変わるだろう。このため，自身を完全に複製する生物より，エラーを含んで複製をする生物の方が有利となる。進化とは生命が途切れることなく環境に適応している過程だからである。

4.2　自己複製機械の自然史

どのように生物は地球上に出現したのかはまだ謎である。それにもかかわらず，自己複製機械の基本的な要件から，生物のごく初期がどのようなものであったかを推測することができる。例えば，初期の生物は，正確な自己複製に必要な洗練された細胞器官を持っていなかっただろうから，現在の生物

図4－3　リボヌクレオチド(上)とデオキシリボヌクレオチド(下)はそれぞれ，RNAとDNAの構成要素である

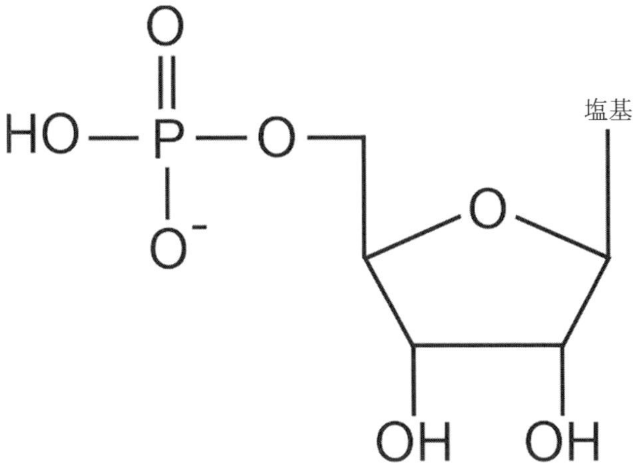

リボヌクレオチド

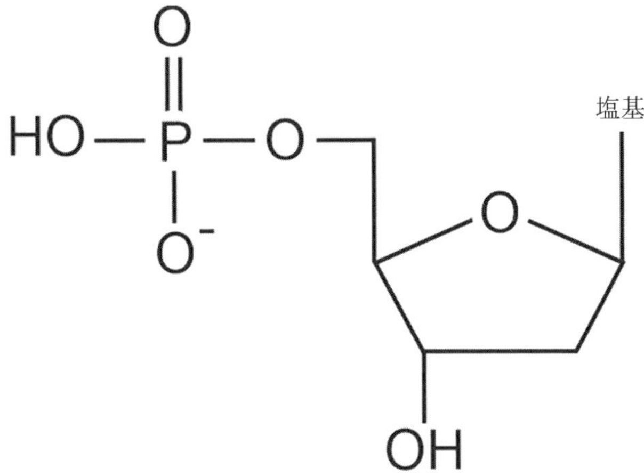

デオキシリボヌクレオチド

と比べて非常に単純な構造をしていたと推測することは合理的だろう。自己複製の速度と正確さは進化を通して徐々に改善してきたに違いない。

生命の起源の秘密を解き明かす際の，おそらく最も重要な最初のステップは，自身を複製できる最も単純な化学物質を実験室で見つけ出すことである。そのような化学物質は次の性質を持つはずである。第一に，自己複製に必要な部品の数は比較的少なく，すべての部品を組み立てて複製を作り上げることは比較的簡単だろう。ごく初期の生物のすべての部品は，大きさや物理的な性質は同じようなものだった可能性が高い。多くの異質な部品を取り扱うより単純だろうからである。第二に，これらの初期の生物の形と構造は，それらの部品を用いて比較的容易に組み立てることができるはずだ。第三に，それらは丈夫で，理想的には，複製のいくつかのサイクルの間，構造的な完全性を維持することができるものだ。化学では，ポリマーは多くのより小さいユニットから成る比較的大きな分子なので，自己複製化学物質のよい候補である。実際，すべての地球上の生物はリボ核酸（Ribonucleic acid; RNA）とデオキシリボ核酸（Deoxyribonucleic acid; DNA）として知られる二種類のポリマーを用いる。これらの二種類のポリマーは，サブユニットがヌクレオチドとして知られる分子なので，ポリヌクレオチドの例である（図４－３）。RNAとDNAの間には重要な違いがある。これから見るように，これらの違いから，多くの生物学者はRNAが生命の起源で重要な役割を演じたのだろうと推測した。

RNAはリボヌクレオチドと呼ばれる化学物質が鎖状につながった構造を持つ（図４－３）。各々のリボヌクレオチドは，リボース，リン酸，窒素塩基を含む，三つのより小さいユニットから成る。RNAに含まれる窒素塩基は，しばしば単に塩基と呼ばれ，グアニン，ウラシル，アデニン，シトシンの異なる４種類のうち，どれか一つである。これらの４種類の塩基は，４種類の異なるリボヌクレオシドを生じ，それらはそれぞれ，グアノシン，ウリジン，アデノシン，シチジンと呼ばれる。したがって，RNAは，グアノシン，ウリジン，アデノシン，シチジンといったリボヌクレオチドの塩基を示す文字列を用いて特定できる。例えば，５つのグアノシンからなるRNAはGGGGGと書かれる。

自己複製に重要なRNAの性質の一つは，リボヌクレオチドが特定のペアを作る傾向があることである。すなわち，AとUはペアをなし，GとCはペアを作る。このために，RNAは相補的な複製を作る能力を持つことができる。例えば，AACUGAからなるRNAの断片は，UUGACUを作る。もしこの新しいRNA断片が相補的な複製を作るなら，それは元のRNAの複製に対応する。RNAは自己複製できる。

しかし，自己複製は，RNAのような遺伝物質の存在だけを必要とするのではない。もし，複製のあらゆる段階が正しいヌクレオチドと遭遇するチャンスに依存するなら，RNA複製の速度は極端に遅くなるだろう。実際，次世代に複製され，受け継がれるこれらの遺伝物質に加えて，地球上のすべての生物は，複製を促進する器官を持つ。殆どの生物にとって，自己複製は桁

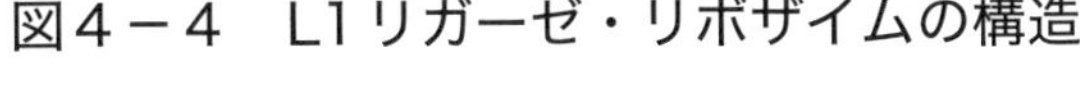

図4－4　L1リガーゼ・リボザイムの構造

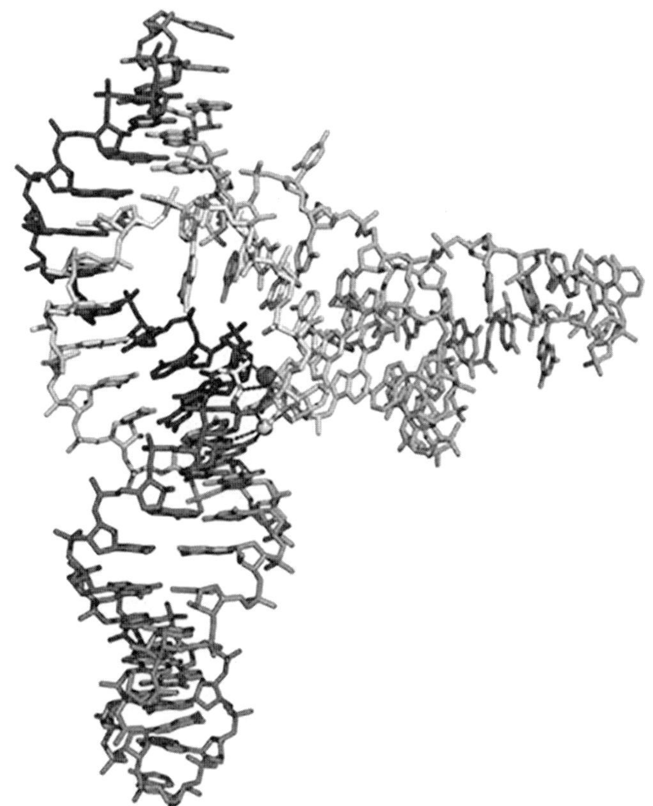

出典　(Figure 2D in Robertson MP, Scott WG (2007) The structural basis of ribozyme-catalyzed RNA assembly. *Science* 315: 1549-1553. Reprinted with permission from AAAS.)

外れに複雑な一連の化学反応によって実現され，それらは様々な触媒によって速められる。触媒は個々の化学物質を正確な位置に配置するために適切な３次元形状を持つ必要がある。

特定の遺伝物質と，その物質を複製することのできる触媒が他の化学物質とランダムに混ざり合っていたら，それら同士が遭遇することはまずないだろう。それよりも，最初の自己複製化学物質が２つの機能を持ち，遺伝物質と自身の触媒として働いていたという方がありそうである。生成するのと同じ化学反応を促進する化学物質は，自己触媒と呼ばれる。それゆえ，最初の生物は自己触媒だったのかもしれない。RNAは自己触媒として機能でき，それこそがしばしばRNAは地球上のすべての生物の先祖と考えられている理由である。RNAは４種類のリボヌクレオチドを使った文字列のように遺伝情報を保存できるだけではなく，異なるリボヌクレオチドの順序に依存してその３次元構造が変わる。そのようなユニークな３次元構造を用いて，その部分が集まるのを促進する。触媒として機能するRNAのことをリボザイムと呼ぶ。例えば，リガーゼは，長いRNAを作るために短いRNA断片を結びつけることができるリボザイムの一種である(図４－４)。実際，自身を複製できるリガーゼ・リボザイムは研究室で作られてきた。これは，生物は，自己複製するリガーゼ・リボザイムのシステムとして最初は出現したという説の可能性を実証した。

RNAの自己複製システムが複数出現するようになると，リボヌクレオチドや短いRNA断片のような複製に必要な部品を確保するために，すぐに互いに競争を始めたのだろうと容易に想像できる。緩慢に複製するRNAに比べ，より高い複製効率を持つRNAの数は徐々に増加しただろう。そのような自然淘汰を通して，RNAの複製効率は徐々に上昇したのだろう。しかし，RNAは安定した媒体ではないから，情報の保存には最適ではない。例えば，RNAのリボースは，DNAに使われるデオキシリボースよりも，RNAを化学的に不安定にさせる，それゆえ，RNAの進化のある時点で，自己複製するリボザイムは，DNAを用いてより安全に遺伝情報を書き，保存するための戦略を採用し始めたのだろう。RNAは典型的にはリボヌクレオチドの一本鎖の形態を取るが，DNAデオキシリボヌクレオチドからなり(図４－３)，二重らせんを形成する(図４－５)。DNAにはRNAより安定な糖が存在することに加えて，DNAの二本鎖の形はその構造を一層安定にする。DNAは実

図４－５　DNAの構造

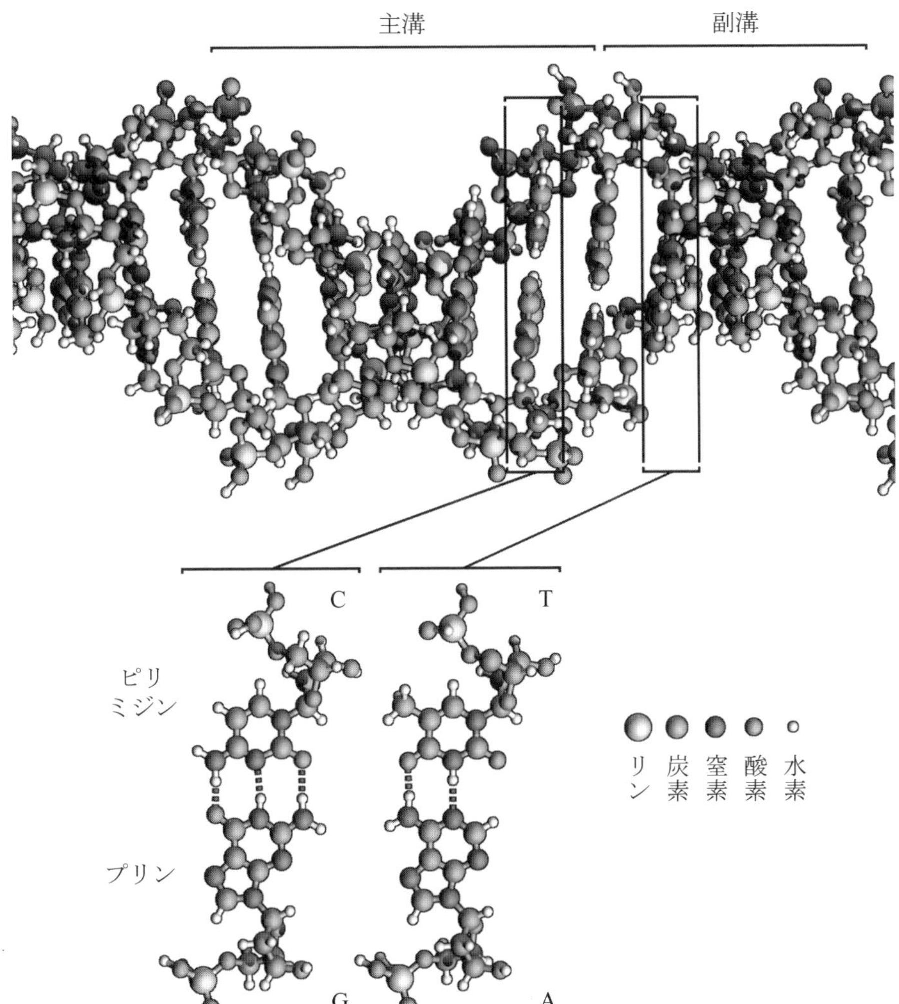

出典　（ウィキペディア（Wikipedia）より（the GNU free documentation license））

際きわめて安定しており，それこそが４万年前のネアンデルタール人の遺骨から遺伝情報を復元することが可能な理由である。事実，DNA分子はきわめて安定しているので，数十万年前と考えられる古細菌から遺伝情報を読み取ることができる。

DNAはどのように遺伝情報を保存するのだろうか？　RNAと同じように，DNAは４種類のヌクレオチドから作られる。しかし，DNAはデオキシリボヌクレオチドを使い，RNAはリボヌクレオチドを使う。DNAで使われる４つのデオキシリボヌクレオチドのうちの３つは，RNAに存在する塩基と同じ，すなわち，アデニン，シトシン，グアニンを持つ。しかし，DNAはウラシルの代わりにチミンを使う。したがって，DNAを構成する４つのデオキシリボヌクレオチドはデオキシアデノシン，デオキシシチジン，デオキシグアノシン，デオキシチミジンと呼ばれる。RNAと同じように，これらの４つのヌクレオチドは，ACGTの４文字で記される。RNAの形はそのヌクレオチドの配列に依存して大きく変わるが，DNAは，２本のワイヤーをねじり合わせたように，二重らせんを形成する。二本鎖のヌクレオチドは，水素結合と呼ばれる化学結合を形成することで，DNAの構造をさらに安定化させる。RNAと同様に，これらのヌクレオチドは特定のパートナー，AとT，CとGが結びつく。重要なことは，DNAの二重らせん構造が自身を複製するのにきわめて便利なやり方をもたらす。自己複製の間，DNAの二重らせんはジッパー・ファスナーのように開き，DNAの各々の鎖は，元のDNAにある古いヌクレオチドと相補的な新しいヌクレオチドを引き寄せる(図４－６)。新しいヌクレオチドが化学的に結合し，元のDNAの２つの複製から離れると，自己複製は完了する。

遺伝情報の保存媒体としてDNAが出現する前の時代をRNAワールドと呼ぶ(図４－７　110頁)。現在では，DNAが主要な遺伝物質でありRNAは遺伝物質の複製を補助するDNAワールドである。すべての現在の地球上の生命体は遺伝情報をDNAに保存している。しかし，RNAはいくつかのウイルスでは遺伝物質として依然使われている。これらのいわゆるRNAウイルスは，エボラ，C型肝炎，ポリオ，麻疹，普通の風邪など，多くの病気の原因である。

4.3　多彩なタンパク質

次に我々が議論するのは，すべての生物において重要な触媒としてRNAは依然機能し続けていることである。しかし，すべての生物の細胞内の化

図4－6　DNAの複製

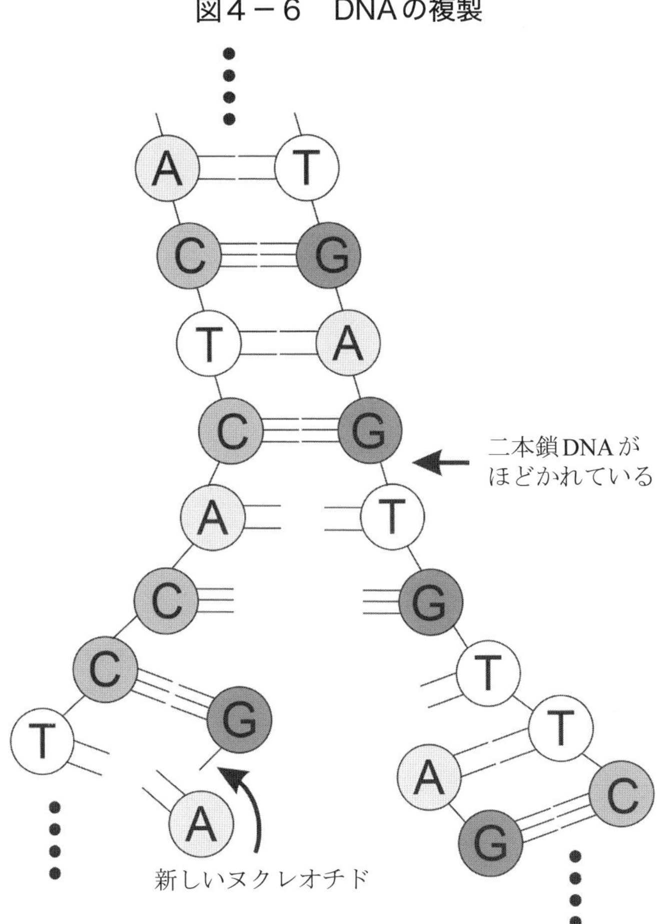

学反応を制御する殆どの触媒はタンパク質である。タンパク質は，RNAやDNAのように多量体であるが，アミノ酸からできている。タンパク質の働きは多彩で，多くの異なる機能を行う。いくつかのタンパク質は，髪の毛のケラチンや肌のコラーゲンのように，我々の体に構造的な補助を与える。それゆえ，すべてのタンパク質が触媒ではなく，触媒として働くタンパク質は酵素と呼ばれる。RNAの三次元構造がヌクレオチドの配列とともに変化しうるのと同様に，タンパク質の形と機能はそのアミノ酸の配列に従って変化

図4－7　RNAワールドとDNAワールドにおける複製

RNAワールドでは，RNAは自己触媒として機能する。DNAワールドでは，遺伝情報はDNAに保存され，タンパク質が触媒として働く。

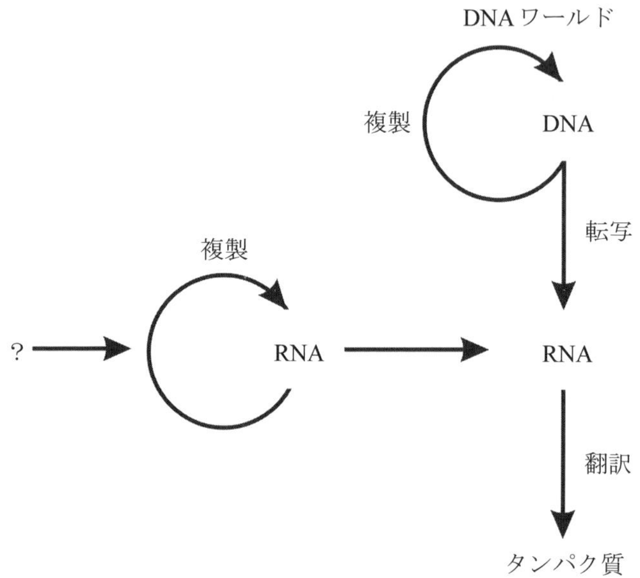

しうる。RNAとDNAは4種類の異なるヌクレオチドを使うだけだが，タンパク質は20種類のアミノ酸から作られる。したがって，複雑な形態，もしくは機能を持つタンパク質はより容易に作られる。

タンパク質と酵素は細胞内で無数の仕事を行う。タンパク質の役割は，DNAの複製，様々な細胞機能に必要な化学的なエネルギーの生産，細胞からの化学廃棄物の除去である。多くの機能を持つタンパク質はどのように作られるのだろうか？　興味深いことに，タンパク質の合成で中心的な役割を演じるのはRNAである。このことは，タンパク質がその役割を担う以前は，RNAとリボザイムがRNAとDNAの複製に必要なすべての化学反応の触媒だったのだろうと多くの科学者が推測するもう一つの理由である。タンパク質はDNAから直接作られるのではなく，RNAポリメラーゼと呼ばれる酵素が作るメッセンジャーRNA（mRNA）と呼ばれる，RNAの一種類から間接的に作られる。RNAポリメラーゼは，DNAの塩基配列に従って，異なるリボヌクレオチドに統合する。この過程は転写と呼ばれる。mRNAが合成されると，核を出て，リボソームと呼ばれる化学工場に結合し，mRNAに書かれている情報に従ってタンパク質の合成が起こる（図４－８）。この過程は翻訳と呼ばれる。

RNAのヌクレオチド配列をタンパク質に翻訳する際に重要な問題が生じる。タンパク質で使われるアミノ酸の種類の数はヌクレオチドの種類の数よりもだいぶ多い。RNAには４種類のヌクレオチドしかないが，タンパク質は20種類のアミノ酸からできている。それゆえ，１つ１つのヌクレオチドをアミノ酸に１対１の関係で翻訳することはできない。興味深いことに，地球上のすべての生物はこの問題に対して同じ解決策を採用しており，この解決策は生物の歴史のだいぶ早い時期に採用されたことを示唆する。この普遍的な解決策は，３つのヌクレオチドの配列を使ってタンパク質の各アミノ酸を特定するというものである。単一のアミノ酸を特定する３つのヌクレオチドの配列は，コドンと呼ばれる。３つのヌクレオチドの配列は4^3種類，つまり64種類のパターンを作ることができるから，殆どのアミノ酸は一つ以上のコドンによってコードすることができる。例えば，アミノ酸の一つであるグルタミンは２つの異なるコドンCAAとCAGでコードされる。

翻訳の間，mRNAの各コドンに対応するアミノ酸はリボソームに移送され，新しく作られているタンパク質に接着する必要がある。興味深いことに，翻訳段階でのこの重要なステップは，トランスファーRNAもしくは，tRNAと呼ばれる，RNAの一種類によって処理される。tRNAは，mRNAの一つのコドンと，アミノ酸と結合する別の領域に接着する（図４－８）。tRNAは，タンパク質生成のためのシャトルバスのように働く。トランスファーRNAは，アミノ酸をリボソームに与えたあと，リボソームを離れ，アミノアシルtRNA合成酵素と呼ばれる酵素の助けを借りて，アンチコドンと適合する別のアミノ酸を見つけ，それを届けるためにリボソームにまた戻る。

翻訳は，タンパク質の最初を知らせる特別なコードである開始コドンから常に始まる。また，対応するアミノ酸を持たないUAA，UGAとUAGの，いわゆる３つのナンセンスコドンもある。これらのナンセンスコドンは翻訳を停止し，新しく作られたタンパク質をリボソームから放出する。これらのナ

図4－8　リボソームにおけるタンパク質合成

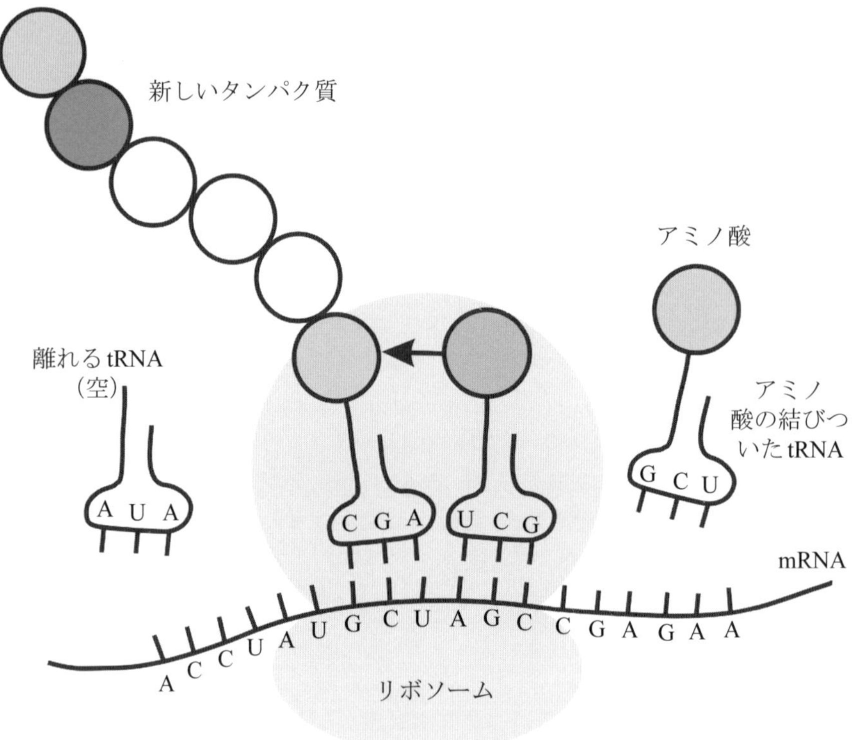

ンセンスコドンは終止コドンとも呼ばれる。DNAにおいてタンパク質をコードし，開始コドンと終止コドンの間に対応する領域は，遺伝子と呼ばれる。ある生命体のすべての遺伝子の集合は，ゲノムと呼ばれる。

地球上の生命はRNAシステムとして始まった可能性がある。RNAの自己複製システムは，DNAとタンパク質がそれぞれ遺伝情報を保存する媒体と触媒となる分業を通して，より複雑な生命に進化したに違いない。この筋書きでは，RNAはいくつかの責任をDNAとタンパク質に委譲する。進化の間，自己複製の効率は改善した。そのような効率の改善は分業と専門化によってしばしば達成される。RNAワールドからDNAワールドへの移行は好例であり，次に見るように，多細胞生物の出現はもう一つの良い例である。タンパク質と遺伝物質に加えて，地球上のすべての生物は，個々の細胞を囲む膜という，もう一つの重要な成分を持つ。すべての生物は細胞から成り，細胞膜は細胞の内側と外側を隔てる物理的な障壁を作る。細胞膜がないと，RNAとタンパク質のようなDNAの複製に必要なすべての化学物質は，その環境にある他の化学物質と常に混ざり，自己複製の効率を厳しく制限するだろう。それゆえ，細胞と細胞膜の出現は生命の進化においてもう一つの重要な出来事である。すべての生物において，自己複製のクライマックスは，母細胞の中でのDNAの複製と他の化学物質の複製が終わったあとに起こる，細胞分裂である。

4.4　多細胞生物

生命の進化の歴史のもう一つの画期的な出来事は，多細胞生物の出現である(図４－９)。細胞膜は，生物を保護し，自己複製を促進するが，細胞がどれだけ大きくなれるかを制限する。細胞膜を通して入れたり出したりする必要のある物質の量は，細胞の体積に比例するからである。しかし，表面積と体積の比率は細胞の大きさに比例して減少するから，細胞の代謝の効率は細胞が大きくなるにつれて低下する。細胞の大きさの物理的な限界は，構造と機能，そして最も重要なことに複製のための複雑な問題を細胞が解く能力を制約し，単細胞生物の知能を制限する。対照的に，多細胞生物は，分化と呼ばれる過程を通して異なる機能に特化する複数の種類の細胞を作ることで，より複雑な構造を維持できる。脳のような洗練された制御センターを発達させるために，いくつかの細胞は，体内の他の細胞と情報をやり取りすることに特化する必要がある。多細胞性はより高いレベルの知能の必要条件である。

進化を通して，分業は自己複製の効率を改善するために重要な役割を果たす。本質的に言えば，RNAワールドからDNAワールドへの移行は専門化の一例でもある。RNAワールドでは，RNAは生命のすべての機能に役割を持ち，RNA，DNAとタンパク質の間の分業を通して，DNAワールドへ移行した。同様に，多細胞生物を可能にしたのは，分業と専門化である。多細胞生物は，免疫細胞や血液細胞のような特別な機能を持つ異なる種類の細胞を生み出すことができるから，免疫反応や循環のような様々な機能に専念する器官を持つことができる。性別を持って繁殖する多細胞生物において，ある個

図4－9　単細胞生物と多細胞生物の自己複製

灰色の円は分化する前の細胞を示し，黒い円は生殖細胞を示す。

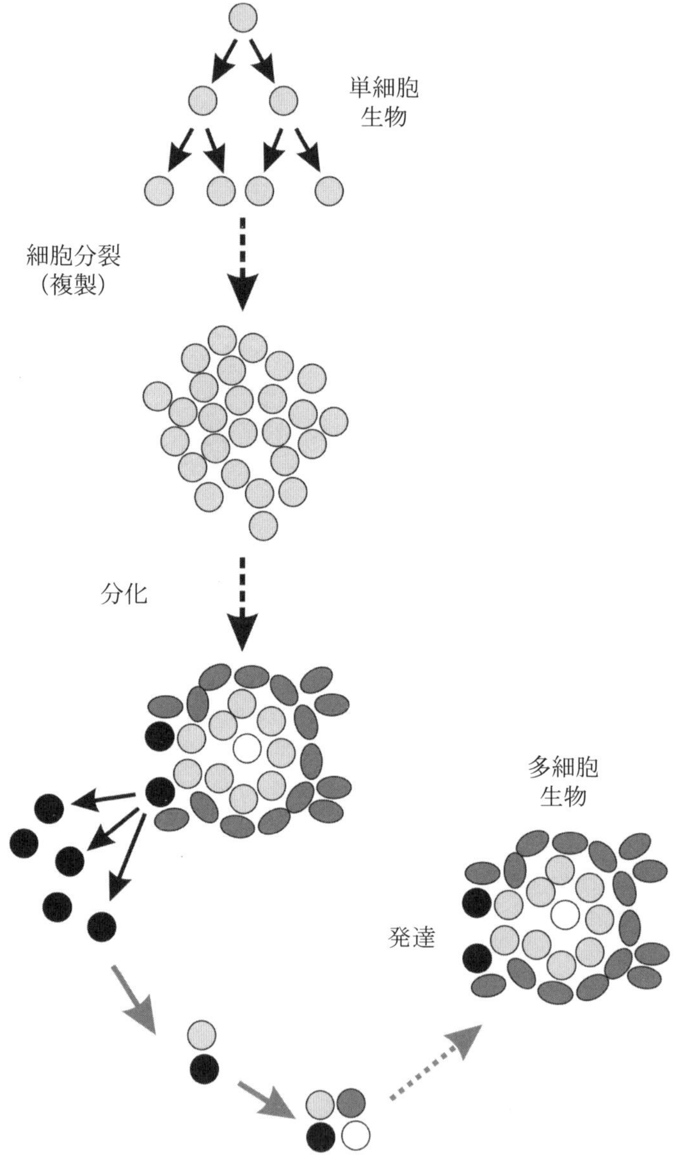

体のすべての細胞は，ある単一の細胞，すなわち受精卵に由来する。それらは生殖細胞と体細胞にグループ分けされる。生殖細胞は精子と卵子を生み出す能力を維持でき，新しい生物を生み出すのに貢献する。対照的に，体細胞はその個体とともに死ぬ。ヒトを含む殆どの動物において，体内の細胞の大部分は体細胞である。脳は体細胞からなるので，ある個体のすべての記憶はその個体の死とともに消滅する。進化生物学者であるリチャード・ドーキンスが指摘したように，体細胞は生殖細胞に含まれる遺伝物質の維持，複製を補助する役割を持ち，一時的な生存機械として見ることができる。

同じ受精卵に由来する細胞が，なぜ異なる機能を持つことができるのだろうか？　それは，個々の細胞が，それぞれの細胞の機能に適切な異なる種類のタンパク質を作れるからである。ある遺伝子はどのタンパク質が作られるかを決めるが，どれくらいの量を作るかは決めない。細胞内のスペースは限られており，様々な種類のタンパク質が正常な代謝に必要なので，合成される核タンパク質の量は厳密に制御される必要がある。この重要な仕事もDNAとタンパク質の共同作業によって達成される。DNAは，様々なタンパク質のためのアミノ酸配列についての情報をコードする領域と，転写のレベルを制御する調節エレメントと呼ばれる非コード領域の２つの異なる部分を含む。それゆえ，DNAのすべてのヌクレオチドがアミノ酸配列をコードするのに使われるわけではない。非コードDNAは機能を全く持たないと考えられていたことから，かつてジャンクDNAとも呼ばれた。非コードDNAのかなりの部分は，ある細胞において作られるべき様々なタンパク質の量を制御するのに重要な役割を演じることが今では分かっている。

転写因子と呼ばれる特別なグループのタンパク質は，他のタンパク質をコードするDNAセグメントの調節因子に結合できる。すなわち，タンパク質の産出率は，適切な転写因子が調節エレメントに結合するか否かに依存して，増加または減少する。受精卵は何度も細胞分裂を繰り返し，細胞が分化して独自の構造や機能を獲得していく中で，無数の転写因子が，個々の細胞で，各タンパク質を適切な量を産出させる。もし転写因子が，動物の体の異なる部分における特定の器官を発達させる役割を持つなら，動物の発達に決定的に関与する転写因子の濃度は，体の異なる部分で規則的に異なるはずである。例えば，ビコイドと呼ばれる転写因子は，発達中の動物の中で，結果的に動物の頭となる部分に高濃度で存在する。同様に，Hox転写因子は，頭と脚のような体の特定の部分で発現し，頭—尾の軸に沿った正しい位置になるように，特定の体の部位の発達を制御する。それゆえ，様々な転写因子によって届けられた信号の結果として，それぞれの細胞は専門化された機能を獲得できる。

4.5　脳の進化

次は，どのように動物の脳が発達してきたかに注目してみよう。多細胞生物の多くの異なる種類の細胞の中で，筋細胞が動物の体の位置を素早く変えることを可能にするから，知能の進化において特に重要である。しかし，筋細胞の力を十分に利用するためには，動物の環境や内部状態にしたがって筋細胞は適切に制御される必要がある。これは動物の体の一部分から他の部分へ情報を素早く伝達することのできる特別なグループの細胞を必要とする。これこそが神経細胞と神経系の正確な機能である。本書の第３章で見たように，神経系の形と複雑さはCエレガンスからクラゲ，ゴキブリ，哺乳類で大きく異なる。残念なことに，神経系の化石は極端に稀であり，その進化を研究するのはきわめて困難である。それにもかかわらず，構造と機能が現在の動物界でどのように異なっているかを比較することで，神経系の進化について推測できる。近年，DNA配列の解析により，動物界の異なる種が，共通の祖先から，いつ分岐したかを推定することが可能となった。

地球上の一番初めの動物はどのようなものだったのだろうか？　地球上に動物が初めて出現したのは約６億年前だったと推測されている。そのような動物は神経系を持っていたのだろうか？　もしそうなら，どのような働きをしていたのだろうか？　多くの古生物学者は，初期の動物は海綿動物か海綿動物門に属する他の動物に似ていたのかもしれないと推測している(図４－10)。多くの動物と異なり，海綿動物は筋細胞や神経細胞を持たず，岩や他の表面に付着して一生の大部分を暮らす。この固着性の生活様式にもかかわらず，海綿動物は植物ではない。植物細胞とは異なり，海綿動物の細胞は細胞壁を持たず，バクテリアのような他の生物から必要な栄養素を取り込む。海綿動物は筋細胞を持たないが，遅い動きを引き起こす収縮する能力のある，扁平細胞と呼ばれるグループの細胞で体が覆われている。海綿動物のように，初期の動物は筋細胞と神経細胞を持たなかったのかもしれない。しかし，この見方に誰しもが同意するわけではないが，有櫛動物と呼ばれる別のグループの動物が最初の動物であり，他の動物とは独立に神経細胞を発達させたとさえ信じている科学者もいる。

図4－10　動物の系統樹

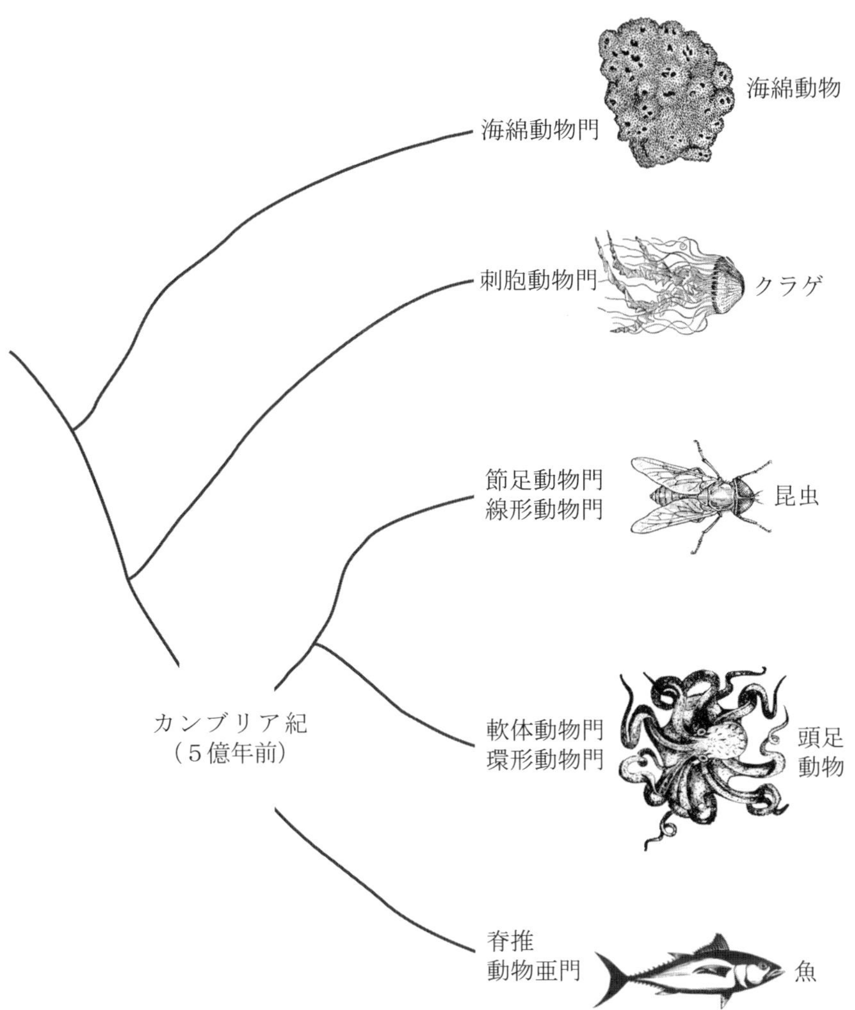

すべての動物は光合成の能力を持たないため，他の生物から必要なエネルギーと栄養素を手に入れる必要がある。それゆえ，筋肉と神経細胞は動物にとって価値のある発明だったに違いない。初期の筋肉と神経細胞の機能は現在の標準ほど洗練されていなかったとしても，他の固着性の動物と比べて，狩りにおいてかなりの優位性を動物に与えただろう。現代の動物の中でも，最も単純な神経系は，クラゲを含む刺胞動物門と呼ばれるグループの動物に見つけることができる。したがって，古生物学者の中には，クラゲの祖先で神経細胞は初めて出現したと考える者もいれば，有櫛動物と呼ばれる異なる動物の祖先が神経系をより早く発達させたと考える者もいる。クラゲと有櫛動物の神経系は，脳のように中心のある構造を持っていない。代わりに，それらの神経系の神経細胞は，神経網と呼ばれるより散在した構造で組織されている。初期の神経系は同様に中心になるようなものがなく，近傍の筋細胞のみの収縮を制御したのだろう。

すべての存在する動物種の原型は，約５億４千万年前に６千万年続いたカンブリア紀の初めに出現したと考えられている(図４－10)。カンブリア紀の最初の２千万年ほどの間にきわめて多くの動物が出現したことから，この時期はカンブリア爆発としばしば呼ばれる。動物界のすべての生物は門とよばれる35の異なるグループに分けられる。例えば，ヒトを含む，すべての脊椎動物は脊索動物門とよばれる門に属する。節足動物門は昆虫やエビを含むが，軟体動物門はイカやタコのような生物を含む。これらの門の全てはカンブリア紀の間に出現した。それにもかかわらず，ある種の多細胞動物はおそらくカンブリア紀以前にも存在したから，その爆発性については多少議論の余地がある。

節足動物門，軟体動物門，脊椎動物と多様な動物は５億年以上も前に独立して進化し始めたことから，動物界で神経系の構造に大きな違いがあることはそれほど珍しくないだろう。例えば，脊索動物門に属する全ての動物では，神経細胞は体の上側にある管の形で集まっている。背側神経管と呼ばれる，この管のような構造は脊椎動物の神経系の原型だと考えられている。脊椎動物が進化の過程で，口と複数の感覚器官，これらの感覚器官と機能的に関連のある神経細胞がその前側に徐々に集まり，結果的に頭となった。この過程は頭化と呼ばれる。

脊椎動物では，視覚，聴覚と嗅覚の情報はその頭部にある感覚器官から収集される。感覚情報を分析し貯蔵することに関与するすべての神経細胞を，感覚器官の近くに配置することはより効率的である。これらの神経細胞のすべてを近くに集めることにはもう一つの利点がある。動物の環境における重要な変化を検出し，その情報を重要な意思決定に使うために，複数の感覚器官からの情報を統合するのを容易にする。これこそ脳が進化した理由である。このように，脊椎動物の脳は中央集権国家のようになる。全ての脊椎動物において，脳と脊髄を合わせて中枢神経系をなす。動物の行動に関するほぼすべての複雑な意思決定は脳の中で行い，脊髄は主に脳と残りの体の部分の間の様々な感覚と，運動信号を伝達する役割を果たす。

脊椎動物とは大きく異なるように見える神経系を持つ動物がいる。例えば，多くの節足動物と軟体動物の神経系は，神経索や繊維とつながっている神経節と呼ばれる神経細胞の複数のクラスターからなる。脳がなくとも，神経節の神経細胞は，体中のどこに存在しているかに応じて，必要な決定を行うことができる。比喩的に言うと，非脊椎動物の神経系は非集権的な国家のようである。

ヒトの脳は驚くべき能力を持つ。加えて，イヌやサルのような，我々が賢く，きわめて知的であると考える多くの動物も，すべて脊椎動物である。脊椎動物の脳が，脊椎動物を非脊椎動物よりも知的にさせていると結論づけたくもなる。しかし，この主張を正当化するのは難しい。反例の一つとして，非脊椎動物の世界では最も知的な動物の一つとして議論の余地がないタコを考えてみる。まず初めに，タコは，瞳，レンズ，網膜を持つ点で，カメラに似た目を持っている。これらの洗練された目はタコにその環境下にある様々な物体の詳細を分析する能力を与える。興味深いことに，カメラのようなタコの目は脊椎動物目とは独立に進化してきた。２番目に，タコはきわめて複雑な行動を示す。例えば，実験室の環境では，タコはある人たちに向けて選択的に水を放つことができ，これはタコがヒトの個体を識別することができ，相手を嫌っているのかもしれないということを示唆する。タコは複雑な物体を操作できることもよく知られている。例えば，タコは瓶の蓋を開けるよう学習できる。タコはまた脱走の達人でもある。これはタコの神経系にある多くの神経細胞によるものだろう。タコの神経系は約５億個の神経細胞をもつと推測されており，この数はハトやネズミのような多くの脊椎動物の神経の数よりも多い。したがって，すべての非脊椎動物は脊椎動物よりも知的ではないというのは偏見である。それにもかかわらず，我々は複雑な神経系を持つタコと他の非脊椎動物の神経系や，その知能についてほとんど何も知らない。

4.6 進化と発達

受精卵が十分に発達し，脳のような複雑な構造を形成する前に，多くのことが適切な場所で適切な時期に起きる必要がある。多くの神経細胞が生成され，生み出された場所から最終目的地へと適切に移動する必要がある。また，それらの軸索と他の神経細胞の樹状突起との間に多くのシナプスを作る必要もある。これらすべてのプロセスはタンパク質に依存しており，各細胞は移動中に，脳の発達の各段階で必要な様々なタンパク質の産生を開始し，それらが不要になったら終了する必要がある。当然のことながら，他の細胞分化と同様に，脳の発達には多くの転写因子が関わる。

脳の発達に関与する転写因子の一例として，皮質脊髄路の発達を見ていく。皮質脊髄路は脊髄にある運動神経細胞に投射する皮質にある神経細胞の軸索から成る神経線維の束である。これらの繊維は手と指の微細な制御に重要な役割を演じる。皮質脊髄路が損傷すると，影響のある体の部分の動きを正確に制御する能力を失う。皮質脊髄路の発達はFezf2と呼ばれる転写因子によって始まる。もしこの転写因子が発達中の動物からなくなると，その動物は皮質脊髄路をもたないまま成長する。

転写因子とその遺伝子は脳の発達のほぼあらゆる段階に関与する。しかし，脳の構造と機能を決めるのは遺伝子だけではない。成体の脳で異なる神経細胞が正確にどのようにつながっているかは，遺伝子で排他的に制御されているのではなく，発達中の動物の経験も反映する。遺伝子は実時間で素早く行動を制御することはできないから，動物は脳を必要とするということを思い出してほしい。これは火星の探査車が，地球上の人間が遠隔で制御するのでは時間がかかりすぎるから，火星の探査車の動きを制御するために人工知能を必要とすることと似ている。脳を作るのに必要な情報の多くは遺伝子から来るが，遺伝子が持っていない，環境に対する現在の知識に基づいて，脳が動物の行動を選択できる必要がある。どの行動が最も望ましい結果をもたらすかを理解するために，動物は，過去の経験の記憶と，外界の現在の状況についての感覚器官から来る情報を統合する必要がある。すなわち，脳は経験を通して最も適切な行動を学習する能力を保つ必要がある。もし遺伝子が脳の機能を完全に決定するなら，環境が予測できないほど大きく変化しても，動物はいつも典型的な行動しかできないだろう。そのような無分別な脳は遺伝子にとって無用だろう。以後の章でより詳しく見るように，知能の本質は，脳の生涯にわたって続く，学習に存在する。

脳機能が経験によって修正されるという事実は，遺伝子が脳を完全に制御しているわけではないことを示唆する。しかし，これは脳が遺伝子から完全に自由であることを意味するのでもない。もし，脳が選んだ行動がその遺伝子の自己複製を避けるなら，その脳は進化の過程で消失していっただろう。このように，脳は遺伝子と双方向で影響し合う。一方では，脳は遺伝子複製の効率を改善するために設計された多細胞生物内の従属的な器官である。他方では，脳は遺伝子からの直接的な指示なしに自律的な意思決定を行うことのできるエージェント(代理人)でもある。経済学的に言えば，ある個体の所有者，またはプリンシパル(依頼人)は依然遺伝子であり，脳ではない。脳はその個体の安全と複製に責任を持つエージェントである(プリンシパル＝エージェント理論については次章を参照)。次章では，脳と遺伝子の間のこの契約内容の詳細を見ていく。

参照文献

Alberts B, Johnson A, Lewis J, Morgan D, Raff M, Roberts K, Walter P (2015) *Molecular Biology of the Cell*. 6th Ed. Garland Science.

Berdoy M, Webster JP, Macdonald DW (2000) Fatal attraction in rats infected with Toxoplasma gondii. *Proc. R. Soc. Lond. B*. 267: 1591-1594.

Biron DG, Loxdale HD (2013) Host-parasite molecular cross-talk during the manipulative process of a host by its parasite. *J. Exp. Biol*. 216: 148-160.

Dawkins R (2006) *The Selfish Gene*. 30th Anniversary Ed. Oxford Univ. Press.

Higgs PG, Lehman N (2015) The RNA world: molecular cooperation at the origins of life. *Nature Rev. Genet*. 16: 7-17.

Kaplan HS, Robson AJ (2009) We age because we grow. *Proc. R. Soc. B*. 276: 1837-1844.

Kosman D, Mizutani CM, Lemons D, Cox WG, McGinnis W, Bier E (2004) Multiplex detection of RNA Expression in *Drosophila* embryos. *Science* 305: 846.

Lincoln TA, Joyce GF (2009) Self-sustained replication of an RNA enzyme. *Science* 323: 1229-1232.

McAuliffe K（2016）*This is your brain on parasites*. Houghton Mifflin Harcourt.

Mlot C（1989）On the trail of transfer RNA identity. *Bio Science* 39: 756-759.

Moore J（2002）*Parasites and the behavior of animals*. Oxford Univ. Press.

Parker GA, Chubb JC, Ball MA, Roberts GN（2003）Evolution of complex life cycles in helminth parasites. *Nature* 425: 480-484.

Robertson MP, Joyce GF（2014）Highly efficient self-replicating RNA enzymes. *Chem. Biol*. 21: 238-245.

Robertson MP, Scott WG（2007）The structural basis of ribozyme-catalyzed RNA assembly. *Science* 315: 1549-1553.

Taylor AI, Pinheiro VB, Smola MJ, Morgunov AS, Peak-Chew S, Cozens C, Weeks KM, Herdewijn P, Holliger P（2015）Catalysts from synthetic genetic polymers. *Nature* 518: 427-430.

第5章　脳と遺伝子

どのように生物は脳のような複雑な器官を必要とするに至ったのか？　脳はどのように進化したのか？　これらは，本章で探求したいと思っている二つの主要な疑問である。これらの問いに対する答えを見つけるには，生物が複製の効率をどのように改善するかは様々であり，複雑であることに再び気づく必要がある。進化を通して，個々の生物の構造と機能はより複雑になり，生物はより多様化する。同じパターンは脳の進化の過程においても観察できる。

進化は環境の多様な特質によって究極的にはもたらされるから，生物は時間とともに多様性を増す。最も原始的な生物は，複製に必要な栄養分が十分にあるという稀少な状況においてだけ，複製を作ることができただろう。しかし時間が経つにつれ，より新しい生物が出現し，望ましくない環境の変化にもかかわらず複製を続けた。これは切れずに連なる生物の進化を多くの方向に推し広げ，生物の多様性を増加させただろう。

進化は生物の複雑さを増大させる傾向があり，おそらく，複雑さを増す最も良い例は，脳の進化にあると言えるだろう。第4章で見たように，動物の神経系は進化を通してより洗練され，最終的には脳の進化に至った。しかし，生物の構造は進化を通して常に複雑になるわけでもない。より複雑な構造が出現するのは，生物がより効率的に自己を複製させることができるときだろう。不必要に大きい，または，複雑な構造を持つ生物が環境において不利になるとき，進化を通して，動物はその体を小さくし，体の構造をより単純にするだろう。実際，昆虫の中には，アザミウマタマゴバチの一種のように(図5－1)，アメーバやゾウリムシなどの単細胞生物と同じような大きさのものもある。それゆえ，複雑さは，多様性を増加させたことの代償と見るべきである。言い換えると，進化を通して生物はより多様になり，いくつか

図５－１　アザミウマタマゴバチの一種
(Megaphragma mymaripenne)

現存している３番目に小さい昆虫である。脳には約4600個の神経細胞しかない

出典　(Figure 1A in Polilov AA (2012) The smallest insects evolve anucleate neurons. *Arthropod Struct. Dev.* 41: 27-32. Copyright (2012), with permission from Elsevier.)

の生物はより複雑さを持つようになる。

人間と他の哺乳類の脳は，進化によって生じた極端な複雑さの好例である（図５－２　126-127頁）。これまでの章で述べたように，生物における複雑な構造の進化は，労働と委任の分担に基づく。実際，仕事を他人に委任する

ことは，人々が労働を分担し専門化する人間の社会における協力の顕著な特徴である。経済学では，労働と委任の分担がどのように達成されるかは，プリンシパル＝エージェント理論によって分析される。労働の分担は異なる人々の間で起こるだけでなく，生物の異なる部分の間でも起こるから，プリンシパル＝エージェント理論は生物学にも関連し，遺伝子と脳の間の関係を理解するのにも役立つだろう。本章では，進化における生物学的な労働と委任の分担の役割について検討する。

5.1　労働と委任の分担

労働と委任の分担は，進化の幾つかの重要な段階で起こり，生物と知能の複雑さが増すのに根本的に寄与している。次の事柄は最も顕著な例である。

(1) RNA ワールドから DNA ワールドへ

第４章で議論したように，最も初期の生物はDNAとタンパク質というより，RNAを用いて自身を複製したのかもしれない。DNAワールドへの遷移は，地球上の生物の歴史過程で最初の労働と委任の分担に対応しているかもしれない。RNAワールドでは，自己複製のすべてのプロセスをRNAが担っていた。一方，DNAワールドでは，細胞内の化学反応を制御するのはタンパク質で，遺伝物質を保存する媒体は主にDNAである。RNAはこれら二つの機能をDNAとタンパク質に委ねることで，自己複製のすべてのプロセスに関与する必要がなくなった。

この労働の分担にもかかわらず，RNAは完全には消えなかった。これは重要である。どの細胞においても，RNAは，DNAに保存されている遺伝情報に従って，全てのタンパク質を合成するのに中心的な役割を演じる。mRNAは，DNAからの遺伝情報のコピーを細胞の核の外側にあるリボソームに届け，tRNAはタンパク質合成に必要なアミノ酸をリボソームに届ける。

(2) 単細胞生物から多細胞生物へ

多細胞生物の出現は，労働と委任の分担として特徴づけられるもう一つの重要な出来事である。すべての生物は，それらの細胞のそれぞれの内部で自己複製の過程を完了できる必要がある。単細胞生物にとって，細胞分割は生

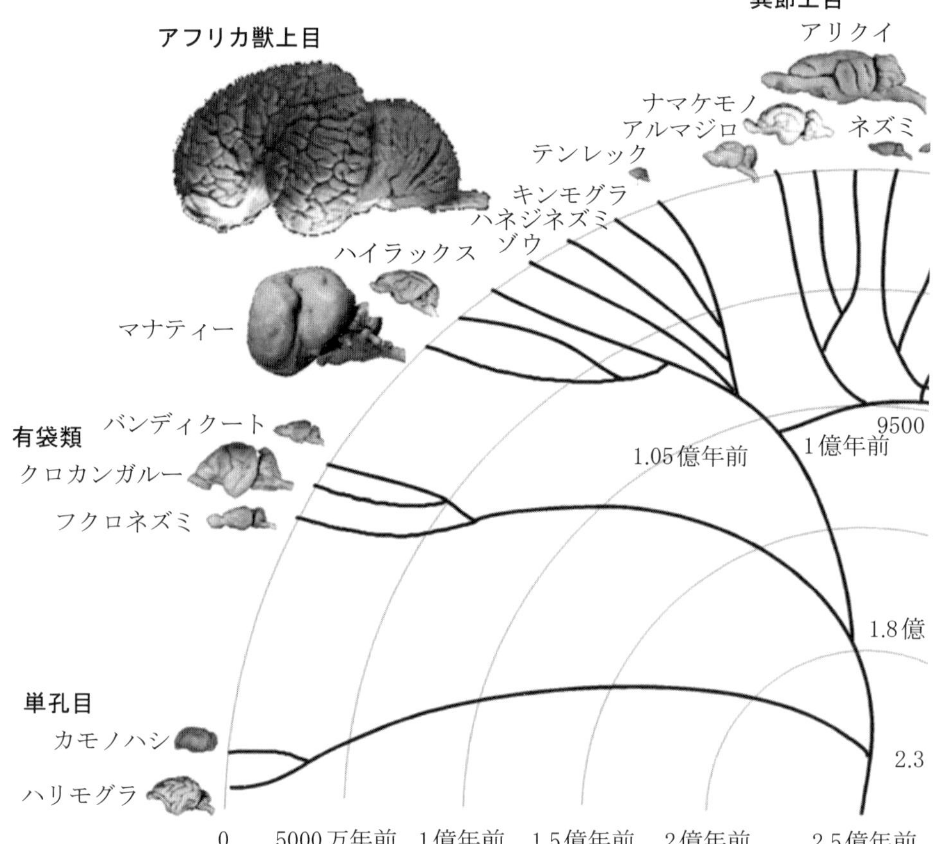

出典　(Figure 1 in Herculano-Houzel S (2012) The remarkable, yet not extraordinary, human brain as a scaled-up primate brain and its associated cost. *Proc. Natl. Acad. Sci. USA* 109: 10661-10668. Copyright (2012), National Academy of Sciences, U.S.A., permission from PNAS)。脳の画像はウィスコンシン大学とミシガン州比較哺乳類脳コレクション(www.brainmuseum.orgより。)を元に改変。

殖と等価であり，その結果生じる子細胞は親細胞と機能的に等価であり区別がつかない。対照的に，多細胞生物の中の細胞は分化し，運動，循環，消化，生殖のような様々な機能に特化する。

おそらく，多細胞性の最も驚くべき結果は，生殖細胞と体細胞の間の労働

脳の進化

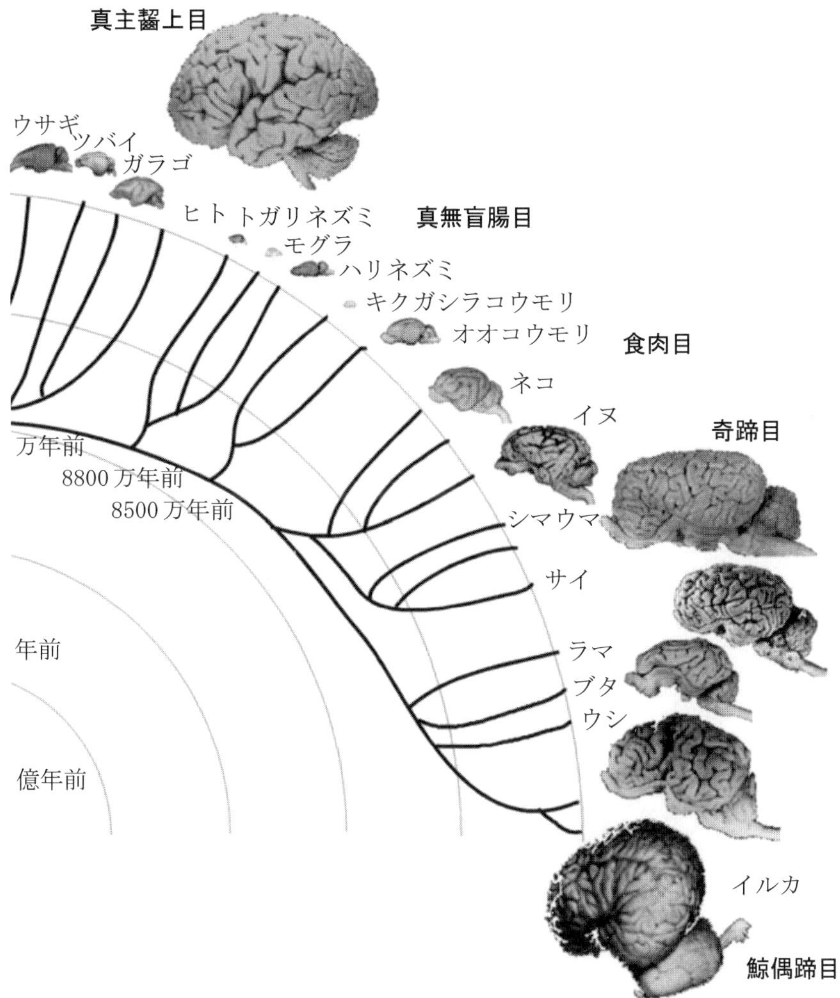

の分担である。多くの多細胞生物において，生殖細胞は生殖に特化し，体細胞は他のすべての機能を実行する。生殖細胞だけが生殖細胞と体細胞の両方を生み出すことができ，それによって，個体全体を複製する。それゆえ，生殖細胞は不死であると考えられる。対照的に，体細胞は普通，生殖細胞を作

る能力を失い，それゆえ，個体全体を作り出すことはできない。体細胞は，個体全体の自己複製の責任を生殖細胞に委任し，生殖細胞は，生殖を除くすべての機能を体細胞に委任した。

(3) 脳の進化

多細胞生物における体細胞は，多くの異なる機能を実行するのに特化し，これらの機能に必要な意思決定を行う。動物にとって，最も重要な意思決定は，筋肉とそれを制御する神経系によってなされる。筋細胞は素早く収縮，または拡張し，それゆえ動物の体の形を素早く変え，または，動物を新しい場所に移動するのに使われる。したがって，動物の安全は神経系によってなされる決定と筋肉によってなされる行動にしばしば依存する。もし脳が自殺をするという不幸な決定をするなら，生殖細胞と体細胞を含むその個体のすべての細胞は，その決定の致命的な結果を免れることはできない。

制御センターとして機能するために，脳は，動物の体の他の細胞の権限を必要とする。この力があってこそ，脳を持つ動物は，生存と繁殖のために適切な行動を敏速に選ぶことができる。これらの意思決定は，動物の環境から音や光によってしばしばもたらされる，全ての利用可能な情報に基づいて注意深くなされなければならない。感覚神経細胞が受け取る情報は，その情報が利用される動物の体の適切な場所にいち早く届かなければならない。それゆえ，長い距離を敏速に情報を中継する能力のある神経細胞なしに，多くの印象的な一連の動物の行動はありえないだろう。捕食者と被害者の間の奪い合いもないだろう。同様に，複雑な神経系なしに，人間は美しい楽器をかなでたり，複雑な数学の問題を解いたりできないだろう。しかし，全ての神経細胞は体細胞である。それゆえ，個体の命とともに，その固有の記憶と知識は尽きる。人間は寿命があることを知っており，それに失望もしている。それでも，これは避けることはできない。思考は，体細胞からなる脳の働きである。体細胞は，生殖細胞の複製を補助するためだけに存在する，生存のための装置なのである。

(4) 社会的な協力

労働と委任の分担は，個体内だけで起こるのではなく，協力と，複数の個体間での共生的な関係の基礎もなす。例えば，花を咲かせる植物と昆虫は共生的な関係を持つ。植物は昆虫に栄養を与え，昆虫は植物の花粉を広いエリアに運び，それゆえ受粉を促進する。どちらも，この関係から利益を得るので，相利共生と呼ばれる。農業はもう一つの例である。様々な家畜と植物を育てることで，人間は家畜の繁殖を補助し，信頼できる食料源を確保する。鶏は，人間のおかげで約200億羽も世界に存在することから，動物種としてはきわめて成功してきた。おそらく，労働と委任の分担の最も複雑な例は，人間同士の間のものかもしれない。地球上の77億人の間で，自給自足して生活できる人はほとんどいない。貨幣が発明されたことで労働の分担が効率化され，市場経済は，様々な商品の生産量や消費量を決定するために必要かつ正確な情報を与える。一連の行為はきわめて効率的になり，日常生活で我々が消費するほぼ全てのものは，我々が出会ったことのない人たちによって生産されている。

労働の分担が生物によって幅広く採用された理由はきわめて単純である。アダム・スミスがピン工場の例で雄弁に語ったように，労働の分業は仕事の効率を改善する。しかし，危険もある。労働の分業を通して複雑な仕事を完成するには，参加者の間の適切な協力を必要とする。仕事に必要な最小限の責任を，誰もが果たす必要があるから協力は必要である。これはすべての参加者に適切に報酬が与えられる必要があることを意味する。そうでなければ参加者は協力するインセンティブを持たないだろう。

細胞内の分業を含む，どんな労働の分業にも同じ危険が潜んでいる。例として，DNAとタンパク質の間の労働の分業を考えることができる。DNA複製に最も重要な役割を演じるタンパク質は，デオキシリボヌクレオチドを用いたDNA合成を担うDNAポリメラーゼである。このように，この酵素は自身をコードするまさにその遺伝子を複製するのに重要である。もしある細胞のこの遺伝子配列がDNAポリメラーゼのエラーによって間違って変わってしまったら，より効率の低い酵素をコードする遺伝子となってしまい，この細胞の自己複製の過程は損なわれるだろう。同様に，多細胞生物における異なる細胞腫の間の労働の分業は多くのリスクに脆弱であり，これには，制御を失って分裂し続け，他の細胞が作る資源を利用するがん細胞も含まれる。労働の分業は，協力の成果が参加者の間で公平に分配されない限り，維持することはできない。もし誰かが，他者のコストを犠牲にして利益を不釣り合いに取ろうとするなら，寄生共生と呼ばれ，宿主はそのような寄生者を強制的に排除するだろう。もちろん，製造会社が製品に欠陥があることを知りながら販売したり，公園や博物館のような税金でサポートされている公共財の利益をタダ乗りしたりと，時には，人間社会でも同様に協力は失敗する。人間社会における協力は，嘘や詐欺によっても失敗しうる。それゆえ，協調的なプロジェクトに参加している個人が，自身の職務を確実に行うことを保証する何らかの仕組みが必要になる。様々な種類の社会規範と法的なシステムはそのような目的に役立つ。

5.2 プリンシパル＝エージェント関係

分業が行われるとき，ある責任はある個人から他の人に委任することができる。自身の責任を他人に移す人のことをプリンシパル(依頼人)と呼び，その新しい責任を受ける人のことをエージェント(代理人)と呼ぶ。プリンシパルがあるエージェントにある責任を委任するとき，エージェントは適切にインセンティブを与えられる必要がある。そうでなければ，エージェントは自身の目的を追求してプリンシパルの要求を無視し，その協力は失敗に終わる。経済学において，プリンシパル＝エージェント理論は，プリンシパルにとって最良の起こりうる結果をエージェントがもたらす最適なインセンティブを見つけようとする。このフレームワークでは，契約を呈示するのがプリンシパルである。対照的に，エージェントはその契約を修正する力を持っておらず，プリンシパルからの提案を受け入れるか拒否するかのどちらかしかない。それゆえ，プリンシパル＝エージェント理論は，プリンシパルと特定の利益を持つエージェントの間に存在する契約の本質についての洞察を与える。

プリンシパル＝エージェント理論は，1970年代以来積極的に研究されてきており，元々は会社における雇用主と従業員，家主と借主，保険会社とその顧客の間の関係から生じる様々な経済学的な問題に応用された。これらの例に共通するのは，エージェントは，自身の行動とそれから生じる結果についてプリンシパルよりも多くの情報を持っているという事実である。言い換えると，情報の非対称性が，プリンシパル＝エージェント理論で分析される問題の本質である。このため，プリンシパル＝エージェント理論は，分業において情報が等しく行き渡っていない生物学の問題と関連を持つ。同様に，人工知能が人間社会でより応用されるにつれて，プリンシパル＝エージェント理論は，人間と人工知能の間の関係にも及ぶ。しかし，経済学で発展した理論的な枠組みが，どのように生物学における問題に応用されうるか，この応用からどれくらい多くの洞察が得られるかは今のところ分からない。まず，プリンシパル＝エージェント理論の重要な前提について考えてみよう。もしこれらの前提が二つの生物的な実体の間の関係にあてはまるなら，プリンシパル＝エージェント理論の教訓は，そのような実体がどのように振る舞い，それらの間の潜在的な対立をどのように解決できるかを理解するのに役立つだろう。例えば，もしある動物とその脳の遺伝子がプリンシパル＝エージェント理論の前提を満たすなら，プリンシパル＝エージェント理論は，それらの間の関係の性質をより正確に理解するのに役立つ（図５－３）。プリンシパル＝エージェント理論は次の５つを前提としている。

(1)　エージェントの行動はプリンシパルの利益に影響を与える必要がある

これは，プリンシパル＝エージェント理論において決定的に重要な前提である。なぜなら，そうでないとプリンシパルはエージェントの行動について少しも気にかけないだろう。例えば，ある雇用主はその従業員の仕事に関心があるだろう。なぜなら，それが雇用主の収入に影響するからである。同様に，細胞の中の多くの化学物質は，他の化学物質の合成率に影響を与える。例えば，DNAとタンパク質の作用は，同じ細胞のRNAがどれくらいよく複製されるかに影響する。それゆえ，もしRNAの複製のスピードがRNAにとって利益とみなせるなら，RNAとDNAとタンパク質のような細胞内にある他の要素の間の関係を記述するのに，プリンシパル＝エージェント理論は応用できるだろう。また，もしDNAの複製のスピードがDNAにとって利益だと定義するなら，遺伝子と脳は，それぞれプリンシパルとエージェントと

図５－３　脳はその遺伝子が行動を選択するための代理人とみることができる

見ることができる。なぜなら，脳による意思決定とその結果としての筋細胞の動きが，遺伝子の保存と複製に重要な影響を与えるからである。

(2) エージェントはプリンシパルが利用できない情報を持つ必要がある

プリンシパル＝エージェント理論では，プリンシパルはエージェントのすべての行動を観察することはできず，エージェントの行動の最終結果を観察できるのみである。もしプリンシパルとエージェントがすべての情報を共有していたら，プリンシパル＝エージェント問題を解決することは些細なものだろう。なぜなら，プリンシパルが望む行動をエージェントが行ったときにのみ，プリンシパルはエージェントに報酬を与えることができるからである。もし雇用主が，従業員がどれくらいの仕事をしたかを常に完全に正確に知ることができれば，雇用主は実際の正確な仕事量に応じて従業員に報酬を払うことで，雇用主の利益を最大化できる。しかし，分業が行われているとき，他者の行動を常に観察することは不可能である。プリンシパル＝エージェント理論の目的は，情報の非対称性にもかかわらず，プリンシパルとエージェントの間の最良の契約と妥協点を見つけることである。

情報の非対称性の問題は，エージェントがすべての情報を収集し利用するときに著しいものとなる。これが脳についても起こる。脳は動物の環境に対する重要な情報のほぼすべてを受け取り，その情報に基づいてどの行動を取るかを決定する。脳が分析する情報量は，生殖細胞や遺伝子が処理するには単純に多すぎる。この情報の非対称性は，脳の選ぶ行動が遺伝子の複製に常に最良の方法で貢献するのではないかもしれないという可能性をもたらす。同様なアイロニーは，国家の安全のためにすべての種類の諜報に関する情報を収集し分析することを専門とする政府の組織にも当てはまる。そのようなエージェントが公共の関心に反する行動を取ることを防ぐための適切な対抗手段を備えることは容易ではない。なぜなら，公衆や政府の他の役人に比べ，重要な国内・国外問題についてよく知っていることが多いからである。

(3) プリンシパルとエージェントの間の契約では，プリンシパルが主導権を持つ

プリンシパル＝エージェント理論では，プリンシパルは，プリンシパルとエージェントの間の契約の内容を一方的に最終的に決定し，エージェントは受け入れるか，拒否するかを決定できるだけである。これは，プリンシパル＝エージェント問題を，より公平な解決を可能にする交渉ができる，社会における他の意思決定と区別する。このプリンシパル＝エージェント理論における根本的な前提は，保険会社が顧客に対する保険の正確な内容を決めるときのような，多くの現実世界の例に当てはまる。同様に，遺伝子は，個体に必要な様々な課題を実行できるように細胞がどのように分化するかを決める。稀な遺伝的実験を除けば，脳はDNAの塩基配列を再編集する能力を持っていないのに対し，DNAにコードされている遺伝情報は脳の発達についての詳細な設計図を持っている。

(4) プリンシパルとエージェントの関心は一致しない

言い換えると，利益相反の可能性がある。エージェントを利する物はプリンシパルを利する物とは限らず，逆もまた同様である。そうでなければ，プリンシパル＝エージェント理論によって解決される問題は存在しないだろう。利益相反は，分業が行われているほぼすべての人間の社会で生じる。実際，人々の間で衝突が起こるときはいつも，その元となるプリンシパル＝エージェント問題から生じる。例えば，子供が何をすべきかを決めようとするとき，子供と親の間にはプリンシパル＝エージェント問題の一要素があるだろう。親にとっては，子供の安全が最大の優先事項であるが，子供はできるだけ楽しむことにより興味があるだろう

生物学的な進化の過程で導入された分業は，利益相反も生み出しうる。時には，対立することなく平和的に分業が行われることもある。例えば，DNAとDNAポリメラーゼは，正のフィードバックを通して互いに影響を与え，それゆえ，互いに関心を持っている。複製に不可欠なDNAポリメラーゼの効率を減少させるDNAの突然変異は，滅多に起こらず，徐々に取り除かれるだろう。しかし，DNAとタンパク質の関係も常に完全とは限らない。遺伝子にコードされている幾つかのタンパク質は，脳の構造と機能に主要な影響を与える。これらのタンパク質の幾つかは，過去の経験から，どのよう

に脳が記憶し学習するかを決めるのに関与するだろう。その場合，これらのタンパク質をコードする遺伝子のいくらかの変化がDNA複製の効率にどのような影響を究極的に与えるかを予測するのは難しい。これは，脳と遺伝子の間の利益相反となる可能性をもたらす。例えば，ある種のタンパク質は，動物の脳によって，最初に見た動く物体に愛着を持つように調整されており，幼い動物が親の後を追えるようになっている。しかし，有害な動く物体が多い環境では，これではうまく適応できない。

細胞内の異なる化学的な物質間の分業と比較して，多細胞生物の細胞間での分業はより複雑な形態を取りさえする。体細胞は自身を複製する能力を諦め，生殖に特化する生殖細胞を守ることに終始する。自己複製はすべての生物を決定づける特徴だが，体細胞は生殖細胞と同一の遺伝子を共有するからこそ自身の複製を諦めた。それゆえ，もし同じDNA配列を持つ生殖細胞が増殖するなら，同一個体の体細胞のDNA配列も増殖することになる。これは体細胞と生殖細胞には本当の意味での利益相反はなく，プリンシパル＝エージェント問題も存在しないことを意味する。しかし，これは体細胞が自身に割り当てられた任務を適切にこなすときにのみ当てはまる。例えば，制御されずに増殖するがん細胞は，その個体のすべての細胞に脅威を与える。

多細胞生物の様々な細胞は通常はうまく協力する傾向があるのに，脳と遺伝子の関心が常に同じ方向を目指しているのではないかもしれないということは驚きだろう。皮肉なことに，これは遺伝子にセットされた脳についての規則と指示のためである。遺伝子に決められた行動は，特に，その動物の生存と繁殖に直接関連し，それゆえ変える必要がない場合，確実に固定され，遺伝的にプログラムされる。例えば，大抵の動物は高熱に触れることを避ける。大抵の動物は甘いものに惹かれ，苦いものを拒絶する。多くの動物にとって，交配に関与する行動は，しばしば適切な遺伝子の直接の制御下にある。正しい行動が常に選ばれるように，これはそれらの行動の効用には，休息や遊びなどの他の重要度の低い行動よりも，高い値が割り当てられている。これは食物とセックスが大きい幸福を与える理由である。しかし，幾つかの行動の利益は，繊細なものであり，変化しうる。したがって，遺伝子によって直接制御された行動が，動物と遺伝子にとって最も望ましい結果を常にもたらすとは限らない。例えば，複雑な社会ネットワークの中で生きる人間にとって最適な行動を遺伝子が決めるのは大変難しいだろう。本書の続く章で議論するように，社会で他のメンバーと協力すべきか，いつすべきかを決めることはきわめて難しい問題である。すべての遺伝子は利己的だが，そのような複雑な問題を解く能力を備えていないため，遺伝子の複製の責任を脳に委ねた。もし脳が生存と複製に明示的に直接的に示されたすぐに得られる幸福のみを追求するなら，遺伝子の利益を究極的には制限し，複製する能力を減らすだろう。

(5) プリンシパルとエージェントはともに合理的に振る舞う

これは経済学の大部分の理論に共通の前提である。経済学における合理性は，意思決定者自身の利益，すなわちその効用関数を一貫して最大化する選択を行うことを意味する。これは，プリンシパル＝エージェント理論の文脈において，プリンシパルとエージェントは，それぞれ自身の利益を最大化する行動を選ぶことを意味する。しかし，この前提は，人間の意思決定者の中か，ある生物の異なる部分の中での分業を扱うかによって異なって解釈される必要がある。前に議論したように，人間の行動は効用の最大化と常に整合しているわけではない。それにもかかわらず，合理性は人々の行う多くの選択を説明するのに良い近似となる。対照的に，細胞内で起こる化学反応にとって，DNAとタンパク質のような化学物質が自身の効用関数を最大化するための合理的な決定をしていると議論するのは難しい。それゆえ，細胞内の複数の化学物質の間の分業を説明するのにプリンシパル＝エージェント理論を適用することは意味がないだろう。

合理性の前提は，脳と遺伝子の間の関係により密着しているだろう。遺伝子は人間と他の動物が行うやり方で決定をするのではない。それにもかかわらず，進化生物学者はしばしば，予測された子孫繁栄の可能性として定義される，適応度の概念に基づく遺伝子複製の効率を定量化する。それゆえ，遺伝子は自身の適応度を最大化するための選択を行い，適応度が効用と代替できるなら，合理的であると見ることもできる。これはまたなぜ進化生物学者であるリチャード・ドーキンスが遺伝子を利己的と考えたかの理由でもある。少なくとも第一近似として，脳によってなされた決定は合理的であると考えることもできる。遺伝子と脳によってなされたほとんどの選択が合理的だとして，プリンシパル＝エージェント理論をそれらの関係をよりよく理解するために当てはめることができる。

まとめると，分業は生物において多くの異なる形で共通して起こるが，プリンシパル＝エージェント理論はそれらすべてに適用可能な訳ではない。これに対する一つの例外は脳と遺伝子の関係だろう。それらは，適応度と効用という理論的な値の最大化を合理的な選択と考えることができるからである。加えて，遺伝子と脳の利益は常に一致するわけではない。それゆえ，動物の脳とその遺伝子は，プリンシパル＝エージェント理論のすべての前提を満たす。

5.3 脳のインセンティブ

人間と動物の行動と知能を理解するために，脳と遺伝子の間のプリンシパル＝エージェント問題から生じる利益相反がどのように解決されるかを分析する必要がある。プリンシパル＝エージェント問題の最適解は，エージェントの効用関数がプリンシパルの効用関数と揃うようにプリンシパルがエージェントになんらかのインセンティブを与えることであることが多い。経済的な分業において，金銭的なインセンティブは必要な協力を維持するために与えることが多い。例として，二つの古典的なプリンシパル＝エージェント問題を考えよう。地主と小作人の関係と，保険会社とその顧客の関係についてである。

最初の例では，農業に使われる土地を所有する地主から，小作人は農作業に対する給与を受け取る。合理的な地主は収益を最大化しようとするだろう。収益は，その土地からの収穫高から小作人の給与を引いたものに対応する。同様に，合理的な小作人は自身の収入を最大化し，労働を最小限にしようとするだろう。それゆえ，小作人は，より働くことが自身の収入を増加されるときだけ働くだろう。地主が小作人に給料を払う必要があるのは明らかだが，小作人の最適な賃金，つまり，地主の利益を最大化する賃金を決めるのは簡単なことではない。

プリンシパル＝エージェント理論において，地主は小作人の労働の量と質について不完全な情報しか持っていない。これは小作人の労働は，収穫高に基づいて決めることができないことを意味する。そうでなければ，単純に，地主は小作人の仕事量を収穫高に基づいて計算できてしまうからである。その土地の天候など，地主が知らない他の要因は収穫高に予測できないかたちで影響を与えるから，そのような知識を欠いていることは現実的な前提である。地主の予想に反して収穫量が少なかった場合，それは天候不順や小作人の怠慢によるものだった可能性がある。この問題の一つの解決法は，収穫高がある基準を超えたときに，地主が小作人にボーナスを与えるというものだろう。しかし，例えば予期せずに天候が良かった場合など，もし小作人が，特に余分に労働することなく一定の基準より多い収穫が得られると予想するなら，小作人は収穫高を最大化する欲求はないだろう。したがって，これは最適な戦略ではない。これはモラルハザードの一例である。モラルハザードが起こるのは，勤勉に働くインセンティブを持たない場合（小作人の事例），もしくはリスクを避けるインセンティブを持たない場合（下記の保険の事例）で，これは，自身の行動とその結果が切り離されているため，エージェントがインセンティブを持たないからである。プリンシパル＝エージェント理論の最適解は，予測収穫高から小作人の労働分を差し引いて計算される定額のフランチャイズ料を，地主が小作人から取ることである。これは地主と小作人のそれぞれの収入を最大化させる。追加の収入が地主に持っていかれないなら，収穫増を見込み，小作人は働き続けるだろう。この例から重要な教訓を得ることができる。プリンシパルがエージェントの行動を十分に観察できない（情報を持たない）とき，プリンシパルは，結果に強く結びつくよう，エージェントに，行動のインセンティブを与えなければならない。

プリンシパル＝エージェント問題の（モラルハザードの）もう一つの例は保険である。一度起これぱコストは高くつくが，起きる可能性が比較的低い場合，例えば，がんや車の事故などでは，保険は魅力的な解決法である。比較的少額のプレミアムを払うことで，もし事故が起きたら保険会社が負担するので，保険加入者は大きな費用の支払いから守られる。しかし，保険に加入した後，自己の実際のコストがなくなるか，少なくとも大分減るので，加入者は慎重さを失うかもしれない。例えば，医療保険に加入した後，タバコや飲酒など不健康な行動を増やし，車の保険ではより無謀な運転を始めるかもしれない。保険会社は，顧客の行動について十分な情報を得ることができないため，望ましくない習慣を持つ人々の保険料を上げることができない。これもまたモラルハザードの例である。保険会社がそのようなモラルハザードを避けるための有効な解決法は，保険加入者が保険会社から支払いを受ける前に，顧客のポケットから払う必要があるという免責条項である。保険は損害を完全にはカバーしないから，加入者に事故を避ける，または保険で保障されている損害を避けるインセンティブを与える。免責条項は保険料を下げるから，保険会社とともに，加入者にとっても利益となる。

地主が小作人から定額のフランチャイズ料金を受け取るとき，または保険証券が免責条項を含むときは，地主と保険会社(プリンシパル)は，小作人と保険加入者(エージェント)にプリンシパルの利益を促進する行動を引き起こすことができる。最適に選んだインセンティブは，エージェントの行動を定期的に調べたり，細かく管理したりするよりも大分効率的である。しかし，これはまたエージェントが合理的に行動し，自身の利益を最大化することを必要とする。エージェントに追加のインセンティブを与えることにより，プリンシパルはエージェントの効用関数の形を効果的に修正する。

動物の脳で形や大きさが異なるという事実は，動物の環境は遺伝子と動物の間のプリンシパル＝エージェント問題に多様な解決法をもたらしていることを暗示する。幾つかの動物にとって神経系は，その遺伝子の直接の指示に従い固定的に配線されて作られるだろう。しかし，動物の環境は予測できず変化しうるから，これは最適解ではないかもしれない。脳が動物の環境とより密接に相互作用するから，脳のほうが遺伝子よりも環境についての情報を持つ傾向がある。それゆえ，動物の環境における新しい変化を考慮に入れない先天的な行動や反射は，遺伝子にとって最も望ましい結果を常にもたらすとは限らない。

複雑な脳を持つ動物にとって，これらの効用関数はその動物の経験によって調整することができる。これは，脳がより自律的になり，遺伝子からより独立に行動を制御する能力を時間をかけて獲得したことを示唆する。しかし，プリンシパルがエージェントに与えるインセンティブと類似したものとして，遺伝子は動物の効用関数の主な制約を決めることができる。遺伝子によって設定された効用関数の初期値は，食物や配偶者のような，動物の行動から生じる結果の望ましさや価値に対応するだろう。しかし，常に変化する環境下では行動の結果は予測できるとは限らず，結果の望ましさを設定することは行動の正確な制御にとって十分ではない。どの行動が最も望ましい結果をもたらす可能性が高いかを学習することにより，経験を通して行動の効用を脳が決める必要がある。脳は遺伝子の扱うことのできない問題の解決法を学習する必要がある。これこそ，学習が知能の中心である理由である。

参照文献

Herculano-Houzel S（2012）The remarkable, yet not extraordinary, human brain as a scaled-up primate brain and its associated cost. *Proc. Natl. Acad. Sci. USA* 109: 10661-10668.

Miller GJ（2005）The political evolution of principal-agent models. *Annu. Rev. Polit. Sci.* 8: 203-225.

Polilov AA（2012）The smallest insects evolve anucleate neurons. *Arthropod Struct. Dev.* 41: 27-32.

Polilov AA（2015）Small is beautiful: features of the smallest insects and limits to miniaturization. *Annu. Rev. Entomol.* 60: 103-121.

Robson AJ（2001）The biological basis of economic behavior. *J. Econ. Lit.* 39: 11-33.

Shappington DEM（1991）Incentives in principal-agent relationships. *J. Econ. Perspect.* 5: 45-66.

Varian HR（1992）*Microeconomic Analysis*. 3rd Ed. W. W. Norton & Company.

第6章　なぜ学習か？

人間は学習することができ，経験を通して行動を修正することができる。では，神経細胞が300個ほどしかない，より単純な神経系を持つCエレガンスのような動物ではどうだろうか？　実際，このような単純な神経系を持つ動物でさえ学習し，経験を通して行動を修正することができる。例えば，Cエレガンスが移動しているときに堅いものに頭を不意にぶつけると，すぐに進行方向を反対に変える。これは屈曲反射と呼ばれ，動物を有害なものから守る働きをする。しかし，もし動物が同じ機械的な刺激を繰り返し経験すれば，この反射の大きさは徐々に減少する。これは順化と呼ばれる学習の単純な形態である。なぜそのような順化がCエレガンスの役に立つか理解するのは容易である。もしCエレガンスがぶつかったのが捕食者だとすれば，何度も頭をぶつけて食べられないはずがない。本当の捕食者であれば動物をすぐに食べてしまうだろうから，もし同じ刺激が何度も繰り返されるなら，それは安全だとみなすことは理にかなっている。空腹で飢えを避けるために食物を求めて周りを積極的に調べる必要があるときには，完全に無害な物体に向かって後ろ向きに移動し続けるのは非効率的である。順化の能力がなければ，Cエレガンスのような動物は同じ屈曲反射を不必要に繰り返すことになる。

ほぼすべての動物は神経系を持ち，神経系を持つすべての動物は学習することができる。遺伝子ができないこと，すなわち，動物の環境が予測できないほどに変化する現実世界で意思決定を行うことができるように，神経系が進化したことを考えれば，これは驚きではない。動物が学習能力をたとえ持っていなくても，その神経系はある程度は環境にしたがって適切な決定を下すことができるが，これは非常に非効率的だろう。さらに，学習がなくても，神経系の発達を制御する遺伝子の突然変異を通して，適切な行動をとることもできる。しかし，もし動物の環境が予測できないほどに変化するなら，新しい環境で適切な行動をとるように神経系が繋ぎ変えられるように発達過程の設計を修正するためには，何世代にもわたって多くの突然変異が蓄積される必要がある。そのような試行錯誤の間，不適切な行動をする多くの動物は飢餓か捕食により死んでしまうだろう。対照的に，学習は，個体の生存期間中に，行動をより速く修正することを可能とする。学習は遺伝子と脳の役割分担を効率的にする。

人間の脳は，Cエレガンスよりも３億倍多い神経細胞を持つ。そのため，人間の学習能力は高く，人間の学習はCエレガンスよりも複雑で多様性に富んでいる。人間の自発的な行動のほぼすべてが，学習によって選択され精緻化される。美しい音楽を奏でるギタリストの洗練された指の動きや，多くの患者の命を救う外科医の熟練した技術はすべて学習の賜である。人間がどのように学習するかを理解することなしに，人間の知能について議論することはできない。学習は知能の本質的な特徴の一つである。本章では，学習は単一の過程ではないことを理解する。複数の学習アルゴリズムがあり，それらの相互作用は知的な行動の中心をなす。

6.1　学習の多様さ

人間と動物が学習するとき，正確には何を学習するのだろうか？　前世紀において，心理学者はこのトピックについて熱心に議論した。明らかに，学習の正確な内容は動物の直面する課題に依存して変わるので，学習理論の内容も，学習を研究するために科学者が使う課題に依存して様々である。しかし，動物が複数の方法で学習できるとき，同じ種の動物個体でも，個々の動物がどの学習戦略を選んだかによって，比較的単純な課題でもパフォーマンスは変わるだろう。そのようなばらつきの最も有名な例の一つは，エドワード・トールマンによって行われた一連の行動実験である。1940年代，トールマンは学習によってネズミが獲得した情報の性質を明らかにしようとした。彼は同僚とともに，学習の研究で今でもよく用いられるT迷路課題を用いた（図６－１）。T迷路課題において，ネズミはT迷路のスタート地点に置かれ，前に進むことができた。動物はT字路に到達し，右か左に曲がることを選ぶ。ほとんどの場合，アームの片方にだけ餌が置いてある。これが何度

図６－１　トールマンが行った場所学習

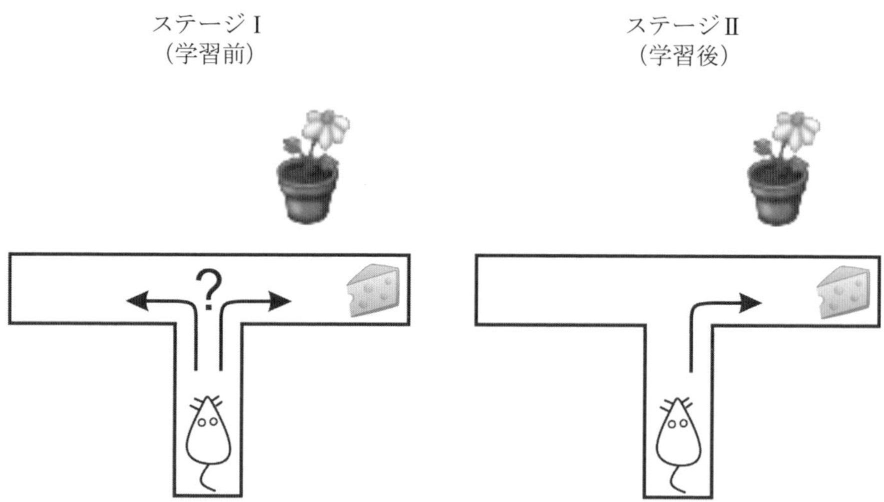

も繰り返されると，ネズミはどちらのサイドに餌があるかを普通は学習し，その場所に向かって進み始める。この一方通行の学習は実験室で測定でき定量化できる。

そのような単純な課題は，何が学習されるのかをどのように教えてくれるのだろうか？　迷路の右側のアームにだけ繰り返し餌を置き，ネズミをT迷路で訓練したと考えてみよう。ネズミは最終的には右側のアームに向かって走り始めるようになる（図６－１ステージⅠとⅡ）。これが起こるとき，動物は何を学習したのだろうか？　一つの可能性は，ネズミは，T字路についたら右に曲がるというある特定の行動反応を学習したのかもしれない。トール

と反応学習を区別するための一連の実験

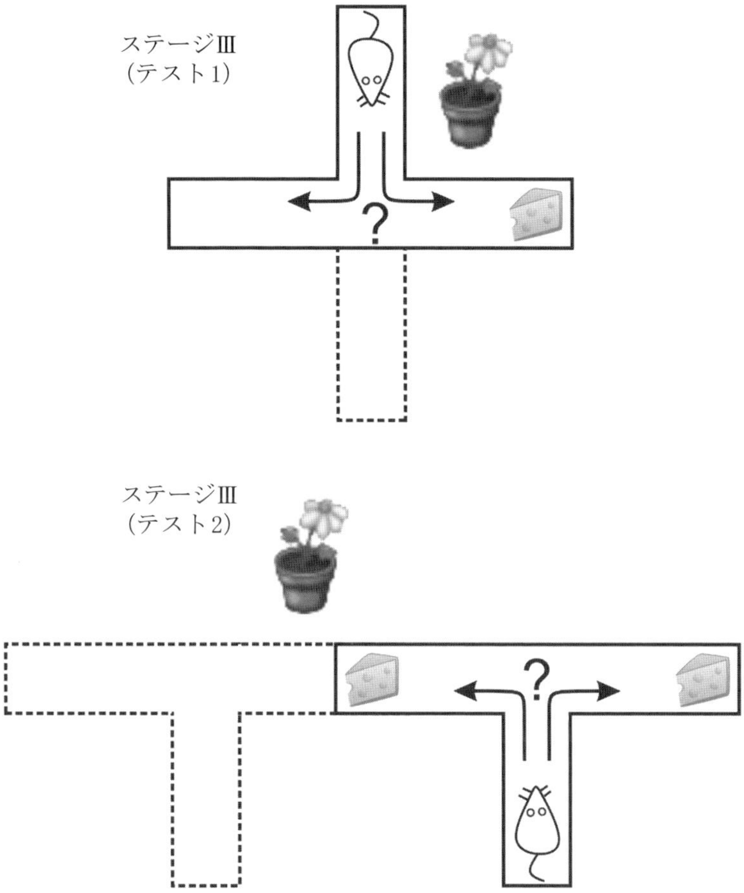

マンはこの種の学習を反応学習と名付けた。反応学習の目的は目的の達成に必要な体の動きの正確なパターンを学習することである。しかし，他に，動物が餌を取るために辿り着く目的地の場所を学習するという可能性もある。このシナリオでは，ネズミが右に向かい始めるのは，特定の体の動きを変えるように学習したからではなく，食物の場所を学習したからである。動物は，食物の場所の周りにある他の目立つ目印との相対的な位置関係を，食物

の位置を学習するための様々な手がかりとして使うことができる。ネズミは学習を通して食物がどこにあるかを知っているから，その場所に移動するための体の動きを選ぶために，この情報を使うことができる。これは場所学習と呼ばれる。例えば，もしネズミがT迷路の右のアームの近くにある花瓶に気づけば，単に交差点で右に曲がることを学習するというより，食物は花瓶の近くにあるということを学習するかもしれない。反応学習と場所学習のどちらがより便利であるかは学習に必要な情報のアクセスのしやすさに依存する。場所学習では，学習者は二つの情報を得る必要がある。第一に，現在どこにいるかを知る必要がある。第二に，食物など欲しい結果を得ることができる場所，目的地を知っている必要がある。我々は，よそから来た人に道順を教えるとき，反応学習と場所学習に似た二つの方略のどちらも使うことができる。例えば，もし誰かが指をある方向に指して，「この道を５分歩いて，右に曲がり，もう５分歩きます」と言うなら，これは反応学習に似ている。対照的に，もし誰かが高いビルを指差して，「このビルの東に大体200mの場所に行ってください」といえば，これは場所学習に似ている。

T迷路でネズミを訓練すれば，ネズミは反応学習と場所学習のどちらを使うだろうか？　反応学習と場所学習が予想する結果は同じであるから，一つのT迷路を用いるだけではこの質問に答えることはできない。この二つの可能性を区別するために，ネズミが元のT迷路で学習した後，新しい条件でテストする必要がある。例えば，T迷路で何度も右のアームに向かってネズミが走るようになれば，T迷路を180度回転して，ネズミの行動をテストできる(図６－１ステージⅢテスト１)。もしネズミが反応学習を使っているなら，以前に学習したのと同じ体の動きを使って，右に曲がるだろう。対照的に，もしネズミが場所学習を使っているなら，左側にあった花瓶が今は右側にあることに気づいた後に，ネズミは左に曲がろうとするだろう。動物が何を学習したかをテストするもう一つの方法は，元のT迷路の右のアームの端が，左のアームの端に対応するように迷路を右に移動することである(図６－１ステージⅢテスト２)。場所学習を用いたネズミだけが，スタート位置が変わったことに気づいた後に左に曲がるようになる。

これらの二つの実験のロジックは明快であり，これらの実験は，動物がT迷路で何を学習するかという質問に対する明快な答えを与えることが予想される。しかし残念ながら，このパラダイムを用いた多くの実験の結果は研究によって大きく異なる。ネズミが反応学習を使うことを見つけた研究者もいれば，場所学習の根拠を見つけた研究者もいた。これは一見不可解で，残念な結果である。しかし，最終的に科学者たちは，動物は複数の学習戦略を使い，動物の過去の経験から課題がどのように設定されているかに依存して，最も適切な学習の仕方を選んでいるのかもしれないということに気づいた。結果として，過去数十年の間，学習の研究の焦点は，動物が何を学習するかという疑問から，異なる学習戦略やアルゴリズムを動物がどのように選ぶのかという疑問に徐々に変わってきた。

動物の学習についての科学的な研究は100年以上前に始まった。トールマンの研究は，今では道具的条件づけ，もしくはオペラント条件づけと呼ばれる動物学習の重要な原理を発見したアメリカ合衆国のエドワード・ソーンダイクとバラス・スキナーに続く。トールマンが同定した二つの種類の学習，すなわち，反応学習と場所学習はともに道具的条件づけの例である。20世紀初めのロシアでは，イワン・パブロフもまた，今では古典的条件づけ，もしくはパブロフ型条件づけと呼ばれる，道具的条件づけとは完全に異なる重要な学習原理を発見した。この章の我々の目的は，第７章でこれらの異なる学習の原理が脳にどのように実装されているかを調べるために，これらがどのように互いに異なるのかを正確に理解することにある。それゆえ，ここでは古典的条件づけと道具的条件づけの違いを考えよう。

6.2　古典的条件づけ：唾液を分泌する犬

犬を飼っている人なら分かるように，犬はよくよだれを垂らす。犬は食物を見たときだけでなく，食物を予測できるときにもまた唾液を分泌する。例えば，飼い主が犬の好きな食物の入っている引き出しに触るやいなや，唾液を垂らすだろう。犬は，飼い主の手が引き出しに近づくのを見ただけで食物をもらえると予測でき，消化の準備をするために口の中に唾液を貯める。犬は引き出しの中に食物があるという知識を持たずに生まれてくるから，これは学習による反応である。犬の遺伝子は，人間がペットフードをどこに貯蔵しているかについて正確な情報を持っていない。食物を得る前には同じ手がかりがあるという傾向を過去に学習したから，犬は食物を予測する手がかりに反応して唾液を分泌する。パブロフはこの学習の過程を研究することで，動物学習における最も基礎的で普遍的な原理の一つである古典的条件づけの原理を発見した。これは，彼の発見を称えるためにパブロフ型条件づけとも呼ばれる。彼の時代は装置の精度が低かったにもかかわらず，唾液の量を正確に測定することは容易であるから，犬が唾液をたくさん分泌することは，パブロフにとってきわめて都合が良かったに違いない。

古典的条件づけとはどういうもので，どのように機能するのだろうか？古典的条件づけには幾つかの要件がある。初めに，唾液を分泌するような，過去の学習によらずに何らかの刺激が引き起こすことのできる行動反応が必要である。例えば，おいしい食物の匂いは，過去にその匂いを嗅いだことがなくても，唾液を分泌するだろう。過去の学習に依存しない行動反応は無条件反応と呼ばれ，学習に先立って反応を引き起こすことのできる刺激を無条件刺激と呼ぶ。無条件刺激はそれに対応する無条件反応を必要とする。古典的条件づけは無条件反応なしには起こることはない。

古典的条件づけの第二の要件は，無条件刺激が与えられる前に中立的な刺激が呈示され，それが複数回呈示される必要があることである。中立的な刺激は無条件刺激とは関係がなく，それ自身で無条件反応を起こしてはならない。パブロフの元の実験では，ベルの音が中立的な刺激として使われた。ベルの音の後に食物が続くということを犬が学習すると，犬はベルの音を聞くやいなや，食物が与えられる前に唾液を分泌し始める。過去に中立的だった刺激に対するこの行動反応は条件刺激と呼ばれ，条件反応に重要なこの中立的な刺激は条件刺激と呼ばれる。

古典的条件づけは，無条件刺激とは全く異なり，条件反応を引き起こす条件刺激はどんなものでもよい。対照的に，学習の結果生じる条件反応は，無条件反応と根本的に同じ種類の行動反応である。この古典的条件づけの重要な特徴は特有のものであり，他の種類の学習とは区別される。例えば，パブロフの元の実験では，食物とペアにされた条件刺激は，座ったり，お手をしたりするなど，他の行動反応を生み出すことはない。その代わりに，条件刺激と無条件刺激は唾液の分泌を引き起こす。言い換えると，古典的条件づけは，条件刺激が無条件反応とよく似た条件反応を引き起こすことができるようにさせる。従って，古典的条件づけを通して学習できる行動の範囲はかなり制限される。

古典的条件づけを通して学習できる行動は，多くは反射や比較的単純な先天的な行動である。例えば，動物は，それらの捕食者が見えると全ての自発的な動きを止める傾向があり，これはフリーズと呼ばれる。捕食者は，多くの場合，被捕食者にとっては無条件刺激である。これは，その被捕食者が最も多く出会うことになるかもしれない捕食者の特徴についての感覚情報を遺伝子がコードしていることを示唆する。それゆえ，被補食者は他の条件刺激に反応してフリーズするように訓練されうる。無条件反応は，しばしば唾液の分泌と血圧と呼吸のような自律神経系の作用を含む。条件反応は，無条件反応と似ているが同一ではない。条件反応の強さと大きさは無条件反応と比べて普通は小さい。例えば，食物と結びついた条件刺激が呈示されるとき，犬は実際に食物を食べているときよりずっと少ない量の唾液を分泌する。

6.3　効果の法則と道具的条件づけ：好奇心のある猫

パブロフがロシアのサンクトペテルブルクの実験医学研究所で犬を用いて古典的条件づけを調べているのと同じ頃，アメリカ合衆国のコロンビア大学の心理学者であるエドワード・ソーンダイクは，彼のニューヨークのアパートで完全に異なるかたちの学習を調べていた。彼の実験では，ソーンダイクは猫が問題箱から脱出するのにかかる時間を測定していた(図６－２)。問題箱から脱出するために猫は，糸を引っ張る，レバーを押すなどのあらゆる行動反応を学習する必要があり，脱出できたときには好物の食物を報酬としてもらった。ソーンダイクは同じ猫を何度も同じ問題箱に入れ，脱出するのにかかる時間がどのように変化するかを調べた。現在ではそれほど驚くべきことではないが，猫はより短い時間で脱出できるようになった。これは，猫が脱出に必要な行動反応を起こすよう学習できることを示す。

ソーンダイクの実験結果は些細にも見えるが，これらの観察は，心理学で最も影響力のある法則の一つである「効果の法則」の基礎となった。この法則は，もし動物の行動が動物にとって望ましい結果をもたらすのであれば，その同じ行動を動物は繰り返しやすいということを述べる。対照的に，もしある行動の結果が動物にとって忌避的であるなら，その動物は同じ行動を繰り返しにくい。例えば，もし猫が一連の行動をすることにより問題箱から脱出した後に魚を与えられれば，その猫は問題箱に再び置かれたら同じ一連の行動をとりやすい。対照的に，もし問題箱から脱出するたびに，猫が電気

図6－2　ソーンダイクの問題箱

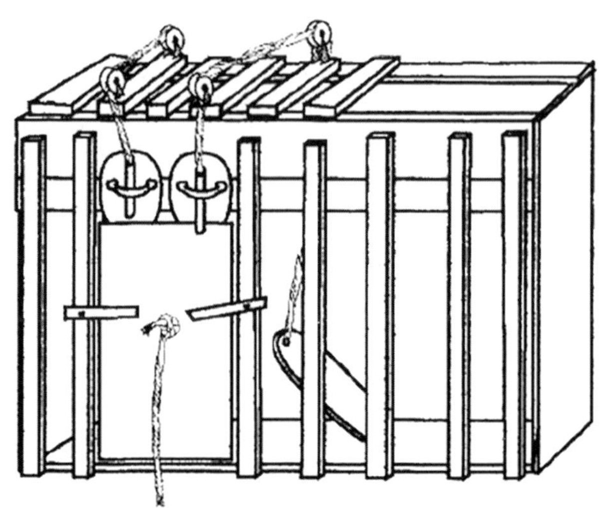

ショックなどの痛い刺激で罰せられるなら，猫は問題箱から脱出しなくなるだろう。ソーンダイクの実験の文脈において，先行する行動を強める食物などの刺激もしくはイベントは強化と呼ばれるのに対し，行動を起こしにくくするものを罰という。ソーンダイクは学習の目的は行動と結果の関係を見つけること，すなわち，ある行動が強化または罰を起こすのかを理解することだと考えた。それゆえ，彼は知能とは，多くのそのような関係をできるだけ速く見つける能力のことだと論じた。

ソーンダイクの理論は影響力が大きく，バラス・スキナーによって更に精緻化された。スキナーは自身の実験でソーンダイクの問題箱を劇的に単純化し，動物の行動を不規則に変えうる不必要な要因を排除することにより重要な改善を行った。これらの改善は，動物の行動とその結果の法則に従う関係を見つけるのをいとも簡単にした。彼の実験装置は，動物の行動反応を測定するのに必要な部品，すなわち食物のような強化子を届ける装置と，電球などの単純な感覚刺激を与える装置のみを備えた。スキナーボックスと呼ばれるこの箱を使って，スキナーと彼の同僚は，強化のタイミングと頻度を操作すると，動物の行動がどのように変化するかを調べた。

この実験セットアップの単純化にもかかわらず，スキナーが研究した学習の種類は，ソーンダイクの効果の法則によって記述されたものと根本的に同じであり，古典的条件づけとは違った。スキナーは，報酬を得るために動物が行う必要のある行動反応をオペラント行動，または単にオペラントと呼んだ。強化や罰によってオペラント行動を強めたり弱めたりすることをオペラント条件づけ，または道具的条件づけと呼ぶ。道具的条件づけは古典的条件づけとは根本的に異なる。この違いを正確に理解することは，これらの二つの学習の形態がいかに進化してきたかに洞察を与えるという点で重要である。

古典的条件づけは，無条件刺激と条件刺激のペアの繰り返しを必要とする。ベルの音などの任意の条件刺激を，食物のようなもっと行動的に意味のある無条件刺激の前に呈示することを何度も繰り返すと，動物は条件刺激を検出することで，無条件刺激が次に来ることを予測することができる。それゆえ，動物は適切な行動反応の準備を始めることができる。もし無条件刺激が動物の安全や生存のための即座の反応を必要とするなら，これは特に役に立つ。例えば，捕食者による差し迫った攻撃について，動物の感覚系で利用できる警告信号があれば，この関係を学習することは極めて価値がある。古典的条件づけでは，適切な行動反応は，無条件反応と同じなので容易に選ぶことができる。

道具的条件づけは，より柔軟で複雑である。動物は，強化を得るために，または，罰を避けるために必要で適切な行動反応を試行錯誤して見つける必要があるからである。例えば，ソーンダイクの実験の問題箱に一度も入ったことのない猫は，どのように問題箱から脱出することができるかに関して，手がかりが何もない。問題箱の中でレバーを押して糸を引っ張ることがドアを開けることにつながるかもしれないと，何が未経験の猫に最終的に理解させるのだろうか？　答えは猫の好奇心と遊び心である。道具的条件づけの本質的な要因は，実世界の問題を解くのに役に立つことが明らかでないときでも，一見ランダムに見える行動をとる能力である。動物がその環境と最適な行動反応についての完全な知識を持たないときは，ランダムに見える行動を試すことで答えを探索することが時には有用だろう。おそらく，これこそが親に保護されている間に多くの哺乳類の子供達が他の子供達と遊ぶ理由だろう。

古典的条件づけにとって，学習は同じ行動レパートリー，つまり，動物に利用可能な無条件反応の集合に限定されるのに対し，道具的条件づけは物理的に可能などんな行動にもあてはまる。スキナーがどんな動物と人間の行動も彼が望むものに変えることができると主張したのも，この理由のためである。言語は，我々が思いつく最も複雑な動物の行動かもしれないが，スキナーは言語も例外ではないと考えた。スキナーは言語の学習は道具的条件づけの一種であると主張して，多くの議論を巻き起こした。第二次世界大戦の間，スキナーは，標的の精度を改善するためにミサイルの軌道を制御するためのパイロットとして鳩を訓練できるとさえ提案した。この計画はアメリカ政府による援助を受けた。スキナーは，すべての人間と動物の行動は，環境によって，特に行動とその結果の関係によって決定されると信じ，それゆえ，出生のときから連続して道具的条件づけの原理を注意深く適用することで，人間を遥かに知的で感情的に安定的に成長させることができると主張した。彼は，道具的条件づけに基づく最適化された教育システムで全ての子供が育てられるというユートピア社会について述べた「心理学的ユートピア」（原題：Walden Two）という題の小説を書いた。

今日の基準では，人間の行動はすべて環境によって決まるというスキナーの見方は過激過ぎ，経験的事実とは一致しない。20世紀の前半はどのように遺伝子が神経系の発達に影響し，個体の種に特有な行動を促進するかについてほとんど知られていなかったから，スキナーは誤解したのだろう。さらには，エドワード・トールマンのようなスキナーの後の心理学者達もまた，認知マップや内部表象などの，スキナーが強硬に排除した認知過程に基づく説明を必要とする行動の多くの例を発見した。人間の創造性は，道具的条件づけのブロックに過ぎず，行動の突然変異に基づくとスキナーは考えた。したがってスキナーは常に正しかったわけではない。しかし，彼は20世紀の心理学研究の進展に多大な貢献をした。特に，彼の強調した行動の定量化と実験の厳格な制御は，今でも行動科学のすべての分野できわめて重要な役割を担っている。

6.4 道具的条件づけと古典的条件づけの融合

動物がどのように新しい行動反応を学習するかは，古典的条件づけと道具的条件づけで根本的に異なる。加えて，これらの二種類の学習は，異なる種類の筋肉によってもたらされる動きに対して，一般的に使われる。例えば，自発的な動きは常に骨格筋によって行われ，通常は道具的条件づけの支配下にある。対照的に，古典的条件づけは，呼吸や体の消化機能に関わる平滑筋で働く傾向がある。人間や動物が複数の学習戦略を利用できるということは，様々な環境で最も適切な行動を見つけやすくなるという利点がある。一方で，異なる学習戦略間で対立に陥るリスクもある。

古典的条件づけと道具的条件づけは衝突なく，異なる種類の行動に独立に働くと考えられるかもしれない。興味深いことに，これは常にそうではなく，これらの二種類の学習は時に同じ行動に影響を与える。実際，我々の日常生活において，古典的条件づけと道具的条件づけの組み合わせが望ましい効果を生み出す例を容易に見つけることができる。犬のクリッカートレーニングがその一つである。もし犬が，お手やおまわりのようにある行動をしたときに，常にトレーナーが餌を与えると，犬はトレーナーから合図を受け取るといつもその行動を繰り返すようになる。しかし，訓練の間，望ましい行動をするときにいつもすばやく犬に餌を与えるのは簡単ではない。そこで，犬のトレーナーは，犬が正しい行動をしたことを犬に知らせるための素早い音刺激として，クリック音をよく使う。どのように犬はクリッカーの音と食物を結びつけ，クリック音のために働くようにモチベーションを持つのだろう？　これは古典的条件づけを通して別々に行うことができる。すなわち，トレーナーは犬に餌を与える少し前にクリッカーを鳴らす。もしこの手続が繰り返されれば，犬はクリックの音を聞くといつも食物が得られることを期待し始めるようになる。一度これが実現すると，クリック音は条件刺激となり，クリック音はオペラント行動を強化する能力を獲得する。食物がなくても多くの行動がクリッカーを用いて遥かに容易にどんな行動も強化できるようになるから，犬の様々な行動を訓練するのに遥かに効率が良くなる。古典的条件づけの結果として強化される性質を獲得した刺激を，二次強化子または条件性強化子と呼ぶ。条件性強化子は大抵，古典的条件づけの文脈で条件刺激として定義される。対照的に，そのような条件づけなしに強化子として使うことのできる刺激を一次強化子と呼ぶ。食物のような道具的条件づけにおける一次強化子は，古典的条件づけで無条件刺激にもなる。

スキナーが人間や動物のどんな行動も任意に修正できると信じた理由の一つは，古典的条件づけと道具的条件づけは，多くの異なるやり方で柔軟に組み合わせることができると考えたからである。例えば，古典的条件づけは必ずしも条件刺激と無条件刺激の間で直接起こる必要はない。クリッカー音のような特有の条件刺激で，食物がすぐもらえると一度学習すれば，別の訓練，すなわち，食物を与えることなく，クリッカー音の前に木の写真のような別の中立的な刺激を動物に呈示することができる。今度は，動物は木の写真が以前食物に結びついていた条件刺激を予測することを学習し，このため木の写真を見るといつでも条件反応を起こし始める。このような古典的条件づけの連鎖のことを，高次条件づけという。時には，二次強化子を予測する刺激は，高次条件づけを通して三次強化子にもなるだろう。人間の行動はそのような高次条件づけの例を多く含む。例えば，大抵の人は，高次強化子とみなすことのできるお金と名声のために働くだろう。多くの他の望ましい商品や条件刺激を手に入れる手段だからである。多くの異なる強化子と交換可能な金のような高次強化子は般性強化子と呼ばれる。

広告は商業目的のために古典的条件づけと道具的条件づけの両方の力を組み合わせる。資本主義社会では広告の重要性は，いくら強調してもしすぎることはない。2017年，世界の広告市場はおよそ5500億ドル産業と考えられたのに対し，アメリカだけで広告への支出は約2000億ドルと推定されている。2018年のスーパーボウルのゲーム中の30秒のテレビコマーシャルの費用は500万ドル以上であり，NBCの収入の合計は41.4億ドルとなった。メーカーが新製品を発表するとき，この情報は潜在的な顧客に届けられる必要がある。しかし，広告の目的はその製品の情報を届けることに限られない。もしそうだとしたら，ほとんどの広告は見ていてつまらないものになってしまうだろう。広告は消費者がその製品を買うように刺激するために作られている。これはどう行われるのか？　消費者に金を払わせるために，古典的条件づけだけでは十分ではないだろう。多くのテレビ，またはインターネットの広告は，会社のロゴのような製品の何らかの象徴的なイメージと製品を一緒に見せる。もし古典的条件づけのみに頼っているなら，これは製品を買うという行動に至らないだろう。楽しい音楽と魅力的なイメージとともにステーキの広告を見た後，視聴者は同じ音楽を聞いたり画像を見たりするといつでも，パブロフの犬のように唾液を分泌するかもしれない。しかし，必ずしもステーキを注文するとは限らない。問題は，無条件刺激や一次強化子ではない製品にとってより複雑である。例えば，あなたなら冷蔵庫の広告をどのように作るだろうか？　冷蔵庫の物理的な外見は，大抵，その機能について多くを教えてはくれない。それにもかかわらず，魅力的なデザインの冷蔵庫を見ることはしばしば，それを買いたいという欲求を作り出す。甘い音楽を奏で，魅力的なモデルを広告に起用するとき，潜在的な購入者に，そのような音楽と魅力的なパートナーと一緒にいる将来の快い経験を想像させるだろう。多くの企業が天文学的な費用をかけて，有名な人や人気のある人を広告に登場させているのはそのためである。このような広告を見たことにより受けるポジティブな刺激を，消費者はどのようにしてお金を払うという行動に結びつけるのだろうか？

広告の強力な効果は，研究室の動物で多く研究されてきた，パブロフ型条件づけから道具的条件づけへの転移（Pavlovian-instrumental transfer; PIT）と呼ばれる現象に多く依っている。高次条件づけと同じように，PITも古典的条件づけを必要とする。ベルの音がするといつも唾液を出すように，ベルの音と食物の音のペアリングを何度も行った犬の場合を再び考えよう。今度は，同じ犬が，古典的条件づけで使った食物を強化子として使う道具的条件づけで，別の行動を行うように訓練することを考えよう。道具的条件づけで学習できる行動の幅にはほとんど制限がないから，どんな行動も使うことができる。例えば，前脚で目を覆うことも使えるだろう。道具的条件づけの後で，犬はその行動をより頻繁に行うようになるだろう。

今，古典的条件づけで条件刺激として使われたベルの音を聞くとき，犬は何をするだろうか？　条件反応に対応して，これは犬に唾液を分泌させるだろう。しかし，もし古典的条件づけと道具的条件づけの効果が完全に独立なら，ベルの音は，目を前脚で覆うような道具的条件づけで獲得された行動を引き起こすはずはない。同じ食物が両方の条件づけで使われたとしても，それは異なる行動反応に関与し，必ずしも互いに影響し合う必要はない。興味深いことに，この仮想的な状況での犬は，ベルの音を聞くと道具付条件づけで学習された行動をより頻繁に行うようになる。これは，オペラント行動にとっての強化子と条件刺激が結び付けられるとき，その条件刺激があるときにそのオペラント行動が強化されるPITの一例である。

人々が何かを買うために金を払うという行動は，常に道具的条件づけの結果である。なぜなら，金を払うことは無条件反応ではなく，それゆえ，古典的条件づけで学習されることはないからである。広告が人々にある製品を覚えさせ，それを消費することで得られる幸福を予測させるということは，宣伝をした製品のための条件刺激として広告が機能することを示唆する。美しい顔や他の快いイメージは広告をより効果的な条件刺激とするから，広告はそれらをしばしば含む。そのような広告は，瞳孔が開いたり，心拍数が上昇したり，唾液を出したりなど，なんらかの条件反応を引き起こすかもしれないが，その商品を買うために金を払わせることはないだろう。何かを買うことはオペラント行動であり，PITを通して，広告は消費者にその製品を買うようにさせる。

6.5　道具的条件づけと古典的条件づけの衝突

条件強化子とPITは，古典的条件づけと道具的条件づけが衝突なしに調和して機能する場合の二つの例である。しかし，もし道具的条件づけで獲得されたオペラント行動が，古典的条件づけで学習された条件反応と両立しないなら，二つの異なる学習原理が存在することは問題を引き起こす。道具的条件づけで使われた強化子の条件反応と両立しない行動には，道具的条件づけが機能しないかもしれないから，道具的条件づけがすべての行動に適用可能ではないことを示唆する。皮肉なことに，古典的条件づけと道具的条件づけの間の一連のそのような衝突を報告したのはケラー・ブレランドとマリアン・ブレランドであったが，二人はスキナーの教え子だった。ケラーとマリアン・ブレランドは，スキナーとその同僚たちが確立した学習の原理を多くの異なる動物種に適用し，動物行動会社（Animal Behavior Enterprises）と呼ばれるエンターテインメント事業を開発した。彼らのアイデアは，ピアノを弾くめんどり，掃除機を使う豚のような動物の面白い行動に及んだ。動物訓練に関する多くの経験を通して，ブレランド夫妻はスキナーの主張に反して，古典的条件づけとの望ましくない衝突のため，幾つかの行動に道具的条件づけを適用するのはほとんど不可能なことに気づいた。例えば，ブレランド夫妻はアライグマにコインを金属の箱に入れるように訓練しようとしたが，アライグマはコインを手放さなかったという。これは，アライグマがたまたまコインを箱に入れて報酬をもらうと，古典的条件づけと道具的条件づけがいつも同時に起こるからである。ブレランド夫妻が期待したように，一方で，アライグマのコイン投入行動は，与えられた報酬によって強化された。

一方，食物はアライグマのため込みに対する無条件反応を引き起こす無条件刺激でもあることから，食物とコインのペアリングは，アライグマがコインを受け取るたびに同様の条件反応を引き起こす。この場合のアライグマの条件反応は，怪しい金属の箱にコインをいれるというよりむしろ，コインを掴んで安全な場所に隠そうとすることだろう。ブレランド夫妻が訓練したアライグマでは，古典的条件づけは道具的条件づけよりも行動に強い影響を与えた。

古典的条件づけが道具的条件づけと衝突するとき，それは人間にとっても望ましくない結果をもたらすことがある。例えば，配偶者と口論になった場合，落ち着かせるために，しばらくの間，顔を合わせないようにすることが有用であることはよく知られている。この行動は道具的条件づけによって裏付けられるだろう。不快な話し合いというこの潜在的な罰は，もし話し合いがまた生じると思われる場合には，対面での接触を思いとどまらせるからである。しかし，現実には，顔を合わせないのは難しいかもしれない。なぜなら，部屋にある贈り物や写真が条件刺激として，接近行動を生み出す傾向があるからである。これは，古典的条件づけと道具的条件づけの間の緊張が接近と回避の衝突に至る，日々の生活での多くの例の一つである。

6.6　知識：潜在学習と場所学習

前世紀に学習について心理学者が研究したほぼ全ては，古典的条件づけか道具的条件づけに属する。しかし，これまでに我々が議論してきた学習行動の例では，何かが欠けていると思ったかもしれない。例えば，歴史や科学のような学校で多くの時間をかけて獲得した様々な分野の知識はどうだろうか？　そのような事柄を研究することは，古典的条件づけや道具的条件づけと極めて異なるように見える。我々が学校で何年もかけて学習したあらゆることは単なる条件づけの集合であるようには決して見えない。もちろん，もし良い成績と称賛によって適切に強化されるのなら，何時間も席に座るというような勉強のために必要な行動の幾つかは，道具的条件づけで学習されるだろう。しかし，教育の主な目標は知識獲得である。例えば，ブラジルの首都はブラジリアであり，サンパウロではないと知ることは，古典的条件づけや道具的条件づけの産物ではないだろう。加えて，知識を柔軟に適用することは，人間に固有のものではない。知識が学習において演じる役割をよく理解する必要がある。

古典的条件づけは無条件刺激を常に必要とし，道具的条件づけは常に一次強化子や罰を必要とする。食物，水，騒音などの刺激は，動物にとって生存と安全に強い関連があり，従って，どんな学習がなされる前でさえも，動物をひきつけたり，遠ざけたりする傾向がある。それゆえ，無条件刺激と一次強化子は遺伝的に先天的に決まっているものである。対照的に，学習は遺伝的に決まった行動を超えて，行動の幅を広くできるから，学習は遺伝子の自己複製を促進する。古典的条件づけと道具的条件づけで学習された行動は，罰を受けることをより効率的に避け，条件刺激と強化子をより手に入れることを助ける。実際，20世紀前半の多くの心理学者は，条件刺激や強化子なしに学習することはできないと考えた。

トールマンとその同僚が，動物は条件刺激や強化子なしに学習して知識を得ることができると実証し始めたことは，この時代精神に反する。その例の一つは，トールマンが潜在学習と呼んだ現象である。潜在学習は，何らかの強化が導入される前に，迷路のような新しい環境で動物が自由に探索できるときに起こりうる。もし動物が後で同じ環境に置かれ，食物が隠されている場所を学習する必要があるなら，その動物は迷路を探索する機会を持たなかった動物と比べて，より速く学習することができる。これは，最初の動物のグループはその迷路に親しんでおり，強化なしにその配置について何かを学習したことを示唆する。潜在学習を通して獲得したそのような知識は，生理的な必要性や環境の部分が後に変化するとき，動物が適切な行動を選ぶために極めて価値がある。

トールマンの前でさえ，ケネス・スペンサーとロナルド・リピットは，ネズミが生理的に変化する必要性に従って過去の知識を柔軟に利用できることを1930年代に示した。彼らの実験は，一方のアームの端に食物，もう一方の端に水が置かれているＹ迷路を用いて行われた（図６－３）。この実験は二つのステージから成る。最初のステージでは，ネズミは食物と水を満腹になるまで摂り，どちらも望ましい物ではなくなってから，迷路に置かれた。動物は水や食物に興味を示さないから，この最初の探索の間，動物の行動は強化されなかった。この手続が数日繰り返された後，第２ステージに移る前にネズミたちはランダムに２つのグループに振り分けられた。最初のグループ

図６－３　スペンサーとリピットの実験

の動物は水へのアクセスを制限されて喉が渇いた状態になり，２番目のグループは食物を取り上げられて空腹の状態にされた。これらの動物が以前探索したのと同じＹ迷路に再び置かれた。今，ネズミたちは空腹や渇きによって，異なる行動をするのだろうか？　もし実験の第一ステージで何も学習していなかったら，全てのネズミたちは同じように行動するはずである。もし

ネズミたちが食物と水がどこにあるかを学習していなかったら，空腹と喉の渇いたネズミたちは，それぞれ，どこに食物と水があるかをランダムに推測するだけである。しかし，これは，スペンサーとリピットが見つけたことではなかった。空腹のネズミは食物がある側を選ぶ傾向があり，喉の渇いたネズミは水がある側に大抵は行った。強化がなくても，環境についての知識をネズミは獲得でき，その知識を後で必要なときに使うことができることをうまく実証した。

潜在学習はまた，本章の始めに述べたトールマンのT迷路でテストされたネズミ達が，迷路が予測せずに回転したとき，どのように場所学習をできたかも説明する。スペンサーとリピットの実験とは異なり，T迷路でテストしたネズミ達は，訓練開始の前に環境を探索する機会を与えられなかった。しかし，潜在学習を通して，T迷路の様々な特徴と，部屋にある家具や顕著な目印の位置等の環境との関係をネズミはおそらく形成できた。潜在学習は，ネズミにとって重要なインセンティブがないときでさえ，どんな感覚特徴にでも起こりうる。それゆえ，ネズミが道具付条件づけと食物を手に入れるのに必要な適切な行動反応の学習を行う間，食物の位置と部屋にある花瓶などの他の物体との関係もまた学習できる。一度，そのような知識が獲得されネズミの記憶に貯蔵されると，迷路が回転したり新しい位置に移動したりしたときでさえ，経路と食物を得るために必要な行動反応をネズミが選ぶときに必要な重要な情報を与えることができる。これは場所学習に対応し，ドライバーが元の経路から外れたときに目的地までのルートを再計算するナビゲーションソフトウェアと同じように機能する。

スペンサーとリピットの実験では，潜在学習は道具的条件づけの範囲を拡張した。潜在学習は古典的条件づけとも組み合わせることができる。例えば，黄色の旗とベルの音のような二つの中立的な刺激を何度も犬に提示したとしよう。次に，ベルの音が何度も食物とペアリングされて条件刺激となるような古典的条件づけを行う。すると，犬が黄色の旗を見たときにどのような反応をするだろうか？　黄色い旗は食物と直接ペアリングされたことはないが，犬は黄色い旗に反応して唾液を分泌する条件反応を示すことをこの種の実験は示した。これは，黄色の旗とベルの音がともに中立的であったときに，黄色の旗がベルの音を予測することを犬が学習したことを示唆する。犬が，無条件刺激とペアにされる前に，二つの中立的な刺激の間の関係を形成する傾向のことを予備条件づけという。予備条件づけは潜在学習の例である。

予備条件づけは，どちらも二つの別の関係を伴うという点で，表面的には二次条件づけと似ている。それらの一つは，最初は動物にとって中立的だった二つの条件刺激の間の関係，もう一つは，どちらかの条件刺激と無条件刺激の間の関係である。しかし，これらの二つの関係を形成する順番は，予備条件づけと二次条件づけとでは逆であることは重要な違いである。二次条件づけでは，元の二つの中立刺激の間の関係は，無条件刺激と繰り返しペアにされることで，どちらかが条件刺激となった後に形成される。それゆえ二次条件づけが始まると，その二つの刺激の一つは動物にとってはもはや中立ではなく，対応する無条件刺激の始まりを予測している。対照的に，予備条件づけは両方の刺激は依然中立的で，どちらも条件刺激ではないときに起こる。言い換えると，二次条件づけや高次条件づけは古典的条件づけがすでに起きたことを必要とするのに対し，予備条件づけは無条件刺激や条件刺激の助けなしに起こりうる。

進化を通して，人間と他の動物達は様々な環境において適切な行動を学習する能力を獲得した。これは，本章で見た二つの主要な学習のかたち，すなわち，古典的条件づけと道具的条件づけを主に通してである。大抵の場合，学習は，動物の生存と繁殖と直接に関わりのある無条件刺激，一次強化子と罰によって引き起こされる。これらの二つの単純な学習の仕組みとともに，遺伝子は脳を作り，動物のほとんどの行動を選ぶ能力を委任する価値があると判断したのだろう。しかし，もし脳が，無条件刺激と別の刺激の直接の関係があるときにのみ古典的条件づけを通して，もしくは，ある行動が直接強化，または罰せられるときにのみ道具的条件づけを通して新しい行動を学習するのなら，これは最も効率的な戦略ではないだろう。動物の一生を通して，完全に中立的で動物の福祉とは関連のなかった幾つかの過去の経験が，後に正しい選択をするために決定的に必要な情報源となることもあるだろう。それゆえ，どういうわけか，遺伝子はその代理人としての脳に，動物の環境についての新しい知識を探し求めさせた。幾つかの知識はすぐに生理的な欲求を満たすことには役立たないとしても，後に遺伝子を成功裏に複製するための決定的な役割を演じるかもしれない。環境についての多くの知識を蓄積する能力は，比較的寿命の長い人間のような動物にとってはより重要である。ヒトという種の好奇心は，地球を支配し，より単純な神経系を持つ多くの他の動物達を打ち負かすことを我々に可能にさせた決定的な理由である。

参照文献

Ardiel EL, Rankin CH（2010）An elegant mind: learning and memory in *Caenorhabditis elegans*. *Learn. Mem.* 17: 191-201.

Breland K, Breland M（1961）The misbehavior of organisms. *Am. Psychol.* 16: 681-684.

Dayan P, Niv Y, Seymour B, Daw ND（2006）The misbehavior of value and the discipline of the will. *Neural Networks* 19: 1153-1160.

Ferster CB, Skinner BF（1957）*Schedules of Reinforcement*. Appleton-Century-Crofts.

Mazur JE（2013）*Learning and Behavior*. 7th Ed. Pearson Education Inc.

Restle F（1957）Discrimination of cues in mazes: a resolution of the "place-vs.-response" question. *Psychol. Rev.* 64: 217-228.

Skinner BF（1948）*Walden Two*. Hackett Publishing Company.

Spence KW, Bergmann G, Lippitt R（1950）A study of simple learning under irrelevant motivational-reward conditions. *J. Exp. Psychol.* 40: 539-551.

Thorndike EL（1911）*Animal Intelligence: Experimental Studies*. MacMillan.

Tolman EC（1948）Cognitive maps in rats and men. *Psychol. Rev.* 55: 189-208.

Tolman EC, Ritchie BF, Kalish D（1946）Studies in spatial learning. II. Place learning versus response learning. *J. Exp. Psychol* 36: 221-229.

第７章　学習するための脳

脳は，我々の体の中で，意思決定と行動の選択に特化した体の器官である（図７－１）。脳が意思決定の中心的な役割を果たす究極の理由は，遺伝子の複製のために，この責任が遺伝子から委ねられているからである。これまでの章で見てきたように，予測不可能な環境下にある動物の行動を遺伝子が決定するのは非効率的である。なぜなら，最も有益な行動は環境の変化によって左右されるからである。それゆえ，遺伝子が期待するよりも良い行動を脳が学習するように動機を与える方法を，遺伝子は発展させてきた。学習は，脳と遺伝子がうまく分業するために本質的なものである。

脳は，経験を通してその構造と機能を変化させて学習する。動物の行動の多くは脳によって決定されるから，動物が予期しない感覚入力を受けたり，以前の運動が予期しない結果をもたらしたりすると，脳は自身を再構成する必要が生じる。これはどのように起こるのか？　本章では，このことについて考える。

7.1　神経細胞と学習

我々の生存に重要な物体は，それが餌であれ，被捕食者であれ，しばしば移動するので，短時間しか見えないことが多い。同様に，多くの重要な刺激は短い時間しか続かない傾向がある。しかし，学習の目的のためには，そのような短時間の感覚刺激さえもどうにかして脳に持続的な変化を残す必要がある。そのような変化は個々の神経細胞やシナプスで起こる。短時間の刺激が神経活動における永続的な変化をどうやってもたらすかを最初に考えよう。物理刺激が，網膜の光受容器や内耳の毛細胞のような感覚受容器で十分な摂動を起こすとき，大脳皮質という脳のより中心的な場所にこの信号が送

図7－1　脳の右半分の模式図

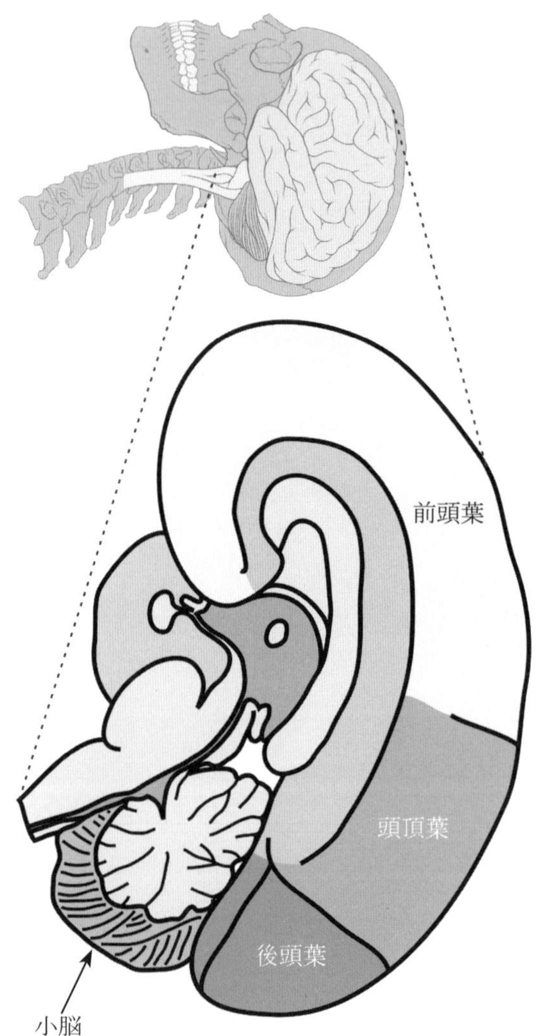

出典　（ウィキペディア（Wikipedia）の画像を修正した（the GNU free documentation license）。頭蓋骨はPatrick J. Lynchによって描かれた（the Creative Commons Attribution 2.5 Generic license）。脳はNEUROtickerによって描かれた（the GNU free documentation license））

られると，これらの感覚神経細胞の活動の変化は消えてしまい(図７－２)，短時間でベースラインに戻る傾向がある。感覚受容器とは異なり，大脳皮質の神経細胞は，時には刺激が消えた後でさえ活動が続くなど，より持続的な反応を示す傾向がある。大脳皮質においても，第一次視覚皮質や第一次聴覚皮質などの感覚皮質の領野の神経細胞は，比較的一過性の活動を示し，それらの役割は主に物体の検出と同定にあると示唆される。対照的に，連合野と呼ばれる頭頂皮質と前頭皮質のような高次の皮質の領野の神経細胞は，感覚皮質の領野の神経細胞より持続的な活動を示す。結果として，連合野の神経細胞は，すでに現前にない過去の感覚刺激についての情報を維持することができ，それらが学習と記憶にとって重要であることを示唆する。しかし，高次皮質領野のような神経細胞でさえ，持続的活動は時間とともに，大抵は数秒で減衰する。加えて，皮質の持続的な活動は，次の感覚刺激によって容易に邪魔され，上書きされうる。

では，刺激に関連する持続的な神経活動が消えると，過去の刺激についての情報を脳は完全に失うのだろうか？　人間と動物は，数秒以上の間重要な感覚経験を記憶できるから，そうであるはずはない。短時間の感覚経験についての情報を数日，ときには数年間も保持するメカニズムは，神経細胞間の接点であるシナプスの中にある。人間の脳にあるシナプスの数はおよそ100兆(10^{14})から1000兆(10^{15})個と推定されている。この多数のシナプスの化学的な変化を通して，学習は起こる。記憶はこれらのシナプスの幾つかに貯蔵されているので，我々は数十年前に起きたことを思い出すこ

図7－2　脳における感覚知覚と記憶に関連する神経活動

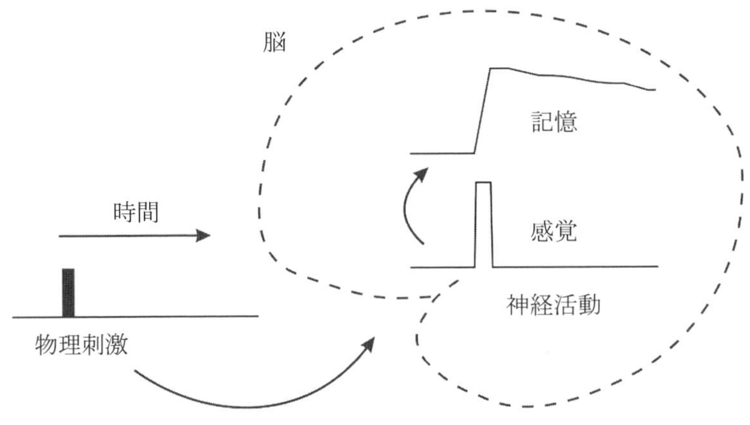

とができる。

シナプスはどのようにして学習において中心的な役割を演じるのか？　これを理解するために，知的な動物の行動は多くの神経細胞間での情報のやり取りの結果として現れることを思い出そう。これまでの章で見たように，例えば，ゴキブリの脱出反射は，空気の動きが強まった結果，尾角にある感覚神経細胞の活動が変化するときに始まる。感覚神経細胞，介在神経細胞，運動神経細胞の間の複数のシナプスを介して，この信号は最終的にゴキブリの足の筋肉に伝達される必要がある。最後に，運動神経細胞は，運動終板と呼ばれる特別な種類のシナプスを介して，筋肉に作用する。感覚神経細胞と介在神経細胞の間のシナプスが突然取り除かれるか，大幅に減少したら何が起こるだろうか？　または，介在神経細胞と運動神経細胞の間のシナプスが機能しなくなったらどうだろうか？　明らかに，感覚神経細胞によって検出された信号は筋肉に伝達されないから，ゴキブリはもはや脱出反射をすることはできない。この思考実験は，シナプスを介する信号伝達は，神経系が動物の行動を制御するために中心的な役割を演じることを明らかにする。加えて，シナプスの変化は脱出反射を修正する。例えば，もし神経伝達物質がもはやシナプス前終末から放出されない，またはシナプス後細胞の細胞膜の受容体が少なすぎると，そのような機能異常のシナプスによって支えられていた行動はうまくいかないだろう。対照的に，もし神経伝達物質が過度に放出されるか，シナプス後細胞に受容体が多すぎるなら，シナプスは過活動になり，異常な行動を引き起こすことになるだろう。これらの思考実験は，シナプス前細胞とシナプス後細胞の間の結合の強さと種類が最適な行動にとって不可欠だということを示す。シナプスの強さは，シナプス荷重としばしば呼ばれ，単一の活動電位などのシナプス前細胞の活動の決まった変化によって引き起こされるシナプス後細胞の膜電位の変化の量として定義できる。

シナプス荷重の変化は，シナプス可塑性と呼ばれ，過去に引き起こされた永続的な神経活動が完全に消え去った後に，ある時点における動物の経験が次の行動に続く影響を及ぼす手段を与える。もし動物の神経系に神経細胞が加えられたり，取り除かれたりせず，かつ，もしシナプスの性質が変化しないなら，感覚刺激は常に同じ行動反応を生成するだろう。対照的に，ゴキブリのしっぽに空気を何度も吹きかけると，脱出反射の神経経路にある幾つかのシナプスが強められるか，弱められるかによって，この反射のスピードは早くなったり，遅くなったりするだろう。

7.2　エングラムの探求

もし学習がシナプス可塑性によって起こるなら，学習に関係するシナプスの物理的な位置と対応するシナプス前細胞とシナプス後細胞を決定できるだろう。学習中に獲得された情報を保存するために結合強度を変化させるシナプスの正確な場所のことを，その記憶のエングラムという。間違いなくエングラムは神経科学において困難な探求の対象であり，多くの神経科学者が同定しようと探求した。どのようにしてエングラムを見つけることができるだろうか？　二つの神経細胞間のシナプス結合の強度を測定するための一つのアプローチは，二つの異なる電極をシナプス前細胞とシナプス後細胞に突き刺すというものである。一方の電極でシナプス後細胞の膜電位の変化を測定している間，他方の電極でシナプス前細胞を電気的に刺激することができる。シナプス前細胞が同量の電流で刺激されると，シナプス結合の強度に応じて，シナプス後細胞の膜電位の変化の大きさは増加したり減少したりする。例えば，強いシナプス結合は，シナプス後細胞の膜電位を大きく変化させ，弱いシナプス結合はシナプス後細胞の膜電位を小さく変化させる。しかし，学習中にその強度が変化した脳のどこかにある一つのシナプスを見つけたからといって，これが学習のエングラムであるという強い証拠にはならない。シナプスは加齢と病気を含む学習とは関係のない他の理由で強められたり，弱められたりするからである。脳のある特定の領野で測定されたシナプスの変化のパターンが，学習中に獲得した情報の内容に直接関連すると示すことは，容易ではない。さらに，一つのエングラムが脳全体に散在しているかもしれない。これは，例えば，著名な神経科学者であるカール・ラシュリーが，20世紀の前半に多くの実験でエングラムを見つけることに失敗した後に到達した結論である。

20世紀後半の多くの研究は，学習と記憶の重要なメカニズムとしてシナプス可塑性を実証するための様々な実験技術を用いた。しかし，最近になるまで，古典的条件づけや道具的条件づけで動物が学習する間，進行中のシナプス強度の変化を測定することは不可能だった。代わりに，初期の証拠の多くは，神経細胞を活かすために酸素と他の栄養素を皿にのせた，脳組織の薄いスライスから神経活動を記録することによって得られた。多くのそのような研究は，シナプス前細胞とシナプス後細胞が同時に電気刺激を受けたときに，シナプスの強度が増大する傾向があることを示した。この増大は長期増強，またはLTP（Long Term Potentiation）と呼ばれる。1940年代，ドナルド・ヘッブはそのようなシナプスは脳で情報を保存できると指摘した。したがって，LTPを示すシナプスはヘッブのシナプスとも呼ばれる。LTPは脳での情報保存の生物物理的な基盤である可能性を示すが，学習した情報が脳のどこに保存されているかを教えてはくれない。脳の中に多数の神経細胞とシナプスがあることを考えると，見こみのないものを探すようなものである。LTPは海馬で最初に発見された。しかし，現在のほとんどの神経科学者は，脳のほとんど全ての神経細胞は可塑性があり，それゆえ，動物の行動によってその性質を修正する能力を持つと信じている。それにもかかわらず，学習に高度に特化しているようにみえる二つの構造が脳に存在する。海馬と大脳基底核である。これらの二つの解剖学的構造はエングラムの良い候補である。

7.3　海馬と大脳基底核

LTP発見以前でさえ，学習と記憶における潜在的な役割のために海馬には多くの興味が持たれていた。海馬が学習に不可欠とする可能性は，現代の神経科学研究の歴史でおそらく最も有名な患者であるヘンリー・モレゾンの症例研究において，初めて認識された。H.M.としてより知られているモレゾンは，７歳のときの自転車事故以来，重度のてんかんを長年患っていた。1953年，彼が27歳のとき，ウィリアム・スコビルという脳外科医が彼のてんかんが海馬から始まっていることを発見した。したがって，スコビルはモレゾンの脳の両側の海馬を取り除くことで，彼のてんかんを治療できた。残念ながら，この手術の結果として，モレゾンは予期しない新しい問題を残りの人生で被ることになってしまった。彼はその手術後に起きた出来事についての新しい記憶を形成することができなくなった。これは前方性健忘と呼ばれる。海馬を失うと重度の健忘になるという観察は，この脳領域が学習と記憶に不可欠だという考えに自然と導いた。これから見ていくように，ブレンダ・ミルナーと他の心理学者が，モレゾンは新しいことを学習する能力を完全に失っているわけではないことを見つけたことから，この話はさらに複雑になる。むしろ，海馬を失うことは，ある種類の学習と記憶にだけ影響する。

第6章で動物は複数の学習戦略を用いて行動を変えることができることを見た。人間の学習は様々な形態を取りうる。しかし，人間の学習と記憶の研究は，動物研究で学習戦略を記述するために用いられたものとは異なる体系を採用した。この相違の主な理由は，人間は言語を持つことである。人間は記憶と何を学んだかを言語を用いて他の人達と共有することができる。もちろん，我々の記憶と学んだことの何もかもを言葉で表現することは不可能である。それゆえ，人間の記憶は，その内容が言葉で記述できるか否かによって二つのカテゴリーに分けられる。言葉で説明できる記憶の種類を宣言的記憶，もしくは顕在記憶という。宣言的記憶はエピソード記憶と意味記憶にさらに分けられる。エピソード記憶は，あなたが昨日朝食として何を食べたかのような，ある人がある場所である時点で経験した特定の事象についての記憶である。対照的に，意味記憶はそのような個人的な事象とは結びついていない。例えば，あなたの街の一番歴史のあるレストランについての知識は意味記憶の例になるだろう。

宣言的記憶とは対照的に，言語で表現することができず，意識的に想起することのできない記憶は，手続き記憶，または潜在記憶と呼ばれる。例えば，自転車の乗り方を学ぶことやギターの演奏は，多くの試行錯誤を通して行われる。その結果得られた技術は長期間続き，容易に忘れない傾向があるが，何を学んだかを言語を用いて正確に説明することはほぼ不可能である。手続き記憶の内容は，その中身を個別に取り出すことは困難で，全体として記憶されている傾向がある。それらは習慣とも呼ばれる。

ブレンダ・ミルナーのモレゾンに関する研究による発見は，人間の脳には複数の記憶システムがあり，海馬が特定の種類の記憶の基礎をなすことを明らかにした。彼女は様々な学習課題をモレゾンに示し，モレゾンの学習能力がすべての課題で一様に損なわれているのか否かを調べた。これらの研究から，モレゾンは学習する能力を完全には失っていないことが発見された。モレゾンは新しいエピソード記憶を形成することはできなかったが，彼の手続き記憶は健常人と違わなかった。モレゾンの手続き記憶を調べるためにミルナーが用いた課題の一つは，ミラー・トラッキング課題である（図7－3）。この課題では，被験者はペンを用いて幾何学的な図形を書くことが要求される。もし被験者がターゲットの図形と描いている方の手を直接見ることができれば，これを行うのはそれほど難しくない。しかし，ミラー・トラッキング課題では，被験者は鏡を通してしか，その手を見ることができない。このため，特に始めの頃は，実際の手と鏡に映る手は反対の方向に動くから，この課題をずっと難しくする。それにもかかわらず，この課題を何度も行うと，ミラー・トラッキング課題の速度と精度は徐々に良くなる。もしモレゾンが学習する能力を完全に失っていたら，彼はそのような改善を示すことはないだろう。対照的に，モレゾンのミラー課題のパフォーマンスは，繰り返すうちに良くなっていった。モレゾンはエピソード記憶のほぼ全てを失ったにもかかわらず，鏡の視覚フィードバックを用いて新しい図形を書くことを彼は学習でき，練習とともに速く，より正確になった。このことは，海馬はエピソード記憶に必要だが，手続き記憶には必要ではないことを示唆する。複数の別々の記憶のシステムが人間の脳に存在するという発見は，学習と記憶の神経生物学的研究に，その後も長い間大きな影響を与えた。

図７－３　ミラー・トラッキング課題で使われた幾何学図形の例

もし海馬がエピソード記憶に不可欠なら，手続き記憶はどこで行われているのだろうか？　大脳基底核として知られている領域が，手続き記憶に特化していることを示唆する根拠が多くある。それらのうちの幾つかは，T迷路を用いてネズミを訓練した研究によるものである。第6章で見たように，ネズミがT迷路で食物を得るために右に曲がるように訓練されると，あるネズミは右に曲がると食物があることを学習し(反応学習)，別のネズミは部屋のある場所に行く必要があることを学習する(場所学習)。1996年に発表された有名な論文では，マーク・パッカードとジェームズ・マッゴーが，これらの二つの学習戦略が別々の脳領域に依存していることを示した。彼らは，あるグループのネズミの海馬と，別のグループのネズミの大脳基底核を取り除いた後に，そのネズミたちが反応学習または場所学習を用いていたか否かを調べた。海馬が取り除かれると，ネズミは反応学習のみを使うことができた。対照的に，大脳基底核のないネズミは場所学習を使う課題を学習することができた。言い換えると，海馬がないネズミは，体を右に曲げるなどの適切な運動反応は学習できたが，食物が保存されている正確な場所を学習することができなかった。対照的に，大脳基底核のないネズミは，食物の場所を学習できたが，目標を達成するために必要な正確な運動反応を学習することはできなかった。これは場所学習と反応学習がそれぞれ，海馬と大脳基底核に依存することを示唆する。

海馬と大脳基底核は，人間やネズミを含む，すべての哺乳類の脳に存在する。それゆえ，これらの脳領野のどちらかに損傷を受けた結果生じる学習と記憶の障害は，異なる哺乳類動物でも同様な行動の変化を生じるだろうと合理的に予測できる。実際，大脳基底核の損傷によって障害を持ち，海馬の損傷では影響を受けないネズミの反応学習は，モレゾンの症例のように人間で海馬を手術で取り除かれたときでも影響を受けない人間の手続き記憶と似ている。対照的に，パーキンソン病のように，人間の患者で大脳基底核の機能が傷害されると，連続した素早い運動反応を要求する課題で，ほとんど改善が見られないか，緩慢な改善しか見られない。これは，再び，大脳基底核が手続き記憶にとって重要なことを示唆する。それゆえ，海馬と大脳基底核が異なる種類の学習に特化していることは，哺乳類の異なる種の間でも保存されているのだろう。

宣言的記憶と手続き記憶の間の別の興味深い違いは，手続き記憶で支えられる行動は無意識に行われる傾向があることである。我々は異なる種類の行動制御を正しく切り替えることに時には失敗する。例えば，我々は時々，他のことに気を取られ，食料品を買うために店に寄ることにしていたことを帰宅してから気づく。これは，我々の行動が一時的に，典型的な運動反応のシーケンスを好む傾向のある，大脳基底核に支配されていたからかもしれない。これはT迷路で反応学習に頼っていたネズミとほとんど変わらないだろう。もし我々がある文脈において最も関連のある目標に従って，適切な行動反応を選ぶ必要があるなら，海馬は重要だろう。

7.4　強化学習理論

人間や他の動物が学習する方法は一つではない。これは複数の脳領野が異なる学習アルゴリズムに関与することを示唆する。しかし，これは異なる脳領野がどのように学習に貢献するか，または，7.2で述べたエングラムを見つけることをずっと困難にする。学習の脳内メカニズムの理解を進めるためには，異なる学習戦略間の類似性と相違点を研究するのに使える正確な理論的な枠組みが必要である。そのような理論的枠組みは，異なる種類の学習に関する脳機能の理解を改善するために，新しい実験をどのように計画するか，これらの実験の結果をどのように解釈するかについて有益なヒントを与える。これこそが我々が強化学習に移る理由である。

第2章で，我々はなぜ効用を計算することが動物と人工知能ロボットに役立つかを見た。可能性のある選択肢の膨大な数の中から最大の効用関数を持つ行動を選ぶことは，一貫して合理的に選択することを可能にする。しかし，選択行動は経験を通して変わる。これは様々な選択肢の効用関数は固定されていないことを示唆する。効用関数に基づく合理的な選択が学習を通して最も望ましい結果をもたらすことのできるように，どのように効用が経験によって変わるかを理解することこそが強化学習理論の目的である。

効用理論と強化学習理論は，共に意思決定を研究するための数理的な枠組みを与えるが異なるルーツを持つ。効用理論は経済学で発展したが，強化学習理論は主に動物の知能を研究する心理学者と機械的な知能を研究するコンピュータ科学者の研究成果である。彼らは異なる専門用語をしばしば使う。効用理論では，すべての選択を決定する仮説的な量は効用と呼ばれるが，強化学習理論では，価値や価値関数と呼ばれる。それにもかかわらず，これらの２つの量は同じような役割を持つ。経済学者が意思決定者は最大の効用を持つ行動を選択すると仮定するのと同じように，強化学習では，ある行動を選択する確率はその行動の価値関数に比例して増加する。大きな違いは学習をどのように扱うかである。経済学では，効用の起源や効用がどのように学習されるかに関してあまり関心が持たれてこなかった。経済学における効用は，選択の集合と一貫性のある何らかの仮説的な量である。対照的に，心理学者は人間と動物が学習を通して行動をどのように変えるかについて常に関心を持ってきた。同様に，コンピュータ科学者は複雑な課題をこなせるようにどのように機械を訓練できるかに関心がある。この文脈において，価値関数は，意思決定者が期待する将来の報酬についての主観的な推定量と見ることができる。これらの量は経験を通して更新，または学習されうる。

強化学習理論は多様で，古典的条件づけを含む，これまで我々が見てきたすべての種類の学習を説明するのに適用できる。パブロフの実験で古典的条件づけを通して犬の唾液の量がどのように変化するかを説明するために，唾液を分泌することの価値関数と，唾液を分泌しないことの価値関数の２つの別々の価値関数を仮定する。犬が唾液を分泌する尤もらしさは，前者とともに増加，後者とともに減少し，これらの２つの価値関数の間の差のみに依存する。それゆえ，一般性を失うことなく，唾液を分泌しないことの価値関数をゼロとし，唾液を分泌することの価値関数だけが条件づけの実験の間，変化するとする。唾液を分泌しないことの価値関数が増加することは，同じ量だけ唾液を分泌することの価値関数を減少させることと同じだけ犬の行動に影響があるからである。これから，唾液を分泌する確率は，唾液を分泌することの価値関数のみに依存する。もし唾液を分泌することの価値関数がゼロより大きければ，唾液を分泌しないことの価値関数よりも大きく，犬は唾液を分泌するだろう。

何も知らない犬は，条件づけが起きる前は中立的な刺激の提示に反応して唾液を持続して分泌しないだろう。このため，唾液を分泌することの価値関数は最初は負の値であると仮定できる。しかし，最初中立であった刺激が食物と繰り返し組み合わせられると，唾液を分泌することの価値関数は徐々に増加し，その刺激は条件刺激になる。強化学習理論では，この徐々に起きる価値関数の変化は，報酬予測誤差として知られる量によって引き起こされる。報酬予測誤差は，動物が期待する報酬や無条件刺激と，実際に得られた報酬の間の差分に対応する。報酬予測誤差があるときはいつも，価値関数は変化する。もし正の報酬予測誤差があれば，期待したよりも多くの報酬を動物が得たことを示し，価値関数は増加する。これは次の更新則で表現される。

新しい価値関数←古い価値関数＋α×報酬予測誤差

係数αは，学習率と呼ばれ，どれくらいの割合で報酬予測誤差を価値関数に組み込むかを決める。例えば，パブロフの実験で使われた食物の主観的な価値を10，犬の学習率を0.2と仮定してみよう。鐘の音のような中立的な刺激が初めて呈示されたとき，犬はこの刺激の後に何か特別なことがあると予期しないだろうから，唾液を分泌することの価値関数はゼロになるだろう。したがって，この中立的な刺激のあとに予期せずに初めて食物を犬がもらったとき，報酬予測誤差は10となる。結果として，価値関数は2（＝0.2×10）になる。同じ刺激の後に食物が何度も続くにつれて，唾液を分泌することの価値関数は徐々に増加し，その刺激の開始後，犬は唾液をより分泌するようになる。この変化は犬が食物を完全に予測でき，報酬予測誤差がゼロになるまで続く。この最初は中立的だった刺激は条件刺激となる。

強化学習理論は道具的条件づけの間に観察される行動の変化も説明できる。古典的条件づけと道具的条件づけの主な違いは，報酬予測誤差によってどの価値関数が影響を受けるかにある。古典的条件づけでは，無条件反応と同じである，条件反応の価値関数である。パブロフの実験の例では，唾液を分泌することは食物に対する無条件反応に対応するから，報酬予測誤差は唾液を分泌することの価値関数の変化を引き起こす。対照的に，道具的条件づけでは，報酬予測誤差は，予期しない報酬が得られる直前に動物が行った行動の価値関数を修正する。したがって，問題箱からうまく脱出できたソーンダイクの猫の例では，糸を引っ張ったり，レバーを押したりといった，問題箱を解除する行動の価値関数になる。うまく脱出した後の報酬を見つけることは，正の報酬予測誤差に対応し，その脱出に役立った行動の価値関数が増加することによって，猫は問題箱からよりうまく脱出できるだろう。強化学習が幅広い行動に柔軟に適用できるという事実は，強化学習を強力な統合的な学習理論にする。

7.5　快楽物質：ドーパミン

学習について簡潔な説明を与えることに加え，強化学習理論は学習に関連する脳機能を明らかにすることにも役立つ。これについての一つの良い例は，ドーパミン神経細胞の活動を説明することである。ドーパミンは脳にあるいくつかの神経伝達物質のうちの一種である。しかし，グルタメートやGABA（γアミノ酪酸)のような神経伝達物質とは少し異なる作用をする。グルタメートとGABAはそれぞれ興奮性，抑制性シナプスで使われ，大脳皮質を含む脳の多くの領野の神経細胞で使われる。しかし，哺乳類の脳において，たった2つの領野だけが，神経伝達物質としてドーパミンを放出する神経細胞を持つ。そのうちの一つは網膜であり，もう一つは，脳幹の腹側被蓋野と黒質と呼ばれる近接する部位である。網膜では，ドーパミンが光適応に重要な役割を果たし，強い光による感覚信号の飽和を回避するのに役立っていると考えられている。網膜にあるドーパミンを放出する神経細胞の効果は主に網膜内に限られるが，脳幹にあるドーパミン神経細胞は，その軸索を，大脳皮質と基底核を含む多くの異なる脳領野に伸ばしている。したがって，脳幹にあるドーパミン神経細胞は脳のいたる所にドーパミンを放出でき，学習とモチベーションの重要な側面に関与していると考えられている。ドーパミンは複数の精神・神経疾患との関係も示唆されている。例えば，パーキンソン病は脳幹にあるドーパミン神経細胞の欠落によって特徴づけられる。興味深いことに，ドーパミンの量はパーキンソン病の患者の網膜でも減少しており，患者の低下した視覚機能の原因かもしれない。また，統合失調症のいくつかの症状は，ドーパミン神経細胞の異常な活動に基づくのかもしれない。さらに，コカインとアンフェタミンのような依存物質は共通して脳のドーパミン濃度を上昇させる。何がドーパミンを特別にしているのだろう？

ドーパミン神経細胞の機能についての重要な手がかりは，ウォルフォラム・シュルツによって1990年代に行われた一連の実験にある。これらの実験は，脳幹のドーパミン神経細胞の活動は強化学習理論の報酬予測誤差と密接に関連していることを示した。彼の実験において，サルは古典的条件づけを受けた。果物ジュースが無条件刺激として使われ，コンピュータ画面に提示された様々な図形の画像が条件刺激として使われた。シュルツとその同僚は，脳幹にあるドーパミン神経細胞から微小電極を用いて活動電位を記録した。動物が予期せずにジュースを貰ったときに，ドーパミン神経細胞は活動が一時的に上昇することを発見した(図７－４上段)。これはドーパミン神経細胞が報酬の検出器として単純に機能することを示しているのかもしれない。しかし驚くべきことに，報酬を得たときのドーパミン神経細胞の活動は，古典的条件づけの後では劇的に減少した。ある特定の画像の数秒後にジュースをもらえることを動物が一度学習すると，ドーパミン神経細胞は，報酬を得ても活動が変化しなくなる。代わりに，報酬を予測する画像が提示されたときに，ドーパミン神経細胞は活動が一時的に上昇する(図７－４中段)。この結果は，ドーパミン神経細胞は報酬予測誤差の信号を送っていることを示す。すなわち，条件づけの後では，ジュースは条件刺激によって十分に予測されており，報酬予測誤差は生じないから，ドーパミン神経細胞はジュースにはもはや反応しない。

古典的条件づけの後で，報酬が省かれると何が起きるのだろう？　もし予測した報酬が省かれたら，負の報酬予測誤差を生み出す。それゆえ，もしドーパミン細胞の活動が報酬予測誤差を反映するなら，予測した報酬が除かれたときは，活動が減少するはずである。これこそがシュルツが観察したことである(図７－４下段)。これらの結果は，ドーパミン神経細胞の活動電位の数は単に動物が受け取る報酬の存在やその大きさを反映するのではないことを示している。代わりに，ドーパミン神経細胞の活動は報酬予測誤差を伝える。ウォルフォラム・シュルツ，彦坂興秀，ジョフリー・ショーエンバウムによる後続する研究は，ドーパミン神経細胞が古典的条件づけだけでなく，道具的条件づけの間にも報酬予測誤差を一貫して伝えていることを示した。それゆえ，ドーパミン神経細胞は複数の種類の学習に関与する。

解剖学的研究により，ドーパミン神経細胞の軸索終末が脳全体に分布していることが明らかになっており，これらの研究結果は，さまざまな種類の学習におけるドーパミンの役割を浮き彫りにしている。ドーパミン神経細胞の軸索終末は脳の至る所に広がっているが，基底核に最も集まっている。特に，基底核への皮質の入力とドーパミン神経細胞の投射は，線条体と呼ばれる領域で収束する。これは，報酬予測誤差信号に従って異なる行動の価値を更新するのに基底核が重要な役割を演じているかもしれないことを示す。例

図７－４　報酬予測誤差に関連するドーパミン神経細胞の活動

各パネルのヒストグラムとラスタープロットはドーパミン神経細胞の平均活動と個々の試行での活動を示す。上段：ドーパミン神経細胞は予期しない報酬(R)を得たときの一時的な活動を示す。中段：条件刺激(CS)で報酬が予期されるときは，ドーパミン神経細胞の一時的な活動は，正の報酬予測誤差で予測される通りCSの提示後に起こるが，もはや報酬予測誤差を生じないときは，報酬を得た後でも活動は起こらない。下段：CSの後に報酬が与えられないと，負の報酬予測誤差で予測される通り，ドーパミン神経細胞の活動は減少する。

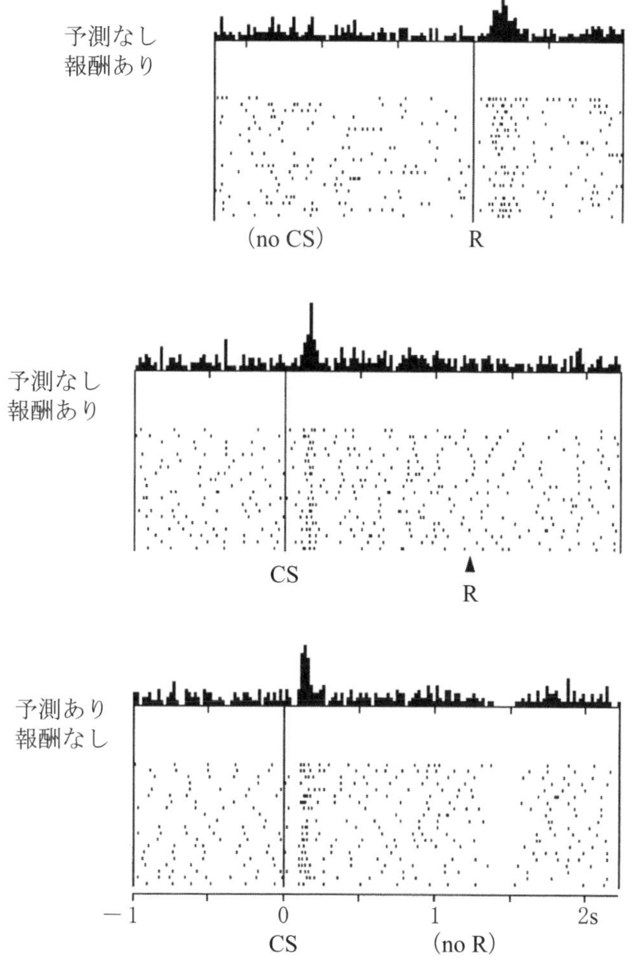

出典　(Figure 1 in Schultz W, Dayan P, Montague PR (1997) A neural substrate of prediction and reward. *Science* 275: 1593-1599.Reprinted with permission from AAAS.)を元に改変。

えば，T迷路の右のアームにネズミが曲がるときにいつも食物を見つけることを想像してみよう。学習中，ネズミがT迷路で正しく曲がり，食物の報酬を見つけるといつも，線条体でドーパミンが放出されるのに伴って，正の報酬予測誤差が生じる。この過程は，皮質(前シナプス)と線条体(後シナプス)の神経細胞の間のシナプスの重みを徐々に変え，ネズミが選んだ行動と価値の対応する変化の基礎をなす。これは反応学習のメカニズムの一つであり，基底核が損傷されるとネズミがなぜ場所学習へ切り替わるのかを説明するだろう。

もしドーパミン神経細胞が報酬予測誤差を脳のいたる所に広めているのなら，薬物の乱用がどうして依存的になるかも説明できる。ニコチンやオピオイドを含む，ほぼ全ての中毒性物質は脳のドーパミンレベルを上げる。もしドーパミンの放出を脳が報酬予測誤差として解釈すると，中毒性物質を摂取する直前の行動の価値を増加させ，したがって，薬物依存者が将来も同じ行動をとるようにさせる。例えば，喫煙者がオフィスの机の二番目の引き出しにタバコをしまっていると考える。もしその喫煙者がそのタバコを吸って，脳のドーパミンレベルが上がれば，その引き出しを開ける行動と，最終的に喫煙につながる後続する行動の価値を増加させるだろう。そして，後でオフィスに戻りその机を見ると，同じ行動を繰り返すようになるだろう。

中毒性物質だけでなく，正常な学習中にもドーパミンは放出されるが，全く異なる結果となる。これは，正常な学習中に自然に生成される報酬予測誤差と，中毒性物質で人工的に作られる報酬予測誤差には重要な違いがあるからである。学習中，報酬予測誤差は，行動の結果についての動物の期待を調整するのに必要な報酬予測誤差の信号を出し，それゆえ，動物が環境に慣れ，適切な行動反応を学習するにつれて，報酬予測誤差は減少する。対照的に，薬物乱用では，学習に関わる正常な脳機能を迂回し，薬物を摂取するといつでもドーパミンを放出させる。それゆえ，たとえ中毒性物質の使用者が，ある特定の薬物が快楽をもたらすことを十分に知っていても，その薬物によって放出されるドーパミンの量は減少しない。これはなぜ依存性物質の使用を止めることが極端に困難であるかの一つの理由かもしれない。

7.6　強化学習と知識

第６章で，いわゆる潜在学習，すなわち，強化なしに環境についての知識を獲得し，その知識を使って後に行動を導く能力をネズミが示すことを見た。強化学習理論はメンタルシミュレーションの概念を用いて同じ現象を説明できる。メンタルシミュレーションでは，ネズミは環境の知識に基づいて様々な行動の仮想的な結果を予測でき，そのような仮想的な結果と以前に予期した結果を比較することによって，対応する行動の価値を調整できる。単純な例として，あなたが普段出勤するのに使う地下鉄が事故によって運行を停止したというニュースを知ったとする。もしあなたが一連の行動をすぐに変更して，地下鉄の駅に行かずにバスやタクシーを使うなら，これはメンタルシミュレーションの結果に違いない。もし異なる行動の価値が，現実の報酬予測誤差を経験した後にだけ更新できるのなら，事故のニュースはあなたの次の行動に何も影響を与えないだろう。それゆえ，あなたは地下鉄の駅に向かうだろう。対照的に，メンタルシミュレーションにより，あなたはそのような不適切な行動の結果を予期できる。地下鉄の駅に行くことの価値は，その行動の結果をメンタルシミュレーションすることにより下げられ，望ましくない結果を直接経験することなく，代わりの行動を探せるようになる。

メンタルシミュレーションがなければ，新しい環境について獲得したどんな知識も行動に影響を与えることができないから，意思決定者にとっては無用だろう。強化学習理論では，メンタルシミュレーションと過去に獲得した知識を通して意思決定戦略を調整する過程は，モデルベース強化学習理論と呼ばれる。対照的に，単純な古典的条件づけと道具的条件づけで観察される行動のようなメンタルシミュレーションのない学習は，モデルフリー強化学習と呼ばれる。

モデルベース強化学習理論はT迷路で訓練されたネズミの場所学習を説明できる。ネズミが同じT迷路に繰り返し置かれ，右に曲がった後に食物報酬を得たとき，モデルフリー強化学習は右に曲がることの価値を徐々に増加させる。もし実験者が，部屋にある迷路の位置や方向を後に変えたら，モデルフリー強化学習を排他的に信頼するネズミは，右に曲がり続けるだろう。これは反応学習に対応する。しかし，学習中，ネズミは迷路と部屋にある様々なランドマークの間の空間的な位置関係も学習するかもしれない。迷路が移動，または，回転したとき，ネズミは二つの運動反応の結果のメンタルシミュレーションにより，迷路でどちらかの方向に曲がったときの結果を予期するかもしれない。以前は，右に曲がることは望んだ結果をもたらしたが，メンタルシミュレーションは左に曲がることの価値を素早く増加させ，場所学習と一貫した行動を導く。それゆえモデルベース強化学習は，一見厄介に見え，潜在的に時間のかかるメンタルシミュレーションを必要とするが，特に環境が急に変わるとき，動物に不必要な試行錯誤を避けさせる。もし動物が新しい環境について適切な情報を持っていたら，モデルフリー強化学習よりも，モデルベース強化学習を使うほうが，ずっと早く適応できる。

モデルベース強化学習のもう一つの重要な利点は，飢えや渇きのような生理的な欲求が変化するとき，動物は試行錯誤することなく柔軟に行動を変更できることである。例えば，第6章で見たスペンサーとリピットのY迷路の間，すべてのネズミは最初，食物と水の場所についての知識を獲得したが，後に，ネズミは腹が空いているか喉が乾いているかによって異なる選択肢を選んだ。これは代替的な運動反応の価値は，ネズミの生理的な状態によって異なり，行動選択のときに計算されたことを示唆する。ネズミが迷路を探索しその右側に食物があり，左側に水があると学習している間，最初は腹が空いていたと想像してみよう。これらのネズミにとって，迷路の右側を選択することの価値は，左側を選択することの価値よりもずっと増加しているだろう。次に，モデルフリー強化学習に完全に頼っているネズミは，異なる行動の価値は過去の経験によって完全に決定されるから，たとえ喉が渇いているが腹は空いていないときでも，少なくとも一度は右側を選ぶだろう。ネズミが食物の場所に到着し，腹は空いていないので見つけたものについてがっかりしたとき，負の報酬予測誤差を経験する。そのときになってようやく，迷路の右側を選ぶことの価値は減少し，ネズミは次の試行で左側を選ぶかもしれない。対照的に，メンタルシミュレーションができる動物は価値関数を更新することができ，最初の試行において水に近づくための行動を選ぶことができる。もしネズミがそのように選択できる機会がたった一度だけだったなら，モデルベース強化学習を備えたネズミだけが望んだ結果を得る。

モデルベース強化学習の利点は，実際の強化や罰なしに行動の変化を起こすことができることである。それゆえ，多くの人間の行動がモデルベース強化学習で形作られることはおそらくそれほど意外なことではないだろう。しかし，モデルベース強化学習に必要なメンタルシミュレーションはきわめて時間がかかるし，意思決定に時間をかけすぎることはコストを伴い，命取りにもなりうる。もし我々が十分な情報を持ち，かつ，異なる行動の結果を正確に推定するのに必要なすべてのシミュレーションを行うのに十分な時間があるなら，モデルベース強化学習はより望ましい結果をもたらすだろう。そうでなければ，モデルフリー強化学習がよりよい選択になる。モデルフリー強化学習は，過去に選択した行動の結果を観察するとすぐに異なる将来の行動の価値を更新する。それゆえ，意思決定のタイミングでは多くの計算を必要としない。これは意思決定者が行動を素早く選ぶのを可能にする。シャワーを浴びたり，家を掃除するというような，何事もなくしばしば繰り返される仕事は，モデルフリー強化学習を通して獲得された習慣によって実行される。もしすべての仕事をメンタルシミュレーションとモデルベース強化学習を用いて行う必要があるなら極端に疲れるだろう。メンタルシミュレーションの複雑さが増すにつれて，脳がよりエネルギーを使う必要があるからである。

モデルフリー強化学習とモデルベース強化学習中のもう一つの重要な違いを強調しておきたい。モデルフリー強化学習では，ある行動の価値はその行動の結果が観察されたときにのみ更新される必要がある。対照的に，モデルベース強化学習の強みは，環境についての意思決定者の知識がどれくらい完璧で，正確かに完全に依存する。それゆえ，モデルベース強化学習では，環境についての知識を獲得し，更新する過程は止むことがない。後になって関連を持つような環境の変化や出来事を前もって知ることは，常に可能ではないだろう。シャワーを浴びるような単純な課題はモデルフリー強化学習で扱われうるが，バスタブの亀裂のような，環境における一見小さな変化を見つけることは，モデルベース強化学習において重要な役割を演じることがあり，後の不快な事故を避けることを可能にするだろう。Y迷路のネズミは根本的に同じ問題に直面している。たとえすぐに有用とならなくても，ネズミは自身の位置についての情報を集め保存しているからこそ，自身の生理的欲求に従って適切に食物か水を選ぶことができた。たとえあなたが直面する問題をモデルフリー強化学習のみを用いて解決できるとしても，あなたの環境についての知識を更新しなければ，目先のことばかり考えることになる。

7.7 後悔と前頭眼窩皮質

フランスの哲学者ブレーズ・パスカルはかつて，「人間は一茎の葦に過ぎず，自然の中で最も弱いものであるが，考える葦である」と言った。これを強化学習の言葉を用いて次のように言い換えることができる。「人間においてモデルベース強化学習とメンタルシミュレーションは止まることはない。」人間にとって環境について新しい知識を獲得する過程は決して止まることがなく，環境からの新しい情報に基づいてメンタルシミュレーションを常に行っている。たとえ実際の報酬予測誤差がないときでも，仮想的な報酬予測誤差に基づいて，異なる行動の価値を常に調整している。例えば，忙しい仕事を終えて帰宅するとき，友だちに会うことを突然思いつき，行き先をお気に入りの飲屋に変えることもあるだろう。これは，仮想的な報酬予測誤差に基づいて，家に帰ることの価値と，飲屋に行くことの価値を変えることによって説明できる。飲屋に行くことの結果をシミュレーションすることは仮想的な正の報酬予測誤差をもたらす。実質的な意味において，すべての我々の思考はモデルベース強化学習のためのメンタルシミュレーションと解釈できる。

意思決定におけるメンタルシミュレーションの重要性は強調してもしすぎることはない。それにもかかわらず，食過ぎは良くないように，多くのメンタルシミュレーションを行うこともできるが，これは最適な意思決定を妨げうる。例えば，我々は自身の過去の行動を省みて，行動を後悔することもよくあるだろう。この過去の行動を内省する過程は将来の意思決定を改善するのに役立つが，過度の後悔は我々の精神衛生を損なう。過去に戻ることはできないし，すでに行った行動を変えることもできない。すでに発した言葉を言わなかったことにできない。強化学習理論では，異なる行動を取ることによって受け取ることができた仮想的な報酬よりも，あなたの行動の現実の結果が悪かったとき，後悔がメンタルシミュレーションを通して起こる。反対のことも時には起こる。すなわち，メンタルシミュレーションの結果として，あなたの行動による実際の結果が，別の行動をとれば得られたであろう仮想的な結果よりも良かったと気づくこともあるだろう。これは安堵と呼ばれる。

強化学習理論では，後悔と失望は明確に区別される。失望は，負の報酬予測誤差が起こるとき，すなわち，実際の結果が過去の経験から予測した結果よりも悪かったとき，モデルフリー強化学習で起こる。もちろん，反対も起こりうる。実際の結果が期待した結果よりも良いなら，この正の報酬予測誤差は高揚感（Elation）と呼ばれる。高揚感と失望はモデルフリー強化学習中に起こる正と負の報酬予測誤差のことである。対照的に，後悔と安堵はモデルベース強化学習に対応する。

後悔は複雑な感情であり，その現実の機能と効用は明らかだろう。たとえ後悔が以前の行動の結果を変えることはないと分かっていても，「もっとうまく対処すれば悪い結果を避けられたのに」という思いが消えず，後悔に伴う苦痛に悩まされる人は少なくない。モデルベース強化学習の観点から，この理由は明白である。我々は意思決定を行うとき，どの行動が最良の結果をもたらすかを決定するのに十分な情報を持たずに行っている。ほとんどの場合，様々な行動の結果には何らかの不確実性がある。行動を起こした後にのみ，我々の意思決定に本質的で重要な情報を得ることもしばしばある。この時に我々は後悔や安堵を経験する。後悔と安堵はメンタルシミュレーションの結果として起き，それゆえ，我々にモデルベース強化学習と関係があることを示唆する。人間は後悔や安堵を経験する。これは過去の行動をやり直せないことを理解していないからではない。後悔や安堵の感情が頻繁に起こるのは，人間が将来の行動を改善するために常にモデルベース強化学習を使っているからである。

2004年に発表された重要な研究は，前頭眼窩皮質（Orbitofrontal cortex; OFC）が後悔に密接に関連していることを示した。前頭眼窩皮質は，ヒトの脳の最も前にある前頭前野皮質の一部である。数十年の間，前頭前野皮質は思考と感情に関連する多くの高次認知過程に重要な役割を演じると考えられてきた。前頭眼窩皮質のように，前頭前野皮質には解剖学的・機能的に区別できるいくつかの主要な部分が存在するが，これらの正確な機能は依然十分に理解されていない。2004年に発表された論文では，脳組織のがんを切除するため，前頭眼窩皮質が取り除かれた患者の選択行動を科学者たちが調べた（図７－５　183頁）。患者と実験対照群の被験者は，仮想的な利得と後悔によって，行動と感情がどのような影響を受けるかをテストするために設計されたギャンブル課題を行った。各試行では，参加者はコンピュータ画面上に示された２つの円形のターゲットのどちらかを選ぶ必要があった（図７－５）。各ターゲットは，２つの数字と確率が異なる色で示されている。例えば，図７－５の左のターゲットは，もし選べば，20%の確率で200ポイントを得るが，80%の確率で50ポイントを失うことになる。一方，右のターゲットを選ぶと，同じ確率で，50ポイントを得るか失うかという結果になる。参加者が選ぶと，矢印が現れ，選んだターゲットの中で回転し始め，矢印の止まった位置がその試行の結果となる。

この課題には２つの異なる条件があった。部分的フィードバック条件では，参加者が選んだ後，選んだターゲットの中にのみ矢印が現れた。つまり，選ばなかったターゲットでは参加者が何ポイント得ることができたかの情報を得ることなく，各試行は終わった。対照的に，完全フィードバック条件では，矢印は，選んだターゲットと選ばなかったターゲットの両方で現れた。参加者は自身の選択の結果についてだけでなく，選ばなかったターゲットの仮想的な結果についても知ることができた。どちらの条件でも，両方のターゲットの結果は選ぶ前には分からない。よって，報酬予測誤差は試行ごとに生じ，参加者は失望と高揚感を経験した。しかし，完全フィードバック条件では，被験者は仮想的な報酬予測誤差についての情報も受け取ったため，後悔と安堵も経験することができた。この実験の参加者は各試行後に気分を報告することを求められ，これらの回答を分析して，現実と仮想の報酬予測誤差が参加者にどのような影響を与えるかを調べた。

この実験に参加した前頭眼窩皮質の患者と健常な被験者の両方が，自身の選択の結果における負の報酬予測誤差の大きさとともに，気分が悪くなると報告した。これは失望が前頭眼窩皮質に強くは依存していないことを示唆する。健常な被験者はまた，後悔したとき，すなわち，選ばなかったターゲットの仮想的な結果が，自身が選択した現実の結果よりも良かったとき，より気分が悪くなると報告した。負の仮想的な報酬予測誤差は健常な被験者にとって嫌悪的だった。対照的に，前頭眼窩皮質の患者の気分は，仮想的な結果による影響を受けなかった。患者たちは，選ばなかったターゲットの仮想的な結果が自身の選択の結果よりも良いと知ったときでさえ，負の感情があると報告しなかった。それゆえ，これらの結果は，前頭眼窩皮質は仮想的な結果についての情報，または，後悔にしたがって，感情を制御するのに重要な役割を持つことを示唆する。

ある脳領野の損傷の後に生じる行動と心理的な変化を観察すると，異なる

図７－５　意思決定（上）と前頭眼窩皮質（下）に対する後悔の効果を研究するために使われた行動課題

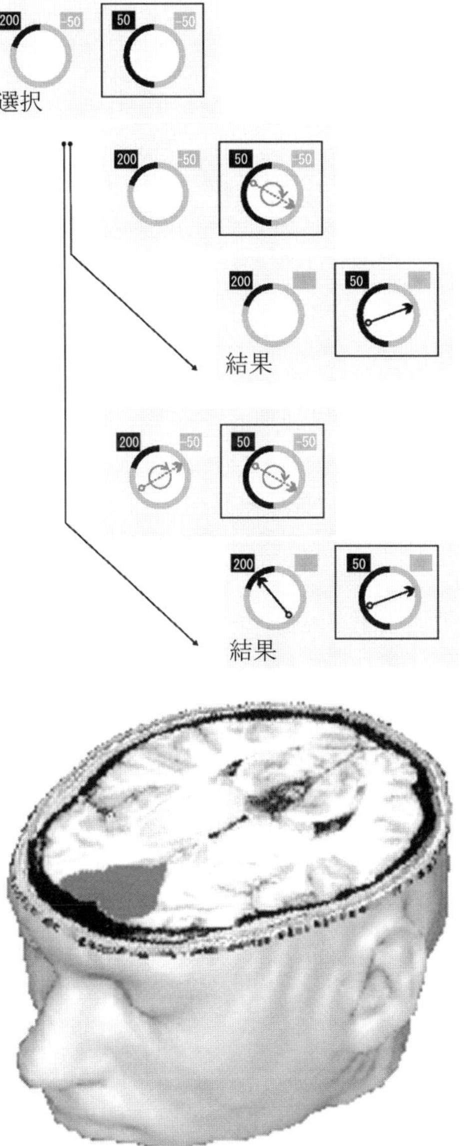

出典　（Figures 1 and 3 in Camille N, Coricelli G, Sallet J, Pradat-Diehl P, Duhamel JR, Sirigu A（2004）The involvement of the orbitofrontal cortex in the experience of regret. *Science* 304: 1167-1170. Reproduced with permission from AAAS.）を元に改変。

脳領域が認知の特定の側面にどのように役立っているのかについて貴重な情報が得られる。モレゾンの症例は海馬とエピソード記憶の間の関係について重要なヒントを与えた。後悔における前頭眼窩皮質の役割に関する前記の研究はもう一つの例である。しかし，脳損傷と脳切除の研究のみで脳機能を理解しようとするには限界がある。ある特定の認知機能が，健常人の脳組織にどのように実装されているかについて何も教えてくれないからである。例えば，夜に電気を切ると家全体が暗くなることから，電気が部屋の明かりに必要なことが示されるが，この方法では電球がどのように電気を明かりに変換するかはわからない。同様に，脳切除と脳損傷の研究は，前頭眼窩皮質が後悔に関連する感情と認知機能に関与することを教えてくれるが，後悔に関する前頭眼窩皮質の機能の正確な性質については殆ど情報を与えない。個々の神経細胞は活動電位により情報のやり取りをしているから，ヒトの前頭眼窩皮質の個々の神経細胞の活動電位を観察できるに越したことはない。しかし，そのような実験は健常者に対しては現在では不可能である。第２章で見たように，この限界を克服するためには２つの代替的なアプローチがある。一つは，fMRIを使ってヒトの脳の機能を研究することであり，もう一つは，動物モデルにおいて，単一細胞記録技術のようなより侵襲的な方法を使うことである。実際，これらの代替手法を用いた追加の研究の結果は，前頭眼窩皮質の神経活動は選ばなかった選択肢の仮想的な結果に関連することを示した。

そのようなfMRI研究の一つでは，科学者たちは前頭眼窩皮質の患者における後悔を特徴づけるために使われたのと同じギャンブル課題を用い，前頭眼窩皮質の活動は部分的フィードバック条件では選択の結果にはあまり影響しないことを見つけた。もし参加者の選択の結果が仮想的な結果よりも良かった場合，完全フィードバック条件でも前頭眼窩皮質の活動はその影響を受けなかった。しかし，選ばなかったターゲットからの仮想的な結果が，選んだターゲットの結果よりも良かったとき，前頭眼窩皮質は活動を強めた（図７－６Ａ　186-187頁）。これは，前頭眼窩皮質が実際の結果と仮想的な結果の間の比較に関与することを示唆する。

7.8　後悔を表現する神経細胞

前頭眼窩皮質を損傷した患者の研究とfMRI研究の結果は，前頭眼窩皮質が，後悔とモデルベース強化学習に対する認知過程に関与することを示唆した。これらの結果が前頭眼窩皮質の個々の細胞によって処理される情報の種類とどう関連するかをより直接的に調べるため，イェール大学の私の研究室で行った実験は，サルがじゃんけん課題としてコンピュータを相手に対戦する間に，サルの前頭眼窩皮質の神経細胞の活動を調べた。次の第８章でより詳しく見るように，じゃんけんは，社会的に相互作用する状況での意思決定を必要とする競争的ゲームである。日常生活では，勝者をランダムに決めるのにじゃんけんをよく使う。実験経済学や心理学の研究室では，このゲームは強化学習と社会的な推測のダイナミクスを研究するのに使われる。じゃんけんを手で行うように動物を訓練するのはきわめて難しいので，眼球運動を用いてじゃんけんの手を示させ，コンピュータと対戦するようにサルを訓練した。

各試行では，コンピュータ画面上に３つの緑色のターゲットがサルに示され，サルはそのうちの１つを凝視しなければならなかった（図７－６B）。これらの３つの緑色のターゲットは，グー，チョキ，パーをそれぞれ意味していた。同時に，コンピュータは動物の選択と結果の履歴を解析することで，動物が最も選びそうなターゲットを予測した。例えば，もしサルがグーのターゲットを何度か続けて選ぶ傾向があり，かつ，直前の試行でグーをサルが選んでいたら，次もサルはグーのターゲットを選ぶだろうとコンピュータは予測する。この予測に基づいて，コンピュータはパーを選ぶ。それゆえ，対戦相手のコンピュータに利用されるかもしれない予測可能なパターンをサルが選ぶことは不利になる。例えば，もし常にサルがチョキを選ぶなら，このパターンを対戦相手のコンピュータが検出するやいなや，サルは負け続けるだろう。

我々の実験では，サルはあいこのとき１滴のジュースを得るが，負けのときは何も得られない。標準的なじゃんけんでは，勝ちの利得は，プレーヤーがどの手を選んだかにかかわらず同じだろう。我々の実験では，異なるターゲットで報酬の大きさを変え，グー，チョキ，パーを出して勝ったとき，それぞれ，２，３，４滴のジュースを与えた。これは勝ちの試行でサルが得る実際の報酬の大きさを変えるだけでなく，負けやあいこのときに，どれくらいの報酬を動物が受け取ることができたかも変化させる。それゆえ，サルが実際に受け取った報酬の大きさだけでなく，サルが受け取ることのできた仮想的な報酬の大きさについても，前頭眼窩皮質の神経細胞の活動がどのように変化するかを調べることができた。動物が選択を示した後に，各ターゲットに割り当てられた報酬に従ってターゲットの色を変えることで，各ターゲットから得られる報酬の大きさを表示した。

この実験の一番目の目的は，サルがモデルベース強化学習を使ってこのゲームを適切にプレーするように学習できるか，また，後悔の証拠を示すことができるかということだった。動物がどのように試行間で選択を変えるかを解析したところ，動物は勝った後に，同じ選択を続けることが分かった。例えば，もしサルがグーで勝ったなら，次の試行では，再びグーをより選んでいた。これはモデルフリー強化学習と一致しており，それゆえ珍しいことではない。より興味深い問い

図７－６　前頭眼窩皮質における

A. fMRI研究で同定された後悔に関連するヒト前
B. サルの神経生理学的実験で使われたコンピュー
C. 仮想的な報酬の大きさに従って徐々に活動を

A. 後悔と人間の前頭眼窩皮質（OFC）

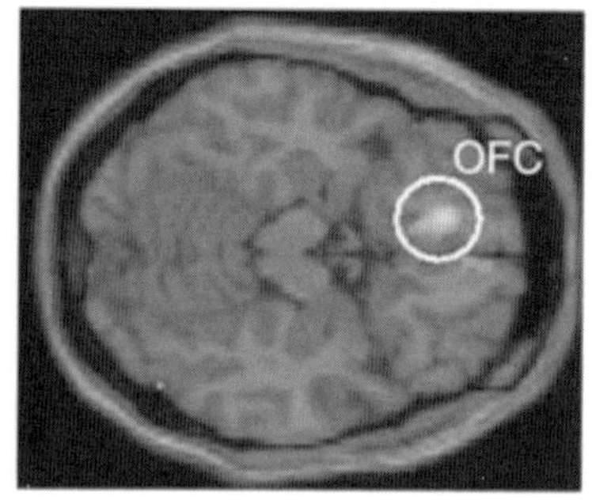

B. コンピュータ相手のじゃんけんゲーム

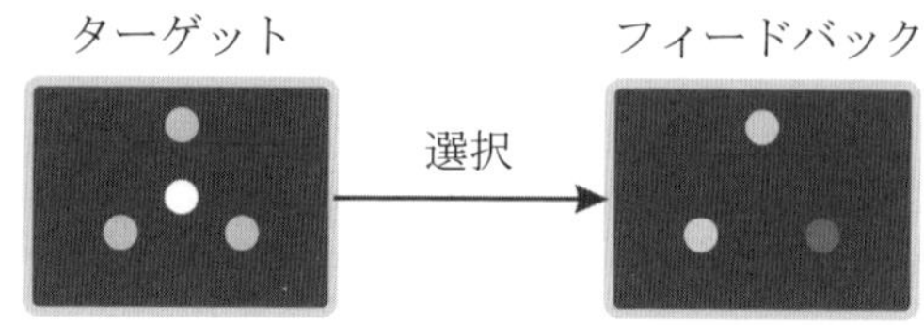

C. サル前頭眼窩皮質の単一神経細胞における

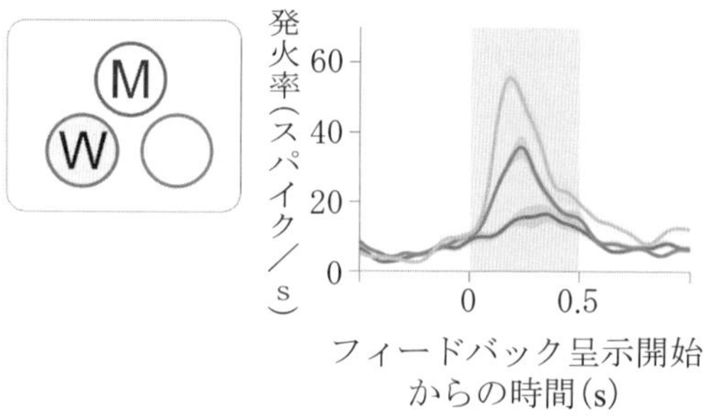

出典 （A: Figure 3 in Coricelli G, Critchley HD, Joffily M, O' Doherty JP,
choice behavior. *Nat. Neurosci.* 8: 1255-1262. Copyright (2005) with
coding of actual and hypothetical outcomes in the orbital and dorsolateral
Elsevier.）を元に改変。

後悔に関連する神経活動。

頭眼窩皮質の活動。
タ化したじゃんけん課題(左)と利得行列(右)。
増加させる前頭眼窩皮質の細胞。

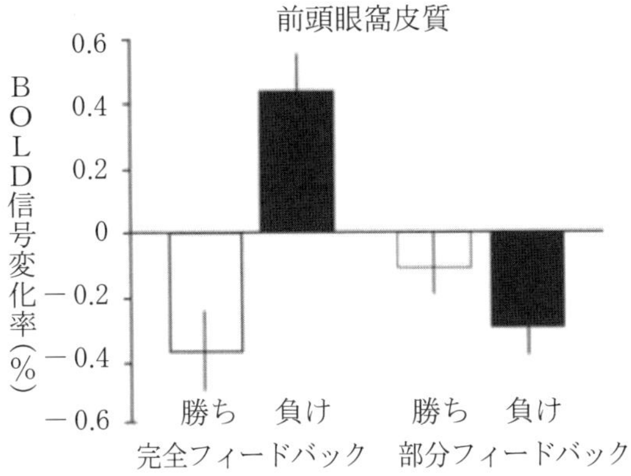

報酬

コンピュータ

サル	R	P	S
R	1	0	2
P	3	1	0
S	0	4	1

後悔の信号

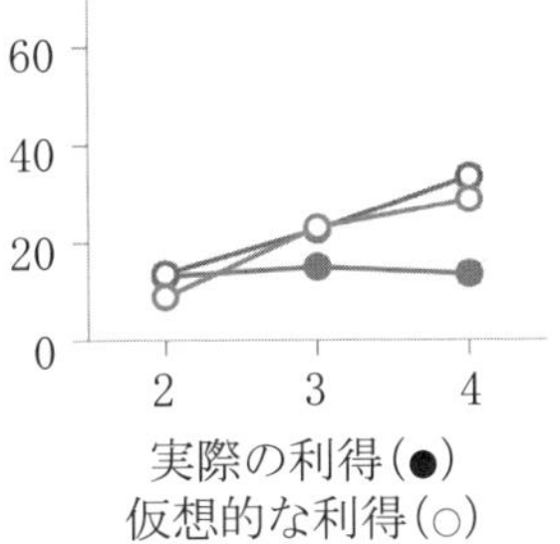

Sirigu A, Dolan RJ (2005) Regret and its avoidance: a neuroimaging study of
permission from Springer Nature. C: Figure 3 in Abe H, Lee D (2011) Distributed
prefrontal cortex. *Neuron* 70: 731-741. Copyright (2011) with permission from

は，あいこや負けの後にサルがどう振る舞うかである。例えば，もしサルがチョキを選び，コンピュータがグーを選んで，サルが負けたなら，次の試行でサルは何を選ぶだろうか？

モデルフリー強化学習に完全に頼る動物なら，チョキを選ぶことはあまりなさそうだが，グーとパーの間に差はないだろう。しかし，もしサルがモデルベース強化学習を使っていたら，パーを選んだら勝っていたのだから，次の試行ではパーをグーよりもより選ぶだろう。実際，サルの選択はモデルベース強化学習と一致していることを我々は発見した。これは，サルは自身の選択の実際の結果だけでなく，選ばなかった行動の仮想的な結果も評価していたことを示唆する。結果がもっと良くなりえたと知ったときに，サルは自身の行動について後悔していたのかもしれない。

我々の実験の二番目の目的は，前頭眼窩皮質の個々の神経細胞の活動が後悔に関連するのか，どのように関連するのかを理解することだった。私の研究室のポスドク研究者だった阿部央は，サルがコンピュータ相手にじゃんけんをしている間に，前頭眼窩皮質の個々の神経細胞の活動電位を記録した。実際に，彼は前頭眼窩皮質で後悔に関連する神経信号を見つけた。過去の研究から予測できるように，前頭眼窩皮質の多くの神経細胞は，動物が期待した報酬の大きさに従って規則的に活動を変化させたので，効用を計算していることを示唆した。より興味深いことに，前頭眼窩皮質の多くの神経細胞は，サルが負けやあいこの後に，選ばなかったターゲットのうちの一つから受け取ることのできた仮想的な報酬の大きさに従って，その活動を変化させた(図７－６C)。これらの結果は，前頭眼窩皮質は，選ばなかった行動からの仮想的な結果を評価することで，モデルベース強化学習に貢献していることを示唆する。

本章で見たように，霊長類の脳の多くの領野は，様々な種類の強化学習に関与する。強化学習の異なる計算的な要素がどのように，脳の解剖学に従って異なる領野で実装されているかを理解するのに，強化学習理論は決定的な役割を果たす。それにもかかわらず，強化学習理論自身は，脳の大きさや形態の多様性を説明するのに十分でない。哺乳類の中でさえ，ヒトと他の霊長類は，体の大きさの違いを考慮してもなお，より大きい脳を持っている。すべての哺乳類の脳は学習する機械であり，げっ歯類を含む多くの哺乳類はモデルベース強化学習の能力を持つ。それゆえ，なぜ大きな脳がヒトと他の霊長類を他の哺乳類の動物よりも利するのか別の理由が存在するかもしれない。多くの学者は霊長類の社会の複雑な構造に関係があると信じている。次の第８章では，社会的な意思決定の問題の性質と，これが社会的な脳の進化にどう役立ってきたかを見る。

参照文献

Abe H, Lee D (2011) Distributed coding of actual and hypothetical outcomes in the orbital and dorsolateral prefrontal cortex. *Neuron* 70: 731-741.

Annese J, Schenker-Ahmed NM, Bartsch H, Maechler P, Sheh C, *et al.* (2014) Postmortem examination of patient H.M.'s brain based on histological sectioning and digital 3D reconstruction. *Nat. Commun.* 5: 3122.

Archibald NK, Clarke MP, Mosimann UP, Burn DJ (2009) The retina in Parkinson's disease. *Brain* 132: 1128-1145.

Bliss TVP, Collingridge GL (1993) A synaptic model of memory: long-term potentiation in the hippocampus. *Nature* 361: 31-39.

Camille N, Coricelli G, Sallet J, Pradat-Diehl P, Duhamel JR, Sirigu A (2004) The involvement of the orbitofrontal cortex in the experience of regret. *Science* 304: 1167-1170.

Coricelli G, Critchley HD, Joffily M, O'Doherty JP, Sirigu A, Dolan RJ (2005) Regret and its avoidance: a neuroimaging study of choice behavior. *Nat. Neurosci.* 8: 1255-1262.

Lee D, Seo H, Jung MW (2012) Neural basis of reinforcement learning and decision making. *Annu. Rev. Neurosci.* 35: 287-308.

Lewis DA, Melchitzky DS, Sesack SR, Whitehead RE, Auh S, Sampson A (2001) Dopamine transporter immunoreactivity in monkey cerebral cortex: regional, laminar, and ultrastructural localization. *J. Comp. Neurol.* 432: 119-136.

McKernan MG, Shinnick-Gallagher P (1997) Fear conditioning induces a lasting potentiation of synaptic currents in vitro. *Nature* 390: 607-611.

Milner B, Corkin S, Teuber HL (1968) Further analysis of the hippocampal amnesiac syndrome: 14-year follow-up study of H.M. *Neuropsychologia* 6: 215-234.

Packard MG, McGaugh JL (1996) Inactivation of hippocampus or caudate nucleus with lidocaine differentially affects expression of place and response learning. *Neurobiol. Learn. Memory* 65: 65-72.

Padoa-Schioppa C, Assad JA (2006) Neurons in the orbitofrontal cortex encode economic value. *Nature* 441: 223-226.

Rajimehr R, Young JC, Tootell RB (2009) An anterior temporal face patch in human cortex, predicted by macaque maps. *Proc. Natl. Acad. Sci. USA* 106: 1995-2000.

Redish AD (2004) Addiction as a computational process gone awry. *Science* 306: 1944-1947.

Schultz W, Dayan P, Montague PR (1997) A neural substrate of prediction and reward. *Science* 275: 1593-1599.

Scoville WB, Milner B (1957) Loss of recent memory after bilateral hippocampal lesions. *J. Neurol. Neurosurg. Psychiatr.* 296: 1-22.

Square LR (2004) Memory systems of the brain: a brief history and current perspective. *Neurobiol. Learn. Mem.* 82: 171-177.

Sutton RS, Barto AG (1998) *Reinforcement Learning: An Introduction*. MIT Press.

Whitlock JR, Heynen AJ, Shuler MG, Bear MF (2006) Learning induces long-term potentiation in the hippocampus. *Science* 313: 1093-1097.

Xiong Q, Znamenskiy P, Zador AM (2015) Selective corticostriatal plasticity during acquisition of an auditory discrimination task. *Nature* 521: 348-351.

第８章　社会知と利他性

我々は無数の選択に日々直面している。朝に靴下を選ぶというような比較的簡単で容易にこなせるものもあれば，誰と結婚するか，どんなキャリアを選ぶかという難しいものもある。ときには，正しい選択があるのかどうか分からないとも思うだろう。そのような難しい選択は，社会的な状況で頻繁に起こる。我々の決定のほとんどは社会的なものだから，人間は社会的な動物である。もちろん，我々の生活におけるいくつかの問題は，より進んだ科学技術を必要とし，それらは我々の生活の質を改善し続けるだろう。再生エネルギー源やがんの治療法を見つけることは，そのような例である。しかし，人間の全ての問題は技術の進展によってすぐに解決されるものではないだろう。エネルギーや医学的な治療法のような新しい技術の成果を，人々にどのように分配するかを決定する必要がある。これらの選択はきわめて難しく，完全な解決法はないのかもしれない。

何が社会的な意思決定を難しくするのか？　個人の意思決定では，その選択の結果は他人の行動に依存しない。対照的に，社会的な意思決定では，あなたの選択で起こる結果は，あなたの行動だけでなく，他者の行動にも依存する。それゆえ最良の結果を得るためには，他者の行動を正確に予測する必要がある。しかし，他者の行動を予測するとき，他者もまたあなたの行動を予測しようとする。他者の行動を予測しようとするときのこの再帰的な過程は，個人の意思決定と比べて，最適な社会的意思決定をずっと難しくする。

簡単な例として，２人がじゃんけんをするときを考えてみよう。じゃんけんでは，チョキを出すときに，相手がパー，チョキ，グーを出すと，それぞれ，勝ち，引き分け，負けという結果になる。では，自分がチョキを出すと言った場合を想像してみよう。相手はこれを信じてグーを選ぶべきか，または，これは嘘だからグーを選ぶのを避けるべきだろうか。他者が出すシグナルに基づいてその意図を推測する問題は，他者と何度も相互作用するときにより複雑になる。なぜなら，自身の利益のため，他者の行動に影響を与えようとする戦略の数が増えるからである。例えば何度も２人がじゃんけんを繰り返すなら，相手が過去にどのように振る舞ったかに基づいて，相手の選択を予測しようとするだろう。相手の選択の履歴や他の利用可能なシグナルに予測可能なパターンが見つかれば，このパターンを利用して自身の手を決めるだろう。しかし，誰もが相手の次の手を予測しようとするだろうから，結局，予測は難しい。例えば，あなたがグー，相手がパーを選んで，あなたが負けたとする。もし相手が，前の７章で見たモデルフリー強化学習に基づいて自身の戦略を調整するのなら，相手は次もパーを選ぶだろう。そのようなとき，あなたは勝つためにチョキを選ぶべきである。しかし，もし相手がすでにあなたの推理を予測しているなら，あなたの戦略の裏をかくために相手はグーを選ぶだろう。あなたはこれもまた予測し，パーを選ぶかもしれない。この再帰的な推測に終わりはない。

これこそが，映画「プリンセス・ブライド・ストーリー」(原題：*The Princess Bride*)でビジニという登場人物が機知を競いあった時に直面したことである。２つのゴブレット(訳注：タンブラーに脚のついたグラス)のどちらに毒が入っているかを当てるために，彼の推理は次のように進む。「しかし，とても単純である。私がすべきことは，あなたについて私が知っていることから推測することである。あなたは，自分のゴブレット，もしくは，敵のゴブレットに毒を入れるような男だろうか？　賢い者は自身のゴブレットに毒を入れるだろう。なぜなら，大馬鹿者だけが相手のゴブレットに手を伸ばすだろうと知っているだろうから。私は大馬鹿者ではないから，あなたの前にあるワインを絶対に選ばない。しかし，あなたは，私が大馬鹿者ではないと知っていたに違いない。あなたはそれに賭けていただろう。だから，私は自分の前にあるワインは絶対に選ばない。」

ビジニにとって何が正しい答えだったのだろうか？　じゃんけんを何度も繰り返すとき，何を選ぶのかに正しい方法はあるのだろうか。じゃんけんのような比較的単純で社会的な状況でさえ，我々は最適な戦略が何であるかを決めるための規則的で論理的なアプローチを必要とする。本章で見るように，社会的な意思決定を分析するために，ゲーム理論は経済学と数学の分野で生まれた。ゲーム理論は，経済学において競争的な相互作用を研究するために有用なだけでなく，複雑で社会的な問題を解決しようとするとき，人々が協力したり，利他的になったりするために，どのように利己的な欲求を制御できるかについてきわめて価値のある洞察を与える。それゆえ，ゲーム理論は，利己的な遺伝子が利他的な行動を選ぶことのできる脳を生み出すようになった過程を理解するのに役に立つ。

8.1　ゲーム理論

ゲーム理論は社会的な意思決定についての数理的な研究であり，ジョン・フォン・ノイマンとオスカー・モルゲンシュテルンによる『ゲーム理論と経済行動』と題した1944年の本で始まった。ゲーム理論では，意思決定の問題はゲームの木または利得表でしばしば表現される(図８－１　193頁)。各意思決定者はプレーヤーと呼ばれ，各プレーヤーの選択は戦略と呼ばれる。一般的に，ある戦略は取りうる行動に結び付けられた確率の集合である。例えば，じゃんけんで常にグーを選ぶ戦略は，グー，チョキ，パーに対してそれぞれ１，０，０の３つの確率の集合になる。ある選択肢に確率１，それ以外の選択肢に０を割り当てる戦略は，ゲーム理論では純戦略と呼ばれる。対照的に，ゼロでない確率を複数の選択肢に割り当てる戦略を混合戦略と呼ぶ。フォン・ノイマンとモルゲンシュテルンによって定式化されたゲーム理論は，古典的ゲーム理論と呼ばれ，すべてのプレーヤーはゲームの木または利得表について完全な知識を持ち，個人の効用を最大化するように選択を行うと仮定する。それゆえゲーム理論の目標は，そのような合理的で利己的なプレーヤーがどのように行動すべきかを理解することである。

じゃんけんにゲーム理論的分析を適用できる。じゃんけんは，競争的で社会的な相互作用を調べるのに良いモデルであるゼロサムゲームの例である。ゼロサムゲームでは，すべてのプレーヤーの利得の合計はどんな戦略に対しても常にゼロである。これは自身の利得を最大化するためには，他人の利得の合計を最小化する必要があることを意味する。これはまたすべての利得の合計がゼロ以外の定数である場合も成り立つので，ゼロサムゲームは定和ゲームとも呼ばれる。これまでに見たように，じゃんけんの最適戦略を反復推論で見つけようとするのは無駄である。無限に逆行することが避けられな

図8－1　じゃんけんは，ゲームの木(上)もしくは利得表(下)を用いて表現できる。R，P，Sは，それぞれ，グー（Rock），パー(Paper)，チョキ(Scissors)を表し，利得表内の数字のペアは，プレーヤーAとBの利得に対応する

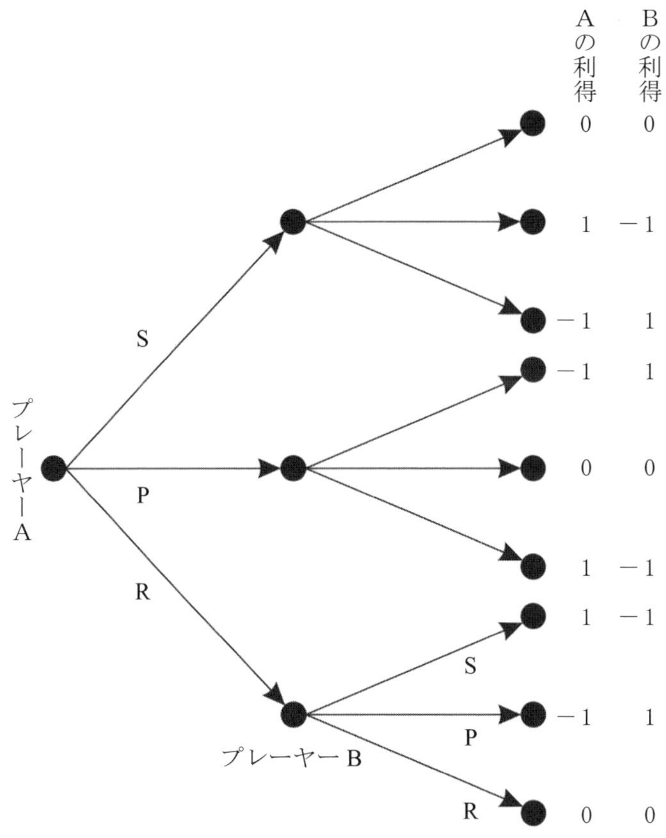

		プレーヤーB		
		R	P	S
プレーヤーA	R	(0, 0)	(－1, 1)	(1, －1)
	P	(1, －1)	(0, 0)	(－1, 1)
	S	(－1, 1)	(1, －1)	(0, 0)

いからである。ゲーム理論はこの問題に異なる角度からアタックする。初めに，あるプレーヤーにとっての最適反応と，すべてのプレーヤーにとっての最適戦略(訳注：原文はoptimal strategy)を区別する。最適反応は，そのゲームの他のすべてのプレーヤーが選ぶ戦略に対して，あるプレーヤーにとって効用を最大化する戦略である。例えば，常にグーを選ぶ相手に対する最適反応は，パーを選ぶ純粋戦略である。対照的に，すべてのプレーヤーにとっての最適戦略は，すべてのプレーヤーにとっての最適反応が相互に一貫していることを必要とする。例えば，もし相手がチョキを常に選ぶ時にあなたが常にグーを選ぶなら，あなたの戦略は最適反応であるが，あなたの相手の戦略はそうではない。だから，これはゲームに参加する全プレーヤーという集団にとっての最適戦略ではない。じゃんけんでは，たった一つの最適戦略があり，それはグー，チョキ，パーを同じ頻度で，三分の一の同じ確率で選ぶ混合戦略である。

じゃんけんの最適戦略はいくつか興味深い性質を持つ。第一に，もしあなたが最適戦略を使うなら，相手が採用する戦略にかかわらず，勝ち，負け，あいこの確率はすべて三分の一となる。すなわち，グー，チョキ，パーを同じ確率で選ぶ限り，相手が最適戦略を使うか否かに関係なく，結果の確率は変わらない。第二に，もしあなたの戦略をあなたが相手に伝えたとしても，結果は変わらない。もしあなたが，例えばグーを三分の一でなく，それよりも高い確率で選ぶなら，この情報は隠しておくべきだ。相手がそれを利用するかもしれないからである。しかし，もしあなたがグー，チョキ，パーを同じ確率で選ぶ(訳注：最適戦略をとる)なら，そのような情報は相手にとって役に立たない。

一つのゲームに含められるプレーヤーの数や行動の数に限界はない。それゆえ異なるゲームの数は無限にある。加えて，一回のみ行われる(ワンショット)ゲームであっても，同じワンショットゲームを複数回行われるような新しいゲームにすることができる。このように考えると興味深い疑問が湧いてくる。すべてのゲームは最適戦略を持つのだろうか？　じゃんけんのような単純なゲームが最適戦略を持つことは，それがすべてのゲームで成り立つことを意味しない。この深遠な疑問に対する答えは，映画「ビューティフル・マインド」の主人公であるジョン・ナッシュと呼ばれる数学者が見つけた。1950年に発表された論文で，ナッシュは全てのゲームが最適戦略を持つことを数学的に証明した。言い換えると，ゲームがどんなに複雑であっても，少なくとも１つは最適戦略がある。この偉業を称えるために，各プレーヤーが他のすべてのプレーヤーの戦略に対して最適反応を選ぶ戦略の組のことをナッシュ均衡と呼ぶ。

8.2　ゲーム理論の死？

戦争や公害など人間の社会を悩ませる多くの問題は，その構成員が社会的な意思決定を効率的に処理できないことによる。ゲーム理論は社会的な意思決定を数理的に解析する。それゆえ，ナッシュが全てのゲームは均衡と最適戦略を持つと証明したとき，最初は，これは我々の社会的な問題に対する解決法を見つけるための強固な基盤として多くの社会科学者たちに受け入れられた。しかしこの楽観主義を誰もが受け入れたわけではなかった。ゲーム理論の予測は実際の人々の行動とあまり一致しなかったので，行動科学者はゲーム理論に対して不信感を抱くようになった。ゲーム理論的均衡と人間行動の間の明らかな食い違いは，囚人のジレンマと呼ばれるゲームによく表れている。

囚人のジレンマは二人の容疑者が別々の部屋で検察官によって取り調べを受けることから始まる。検察官は二人の容疑者がある重大な犯罪の共犯だと信じているが，現在持っている証拠は重罪で両名を起訴するほど十分に強くない。だから各容疑者に次の司法取引を持ちかける。第一に，二人の容疑者が協力して悪事を否定し続けるなら，現在見つかっている証拠に基づいて，各容疑者は禁錮１年の宣告を受ける。第二に，二人が罪を自白すれば，最長刑を免れ，禁錮３年を言い渡される。しかし，もし一人がその協力を拒み，もう一人が自白すれば，自白した者はすぐに釈放され，協力を拒んだ者は最長の５年間の禁錮を言い渡される。

各選択の結果を利得表として数値で示すと，囚人のジレンマの最適戦略を見つけるのは比較的容易である。各プレーヤーは刑務所にいる期間を短くしたいから，刑務所にいる期間Ｘは利得表の各要素にマイナスＸとして入力される。これは図８－２の最初の利得表に示されている。各要素の２つの数字は囚人ＡとＢの刑務所にいる期間をそれぞれ示す。各囚人が選べる２つの選択肢は，沈黙(S, Silence)と裏切り(B, Betrayal)としてそれぞれ示す。合理的

図８－２　全利得に定数を足す前(上)と後(下)の囚人のジレンマ利得表

		囚人B S	囚人B B
囚人A	S	(－1, －1)	(－5, 0)
	B	(0, －5)	(－3, －3)

		プレーヤーB C	プレーヤーB D
プレーヤーA	C	(4, 4)	(0, 5)
	D	(5, 0)	(2, 2)

なプレーヤーは自身の利得を最大化するから，利得表の各要素に同じ数を足しても，このゲームの最適戦略は変わらない。例えば，効用を最大化する選択は，２つの商品ＡとＢの効用がそれぞれ０と１のときと，10と11のときで同じだろう。それゆえ単純化のため，元の利得表に５を足すことができ，図８－２の二番目の利得表となる。２つの選択肢は沈黙と裏切りと等価だから，協力(C, Cooperation)と裏切り(D, Defection)と表示してある。これらの２つの利得表は本質的に同じゲームを記述し，それゆえ同じナッシュ均衡を持つ。

もしあなたがこのゲームの容疑者の一人だとしたら，どのような意思決定を行うだろうか？　あなたの選択はゲーム理論で与えられるナッシュ均衡戦略と一致すると思うだろうか？　このゲームのナッシュ均衡を見つけるために，あるプレーヤーが協力，または裏切りを選んだときに，他方のプレーヤーが何をすべきかを考える。例えば，囚人Ｂは協力して沈黙し続けるとしよう。この場合，囚人Ａは裏切ることによってすぐに釈放されるが，協力することで禁錮３年を言い渡される。それゆえ，もし囚人Ａが刑期を最小化したいなら裏切るべきだ。すなわち，もし他のプレーヤーが協力を選ぶなら，裏切りが最適反応である。同様に，もし囚人Ｂが裏切って自白すれば，囚人Ａは，裏切りで３年，協力を選ぶことで５年間，刑務所にいることになる。再び，もし他のプレーヤーが裏切るなら，裏切りが最適反応となる。それゆえ，囚人Ｂが何を選んでも，囚人Ａは常に裏切るべきである。このゲームは二人のプレーヤー間で対称だから，お互いに裏切ることが囚人のジレンマのナッシュ均衡である。二人の囚人が均衡戦略を選んで裏切るとき，禁錮３年を言い渡される。この結果は皮肉なことに，片方のプレーヤーにとってだけでなく，両方にとって，二人とも協力して沈黙し続ける場合よりも悪い。

経済学では，誰かの状態を悪くすることなしにもはや他の誰の状態も改善できないとき，この結果のことをパレート最適と呼ぶ。それゆえ，囚人のジレンマのナッシュ均衡はパレート最適ではない。相互の裏切りの結果は，どちらのプレーヤーにとっても協力の結果よりも悪いから，これはジレンマである。囚人のジレンマのナッシュ均衡は相互の裏切りであるという事実は，なぜ人間社会で協力がしばしば失敗するのかの理由を説明するだろう。この理由のために，囚人のジレンマは社会科学で協力を研究するための重要なパラダイムとして頻繁に用いられる。

ゲーム理論によれば，囚人のジレンマで最適戦略をとれば相互に裏切り合うことになる。しかし，これは人々が囚人のジレンマのような状況に実世界で遭遇したとき，必ずしもゲーム理論が予測するように振る舞うということを意味しない。数百の論文がこの問いに対する答えを見つけようと発表されてきた。しかし，その結果は様々である。事実，常に人々は協力した，または常に裏切ったということを見つけた研究は存在しない。言い換えると，囚人のジレンマゲームでは，常に個人差があった。さらには，協力を選んだ参加者の割合の平均は，研究間でばらつきがあり，５％と低いものから，97％と高いものまであった。平均して，協力を選んだ人々の割合は50％であり，約半分の発表された研究では，協力を選んだ人の割合は30％と40％の間である。それゆえ，囚人のジレンマのゲームの実験的な研究結果には大きなばらつきがあり，ゲーム理論の予測はデータで明らかに支持されたわけではなかった。フォン・ノイマンとモルゲンシュテルンのゲーム理論についての初期の楽観主義は長く続かなかった。

8.3　繰り返しのある囚人のジレンマ

ゲーム理論は社会的な意思決定の数理的な研究であり，その命題の真実さはその仮定と論理のみに依存する。もし囚人のジレンマのすべてのプレーヤーが利得表を十分理解し，個人の利得を最大化しようとするなら，裏切るべきである。これは証明可能だから数学的な定理である。ゲーム理論のそのような定理が予測するように正確に人々が常に振る舞うのではないという事実は，ゲーム理論に欠陥があることを必ずしも意味するわけではない。そうではなく，現実世界の実験ではゲーム理論の仮定が破られていることを示している。もし囚人のジレンマの実験のすべての参加者が，ゲームの利得表について十分に知らされているなら，そのような不一致は，人々が自身の利益を最大化するために合理的に利己的に行動していなかったことを示している。

これは興味深い重要な問いを提示する。もし遺伝子の複製を促すために脳が進化したなら，なぜ脳内過程から，遺伝子の観点からは全く利己的でない，または利他的でさえある行動が導き出されるのだろうか？　もし脳の選ぶ行動が遺伝子複製の効率を最大化しないなら，これは脳の進化は異なる種との競争を時には免れていることを意味するのだろうか？　それとも，協力的な脳と行動は，究極的には繁殖に重要な遺伝子の利益となるから，それらは進化したのだろうか？　ある社会でその構成員が，例えば友達や家族を裏切ることによって，個人の利益を最大化することを利己的に求めるときと比べ，協力はしばしばより良い結果を生む。これは囚人のジレンマのゲームで起きることと似ている。それゆえ，不必要な衝突を回避して社会での我々の生活の質を良くするため，他の脳と協力することを脳に促すために遺伝子が使っただろう戦略を理解することは重要である。

理想的な囚人のジレンマのゲームでは，各プレーヤーは利己的で，他のプレーヤーの利益を気にかけることはない。現実においては，もし囚人のジレンマのゲームのプレーヤーたちが会ったこともなく，互いについての情報を交換したことがないなら，そして，再び会うことはないと信じていて，それゆえプレーヤーの選択の結果に将来の付加的な責任がないのであれば，この仮定は成り立つ。そのようなワンショットの囚人のジレンマのゲームでは，各プレーヤーは１回だけ意思決定を行う。典型的な研究室でのワンショットの囚人のジレンマのゲームの実験では，参加者は一度だけこのゲームをプレーすると明示的に言われる。それにもかかわらず，実験で人々が時々協力するという事実は，他のプレーヤーと再び出会うかもしれないと信じているかのように参加者が行動したことを示唆する。

人間の進化の間，我々の先祖は，見知らぬ人としか交流しなかったというよりは，同じ人々との交流を繰り返してきたのだろう。同じ集団の人間が同じ利得表で何度もプレーするとき，これは繰り返しゲームと呼ばれる。繰り返しゲームはワンショットゲームよりも複雑な均衡戦略を持ちうる。それゆえ，人々が繰り返しのある囚人のジレンマのような何らかの繰り返しゲームに豊富な経験を持つなら，そのような繰り返しゲームの最適戦略を人間の脳が内在化した可能性がある。ワンショットゲームをプレーすると明示的に言われたときでさえ，繰り返しゲームの最適戦略を選ぶように人々にバイアスをかけるのだろう。

ナッシュは全てのゲームは少なくとも1つの均衡を持つことを既に証明している。それゆえ，すべての繰り返しゲームが均衡を持つことを我々は知っている。では，繰り返しのある囚人のジレンマゲームの均衡戦略とは何だろうか？　残念ながら，この一見単純な問いに対する答えはまだわかっていない。この問いに対する一般的な答えはまだないが，繰り返しのある囚人のジレンマのゲームでは，協力は裏切りよりも個々のプレーヤーにとって良い結果を時にはもたらすことが知られている。1980年，ロバート・アクセルロッドという政治科学者は，コンピュータプログラム同士が繰り返しのある囚人のジレンマのゲームをプレーするトーナメントを主催した。このトーナメントの勝者は，アナトール・ラパポートという心理学者が応募したいわゆる「しっぺ返し」戦略だった。このしっぺ返し戦略は，新しいプレーヤーとやり取りし始めると，最初の試行では協力を選び，後続する各試行では相手の選択を繰り返した。それゆえ，しっぺ返しプレーヤーの選択は履歴依存的であり，これはいくつかの利点を持つ。例えば，常に裏切るプレーヤーと出会うとき，しっぺ返し戦略を持つプレーヤーは搾取から身を守ることができる。最初の試行を除いて，裏切りに反応できるからである。しかし，定常的に裏切る者とは違って，しっぺ返し戦略は常に協力的なプレーヤーとは協力関係を保つことができる。同様に，しっぺ返し戦略を持つ二人のプレーヤーは常に協力する。しっぺ返し戦略の選択は相手の戦略に従って変更できることは，多くの異なる戦略に直面するとき，この戦略が最大の平均利得を得ることを可能にする。この単純なアルゴリズムの成功の鍵は，協力的なプレーヤーと選択的に協力できることである。対照的に，協力することを常に選ぶアルゴリズムはそれほどうまく行かない。なぜなら，裏切り者に裏切られて搾取されてしまうからである。

8.4 パブロフ戦略

しっぺ返し戦略は，繰り返しのある囚人のジレンマのゲームで協力を可能にする唯一の戦略ではない。しっぺ返し戦略の後に発見されたいわゆるパブロフ戦略は，しっぺ返し戦略と同様，協力を選ぶことが相手の過去の選択に依存するから，協力を選ぶことができる。しかし，しっぺ返し戦略とパブロフ戦略には重要な違いがある。しっぺ返し戦略は常に相手の選択を真似する。対照的に，パブロフ戦略は，もし直前の試行で相手が協力を選んだなら，直前の試行と同じ選択を保ち，直前の試行で相手が裏切りを選んだなら，直前の試行の自身の選択を切り替える。

囚人のジレンマの興味深い特徴は，相手が裏切るときよりも協力するときに，あなたにとって選択結果は常に良く，これが，あなたが協力を選ぶか，裏切りを選ぶかにかかわらず成り立つことである。相手が裏切ったときのみに選択を変えることは，パブロフ戦略が，良い結果の後には同じ選択を繰り返し，悪い結果の後では選択を変えることを意味する。これはしっぺ返し戦略とは極めて異なる。例えば，しっぺ返し戦略を使うプレーヤーは，もし相手が直前の試行で協力を選んだなら，協力を選ぶだろう。対照的に，相手が直前の試行で協力したとき，パブロフ戦略の場合は直前の自身の選択が何であれ，それを繰り返す。もし直前の試行で裏切ったなら，再び裏切る。もし直前の試行で協力したなら，協力する。これはいわゆる「勝ったらそのまま・負けたらスイッチ(win-stay-lose-switch)」する戦略に基づく。前に良い結果を生み出したとき，同じ選択を単純に繰り返す。相手が裏切ったときにも，しっぺ返し戦略とパブロフ戦略の選択は異なる。相手が裏切った後，しっぺ返し戦略のプレーヤーは次の試行で裏切るが，パブロフ戦略ではその選択を変える。――もし直前の選択が裏切りだったら協力し，直前の選択が協力だったら裏切る。言い換えると，直前の選択の結果が悪かったら，パブロフ戦略は選択を変えるのである。

パブロフ戦略は，直前の選択の結果によって選択を修正するから，これは古典的条件づけのパブロフの原理よりも，ソーンダイクの効果の法則とオペラント条件づけの原理に似ている。それゆえ，ソーンダイクが発見した原理を実装する戦略がパブロフ戦略と呼ばれているのは皮肉である。ソーンダイク戦略または強化戦略と名付けたほうがより適切だったかもしれない。

パブロフ戦略がしっぺ返し戦略よりもうまくいくことは，無条件に協力する騙されやすい相手に直面するとき，とりわけ容易に理解できる。この場合，しっぺ返し戦略のプレーヤーは喜んで協力するだろうが，パブロフ戦略のプレーヤーはそのような素朴な協力者から搾取できるだろう。しかし，パブロフ戦略は常にしっぺ返し戦略よりうまくいくわけではない。例えば，常に裏切るプレーヤーに遭遇したとき，しっぺ返し戦略は常に裏切りを選ぶから，自身が搾取されるのを防ぐことができる。対照的に，パブロフ戦略は協力と裏切りを常に繰り返し，それゆえ，しっぺ返し戦略よりも低い平均利得を得ることになる。

そのような弱点にもかかわらず，パブロフ戦略は，しっぺ返し戦略よりも様々な種類のプレーヤーと協力関係を作ることに長けている。パブロフ戦略を使う複数のプレーヤーの振る舞いを調べることが，おそらく最良の例となる。二人のプレーヤーがパブロフ戦略を使うとき，それまでお互いにどう振る舞ったかによらず，３試行以内に継続して協力し始める。例えば，最初の試行でプレーヤーＡが裏切り，プレーヤーＢが協力したとしよう。すると，第２試行では，プレーヤーＡは直前の試行と同じ選択をし，プレーヤーＢは選択を変えるので，両プレーヤーが裏切ることになる。お互いの裏切りの後，両プレーヤーは自身の選択を変える。それゆえ，第３試行では両プレーヤーは協力を選ぶ。すると，これは永遠に続く。対照的に，しっぺ返し戦略は，同じしっぺ返し戦略を使う相手の裏切りを許すことはなく，それから回復できない。一度，両しっぺ返し戦略の間で裏切りがあると，これは永遠に続く。一時的な裏切りの後に協力を始められることは重要である。なぜなら，実世界のやり取りには常にノイズがあるからである。それゆえ，同じ集団の誰もが協力を意図していても，行動は時には誤って裏切ってしまうこともある。パブロフ戦略はそのようなエラーからしっぺ返し戦略よりもうまく回復できる。

しっぺ返し戦略とパブロフ戦略は学習アルゴリズムなので，それらは記憶を必要とする。しっぺ返し戦略は相手の直前の選択を記憶する必要があり，パブロフ戦略は自身の直前の選択と相手の直前の選択を記憶する必要がある。しかし，しっぺ返し戦略は相手を許すことはない。それゆえ，記憶のどのような間違いによる結果も壊滅的になる。例えば二人のプレーヤーがしっぺ返し戦略を用いて，繰り返しのある囚人のジレンマの間，常に協力していたとしよう。この定常的な協力は，直前に相手が協力を選んでいたことを完全に覚えている両プレーヤーに依存する。もしどちらかのプレーヤーが誤って相手が裏切ったと信じ込んだら，次の試行では裏切りを選ぶが，相手は何も知らずに協力を選ぶだろう。この時点から，もう一回エラーが起きるまで，両プレーヤーは協力と裏切りを繰り返し始める。対照的に，パブロフ戦略を使うプレーヤー同士はそのようなエラーから復帰できる。これまでに見たように，それらはより寛容で，たまさかの裏切りや記憶の間違いの後でさえ，数試行後には協力を回復させる。

しっぺ返し戦略とパブロフ戦略は，繰り返しのある囚人のジレンマのゲームで協力を可能にする傾向があることから２つの重要な教訓を引き出すことができる。第一に，囚人のジレンマのようないくつかのゲームの最適戦略は，一度だけプレーされるときは裏切りだが，同じゲームを繰り返しプレーするときは協力が最適戦略となるだろう。第二に，経験に基づいてどのように振る舞うかを変える能力を持つことが重要である。言い換えると，繰り返しゲームには，学習が非常に重要となる。ときには他のプレーヤーの行動を記憶することで十分だが，パブロフ戦略のように自身の行動を記憶することも必要である。このことから，強化学習は，意思決定に加えて，社会的行動のダイナミクスを理解するために，広く応用できることが示唆される。

前の７ 章で見たように，強化学習にはモデルフリー強化学習とモデルベース強化学習の二つの種類がある。これらの異なる種類の学習アルゴリズムは，繰り返しのある社会的な相互作用の間の意思決定に適用できる。例えば，プレーヤー自身の直前の選択の結果が，次の試行で同じ選択を繰り返すかどうかを決めるから，パブロフ戦略はモデルフリー強化学習に対応する。対照的に，プレーヤーが相手の直前の行動の情報のみを保持し，この知識にのみ基づいて次の選択を行うという点で，しっぺ返し戦略はモデルベース強化学習の一種である。もし他のプレーヤーについて，その行動を予測するのに十分に正確な知識を持つなら，モデルベース強化学習は，モデルフリー強化学習よりも常に良い成果をあげる。しかし，そこまで知識がないと，モデルベース強化学習はモデルフリー強化学習よりも悪くなりうる。繰り返しのある囚人のジレンマの場合，パブロフ戦略のようないくつかのモデルフリー強化学習アルゴリズムは，しっぺ返し戦略のような他のプレーヤーの行動について限られた知識しか持たないモデルベース強化学習よりも効率的だろう。

多くの種類の繰り返しのある社会的な相互作用に対してモデルフリー強化学習が生じるのは，他のプレーヤーの行動を予測するのが難しいことが理由である。社会的な関係がより複雑になるにつれ，モデルベース強化学習は，他の人々の目的と意思決定過程についてのより高度な知識を必要とする。そのような知識は常に利用できるとは限らないから，モデルベース強化学習の利点を活かすことができない。対照的に，モデルフリー強化学習は過去の経験についての限られた量の情報しか必要としない。これは再び，繰り返しのあるじゃんけんを用いて説明できる。一回限りのじゃんけんの最適戦略は，何度も繰り返すときの最適戦略でもある。すなわち，もし両プレーヤーが３つの選択肢を三分の一の確率で選び，連続する試行を独立に行うなら，これはナッシュ均衡に対応する。これは乱数発生機にとっては簡単な仕事だろうが，人間は行動を完全にランダムな順番で行うのはとても下手である。代わりに，多くの研究室での実験と実世界の行動観察は，人々が繰り返しのあるじゃんけんをプレーするとき，モデルフリー強化学習を使う傾向があることを示す。すなわち，過去にうまく行ったのと同じ選択を繰り返す傾向がある。この傾向は，脳がまだ十分に発達していない子供ではより強い。これは，子供や大人とじゃんけんをプレーして，勝ったあと同じ選択をどれだけ選ぶ傾向があるか観察することで自分で試すことができる。

8.5　協力的な社会

囚人のジレンマは，二人のプレーヤーのみがいるとき，協力がどのように出現して維持されうるかを研究するのに素晴らしいパラダイムである。しかし，現実の人間社会での協力は多くの人々の間の協調をしばしば必要とする。囚人のジレンマから学んだことは，より多くのプレーヤーがいる大きなゲームに一般化できるだろうか？　実際，二人よりも多いプレーヤーがいるときでも，ゲーム理論は重要な示唆を与える。

経済学では，公共財が存在するとき，協力が重要なテーマとなる。効用を持つ財は私的財と公共財に分けられる。私的財は他者の効用を増加，減少することなく，個人によって完全に消費される。例えば，もし私が家で食事をすれば，これは他の人々の福祉には何ら影響を与えないだろう。対照的に，公共財の消費は他者の効用を変える。ある個人が他者の効用を消費することの効果を外部性と呼び，公共財の概念は外部性と密接に関連する。公共財は，正または負の外部性を持つ。正の外部性を持つある公共財を誰かが消費すると，それを購入しなかった他者の効用を増加させる。正の外部性を持つ公共財の例は，道路や橋のような社会的なインフラである。対照的に，公共財の消費が大気汚染のような環境に有害な影響を起こすとき，負の外部性が生じる。正の外部性を持つ公共財は対価を払うことなく享受でき，人々がそのような財を自ら生産し購入しない傾向があるため，過少に生産される。これはフリーライダー（訳注：ただ乗りする人）の問題と言われる。例えば，町の誰もが公共の図書館を大体同じくらい必要とし，新しい図書館を建設するために寄付を求められると想像してみよう。その場合，寄付しない場合でも図書館を利用できると予想していれば，人々は寄付することに乗り気にならないだろう。このようなフリーライダーの問題を解決する一つの可能な解決法は，政府に公的金融のための税を強制的に徴収させることである。

正の外部性を持つ公共財に対し，負の外部性を持つ公共財は過剰に生み出される傾向がある。例えば，もしある会社が，生産の際に発生する有害な化学物質を除去することを免除されるなら，その製品の価格を下げることができるだろう。これは，除去のコストを会社が負担する必要があるときに比べ，その製品の消費を増加させる。正の外部性を持つ公共財のように，これもまた政府の介入を必要とするだろう。

公共財を過大にまたは過少に生産するのを避けるために，外部性があるときはいつでも政府が関与する必要があるのだろうか？　政府なしに公共財の問題を我々が解決できれば，不必要に大きい政府のコストを削減または削除できるから，それが好ましい。この問題は公共財ゲームを用いて調べることができる。囚人のジレンマゲームでは常に二人のプレーヤーがいたが，公共財ゲームではプレーヤーは何人でも良い。公共財ゲームでは，各プレーヤーはまずある量のお金を与えられる。次に，その与えられたお金を公共基金にどれだけ寄付するかを各プレーヤーは独立に決定できる。公共基金に集められたお金の合計に１よりも大きい係数がかけられ，この増加した公共基金の合計金額は，寄付の金額によらずに，このゲームのすべてのプレーヤーで均等に分けられる。例えば，最初に10ドルずつ与えて始まる参加者が10人の公共財ゲームを考えよう。公共基金のお金は2倍になると仮定する。もし誰も寄付しなければ，ゲームはすぐに終わり，誰もが10ドルを持ったままとなる。対照的に，誰もが全額を寄付するなら，各人は元の金額の2倍を得て終わることになる。合計金額は100ドルから200ドルになり，これは10人のプレーヤーで均等に分けられる。それゆえ，もし誰もがすべてのお金を寄付するなら，寄付が全くないより，明らかに誰にとってもよいことである。これは完全な協力は相互の裏切りよりも良いという点で，囚人のジレンマゲームに似ている。残念ながら，同じジレンマが二つのゲームに存在する。結果として，公共財ゲームのナッシュ均衡は，全額寄付することではなく，全く寄付しないことである。

この悲劇的な結末の理由を理解するために，ナッシュ均衡における各プレーヤーの選択は，他のすべてのプレーヤーが行う選択を考慮した場合の最適反応である必要があることを思い出してほしい。あなたがこのゲームのプレーヤーの一人であると考えてみよう。もしすべてのプレーヤーが全額寄付するなら，あなた自身の利益を最大化するために何を選ぶべきだろうか？
もしあなたが最初に与えられた金額のすべてを寄付するなら，あなたの最終的な利得は20ドルとなる。しかし，もしあなたがすべての金額を持ち続け，寄付をしないなら，公共基金の金額の10分の1，つまり18ドルを受け取る。それゆえ，あなたの最終的な利得は28ドルとなる。あなたの最適反応は金を持ち続けることであり，全額寄付はナッシュ均衡戦略ではない。囚人のジレンマと公共財ゲームの主な違いはプレーヤーの数であるが，どちらも重要な性質を持つ。両方のゲームで，ナッシュ均衡はパレート最適ではない。公共財ゲームのナッシュ均衡は誰にとっても寄付をしないことである。これは皆が全額を寄付することよりも悪いから，明らかにパレート最適ではない。

もう一つの重要な類似点は，囚人のジレンマと公共財ゲームでは，裏切りと寄付をしないことがナッシュ均衡であり，これらのゲームが一度限りプレーされるときにのみ，成り立つことである。繰り返しのある囚人のジレンマゲームで協力の余地があったのと同じように，同じ公共財ゲームを繰り返しプレーするなら，協力がより良い戦略となる可能性がある。繰り返しのある公共財ゲームでは，しっぺ返し戦略のような過去の経験から学習できる戦略は，プレーヤーが他のプレーヤーの将来の行動に影響を与えることができるから，一度限りのゲームのナッシュ均衡戦略よりもよく振る舞うことができる。

大きな社会であっても学習は協力を可能にする。人間を含む社会的な動物にとって，脳の進化の方向を形作ることができた力を理解するのに，これは重要な示唆を与える。何度も交流を繰り返す時でさえ，それらの動物にとって，もし裏切りが常により良い結果となるなら，協力を選ぶ脳は不利だろう。ただし，無条件の協力は最良の戦略ではないことも理解できる。協力を盲目的に選ぶ動物とその脳は，柔軟に協力の利益とコストに従って協力関係を形成できる動物とその脳に容易に搾取されて打ち負かされる。それゆえ，選択的に協力する能力を持つ適応的な脳を作ることのできる遺伝子は，より効率的に複製されるだろう。これは次の問いに至る。人間は自身の経験に従って，柔軟に協力する能力を実際に獲得したのだろうか？　もしそうなら，どのような学習アルゴリズムに頼るのだろうか？　人間社会において，協力の問題への進化論的な解決法は，復讐によるものかもしれない。

8.6　利他性の闇

復讐は人間の社会的な行動で最も議論のあるものの一つだろう。人間の歴史を通して多くの宗教や法的な文章は，「目には目を」のような報復を正当化するように見えるフレーズを含んでいる。そのようなフレーズの真の意図が報復的な行動を奨励または制限することかによらず，そのような文章は復讐を正当化する。同時に，マーティン・ルーサー・キング・ジュニアやマハトマ・ガンジーのような多くの宗教と政治のリーダーは，人々が暴力に暴力で対抗するのをやめるべきだと強調した。1964年のノーベル賞受賞時の受賞スピーチで，マーティン・ルーサー・キング・ジュニアは次のように言った。「遅かれ早かれすべての世界の人々は平和に一緒に暮らしていくための方法を見つける必要があり，それによってこの決着のつかない無限の哀歌を兄弟愛の創造的な賛美歌に変えることができる」。もしこれが達成されるなら，すべての人間の衝突に対して人類は復讐，攻撃，報復を拒否する方法を考え出す必要がある。そのような方法の基礎は愛である。そのような理想郷の社会は実現できるだろうか？　ヒトという種はこれら２つの対立する原理のどちらを究極的に選ぶのだろう？

人間は倫理的な判断ができるということは否定できない。我々は行動を正しい，もしくは間違っているとしばしば分類するが，そのような判断は主観的である。同時に，倫理的な推論と判断は人間の脳の機能であり，それゆえ，少なくとも脳の進化の産物の一部である。それゆえ，あなたやあなたの家族を傷つけた人に報復するかどうか決めるのは，倫理的な問題だけでなく，ゲーム理論と進化生物学の道具を使って研究できるトピックでもある。これまで見たように，しっぺ返し戦略やパブロフ戦略のような適応的な戦略は，無条件の協力や裏切りよりも良い結果を生み出す。これはそのような適応的な戦略は動物の進化の間に生まれたことを示唆する。もし人間社会の協力がそのような適応的な戦略に多くを頼っているのなら，協力を拒むことは短期的には利益になるが，究極的には裏切り者に負ける結果になる。これは最後には他の人々が裏切り者と協力するのをやめるからである。言い換えると，ほとんどの人がしっぺ返し戦略やパブロフ戦略に従って振る舞う社会は，協力しない構成員に罰を与えるだろう。そのような社会では，裏切りに対する罰の強度に比例して協力のレベルは増加する。我々の祖先が安定した共同体を形成し，もし人間の進化の殆どが同じグループの構成員と頻繁に交流した環境で起こったのなら，裏切り者を罰する戦略は，人間の脳のデフォルトの戦略として採用されたかもしれない。不正に対して我々がよく感じる強い負の感情と，そのような不公平な行いが他者に向けられたときでさえ復讐したいという欲望は，この進化的な過程の産物の一つかもしれない。

実際，研究者たちは，復讐が脳のデフォルトの反応かどうか調べたことがある。この実験の参加者は，繰り返しのある公共財ゲームでどれだけの金額を寄付するかを選んだ。加えて，各試行の終わりに，参加者はその試行でお金を寄付することを拒んだフリーライダーたちを罰する機会を与えられた。実験の結果は，仕返しのために自分のお金を払う必要があったときでも，多くの人々はフリーライダーたちを進んで罰したというものだった。個人的なコストを犠牲にしても，協力することを拒んだり他の社会規範から逸脱したりする他者を罰するそのような行動は，利他的な罰と呼ばれる。不公平に取り扱われ，人々が怒り仕返しを望むとき，利他的な罰を与えようとする。実際，復讐は痛快である。復讐劇がうまくいくことを期待したり，うまく行った復讐劇から喜びを経験したりするということは，利他的な罰を促すため，進化の間にインストールされた脳のメカニズムの産物かもしれない。この仮説を脳機能画像研究の結果はある程度支持する。いくつかの研究は，例えば腹側線条体において，報酬と効用に密接に関連する脳活動は，参加者が裏切り者を罰しようと決めるときに増加することを見つけた。

しっぺ返し戦略やパブロフ戦略のような比較的単純な適応戦略は，協力を促進するのにある程度は効果的である。しかし，裏切り者の戦略はきわめて高度なものになりうるので，大きな社会では裏切りを完全になくすことはないだろう。それゆえ，利他的な罰のような，より強力な手段が協力を最大化するのに必要悪になるだろう。そうだとしても利他的な罰は本当に最良の可能な解決法なのだろうか？　もし目的が協力をできる限り促すことなら，裏切り者を罰するのではなく，協力することに大きな報酬を与えるのはどうだろうか？　不幸にも，協力者に報酬で報いる前向きな方法は，利他的な罰ほど効果的ではない。もし社会があらゆる協力者に報酬を与えようとするなら，そのような報酬の総額をカバーするために必要な予算は協力の頻度に比例して増える。対照的に，利他的な罰で必要な予算は，協力のレベルが増えるほど減少する。誰もが協力するとき，費用はいらなくなる。それゆえ利他的な罰は，協力者に報酬を与えることよりもより効率的である。

利他的な罰を使って協力を促進するために，罰は協力を拒んだものに選択的に向けられる必要がある。言い換えると，社会の構成員は裏切り者を特定できる必要がある。利他的な罰に関する研究室の実験では，すべての参加者が裏切り者を知っていることが多い。これは実世界の場合とは異なるだろう。例えば，同様なゲームが繰り返しプレーされるかもしれないが，ゲームに参加している構成員は頻繁に変えられるだろう。ある集団の構成員がその集団に誰が参加できるかを選べるとき，裏切り者と協力的な人を区別なく受け入れるより，進んで協力する者のみを受け入れるほうが利益となるだろう。潜在的な裏切り者を集団に参加する前に特定する能力は，その集団のサイズがより大きくかつ複雑になるほど，より重要となる。なぜなら，協力の利益はそれに従って増えるだろうからである。これこそが，我々が評判を非常に気にする理由である。ゲーム理論と進化生物学の観点からすると，ある人の評判とは，その人が我々に協力する性向を持つかに対する期待のことである。しかし，良い評判の利益はごまかしへの誘惑も増加させる。もしある集団が協力的な人のみから成るなら，裏切り者も協力的な人もそのような集団に参加することで利益を得るが，集団にすでに存在していた構成員は本当に協力的な人のみを受け入れようとするだろう。それゆえ，自分が協力的な人であるようなふりをして偽のメッセージを出せる裏切り者は，簡単に見つけられてしまうバカ正直な裏切り者より成功するだろう。したがって，本当の協力者を見分ける必要性は，裏切り者が協力者を真似する必要性とともに共存しかつ競合し合い，それら２つの戦略の間の激しい競争はますます高度なものとなるだろう。これらの問題は，複雑な社会構造で進化した脳に固有のものである。

8.7　他者の行動の予測

我々は複雑な社会の中で常に難しい選択を迫られているが，もし他者の行動を正確に予測することができれば，この問題ははるかに容易になる。関係が競合的であっても協力であっても，他者がどんな選択をするのかを予測する能力は重要である。例えば，じゃんけんのような競合的ゼロサムゲームでは，相手の選択を正確に予測できれば，簡単に勝つことができる。同様に，もし進んで協力するような個人を容易に見分けられれば，組織内で協力を維持するのはだいぶ簡単になるだろう。他者がどのように振る舞うかを予測するためには，他者が何を知っていて，何を欲しているかを知ることが必要である。言い換えると，もしあなたが誰かの行動を予測したいなら，その人の知識と好みを理解する必要がある。他者の知識と好みに基づいて他者の行動を正確に予測する能力は，心の理論と呼ばれる。心の理論は，特に複雑な社会で生きるとき，他の人々と効率的に交流するために不可欠である。

心の理論の重要な最初のステップは，自身と他者の違いを認識する能力である。言い換えると，自身の持つ知識や意図と，他者の持つ知識や意図との間を区別する必要がある。自身と他者の違いを知ることなく，他者がどのように振る舞うかを予測することは不可能である。例えば，もし私が自分が知っていることと，あなたが知っていることを区別しなかったら，あなたが何をするかを私は予測できないだろう。これらの２種類の知識を区別する能力は，いわゆる誤信念課題を用いて調べることができる。この課題はサリー・アン課題としても知られ，子供の心の理論を評価するのに最もよく使われる実験室での課題の一つである。この課題では，参加者はサリーとアンと名付けられた２つの人形を見せられ（図８－３），次の話を告げられる。「初めに，サリーはかごにボールを入れ，部屋を出ました。次に，サリーが

図８－３　心の理論の評価に使われるサリー・アン課題として知られる誤信念課題

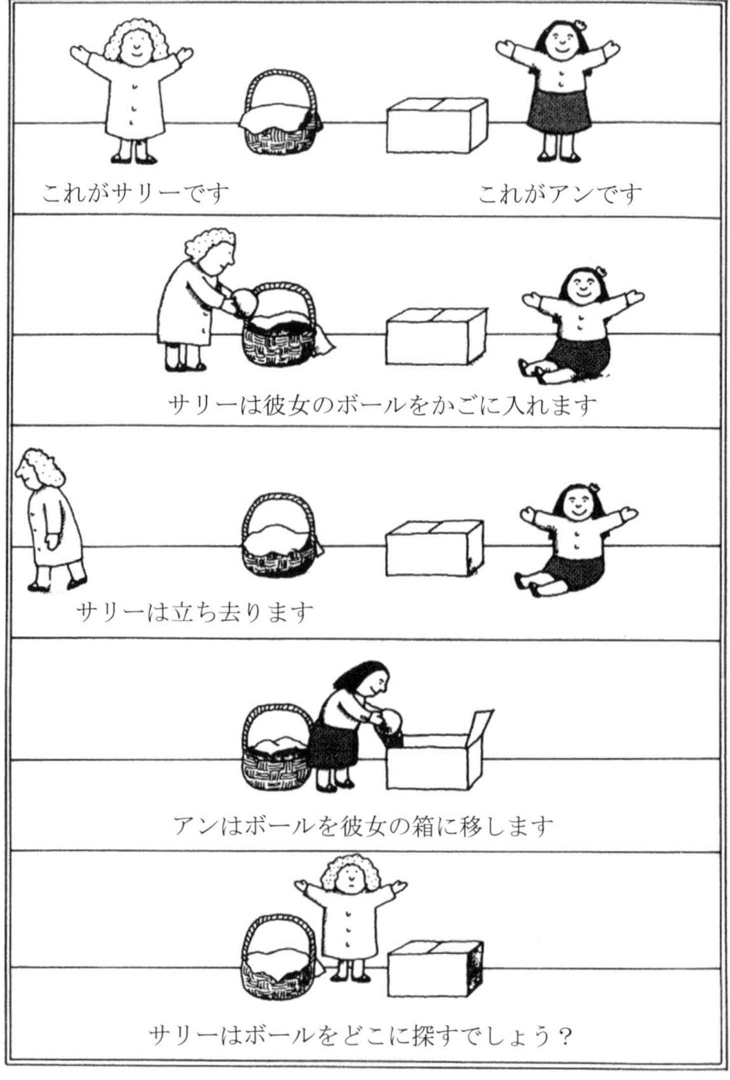

出典　(Figure 1 in Frith U (2001) Mindblindness and the brain in autism. *Neuron* 32: 969-979. Copyright (2001), with permission from Elsevier.)を元に改変。

いない間，アンはボールをそのかごから箱に移します。その後で，サリーが戻り，ボールを探そうとします。サリーはどこを見るでしょうか？」

サリーはアンがボールをかごから箱に移したことを知らないから，正しい答えはもちろんかごである。しかし，この正解を出すためには，参加者はボールの本当の場所(箱)についての知識と，サリーが知っていること(かご)を分けて考える必要がある。サリーの行動を正しく予測するために，かならずしも自身が知っていることではなく，サリーが知っていることを利用する必要がある。サリーの信念または知識は間違っているが，この問題に正しく答えるためには，その誤った信念も知識も参照する必要があるから，この課題は誤信念課題と呼ばれる。このテストを４歳よりも小さい子供に行うと，ほとんどの子どもたちは，サリーはボールが実際にある箱の中を見ると答える。これは，心の理論は４歳よりも小さい子供では十分に発達していないことを示唆する。その子どもたちは，自身の知識とは独立に，別の人の知識を表現し，評価する能力を持っていない。

人間は十分に成熟した心の理論を４歳頃に獲得する傾向がある。他の動物はどうだろう？　人間以外の動物は心の理論を持つだろうか？　動物は自分が知っていることと他の動物が知っていることの違いを理解できるだろうか？　動物は我々の言語を理解しないから，人以外の動物で心の理論を調べるのはだいぶ難しくなる。それにもかかわらず，我々が動物と話すことができないからという単純な理由で，動物は心の理論を持たないと結論づけるのは馬鹿げている。もし我々が同じ論理を適用するなら，我々の言語を理解できない外国人は思考を持たないとも結論づけられるだろう。動物の認知を研究することは困難であるが，近年，チンパンジーやオランウータンなどの類人猿が誤信念課題で正しく反応することがわかってきた。チンパンジーは人間の実験者の意図を理解でき，実験者が手を伸ばそうとしている物体を取れるように自発的に助けてくれさえする。実際，チンパンジーと人間の幼児は，何かの物体を取ろうとする他者をしばしば自発的に助けるという点で，よく似た利他的な行動をしばしば示す。それゆえ，心の理論は人間に固有のものではないのかもしれない。

十分な根拠もなく，ある種の認知能力を人間だけが持っていると信じることに対して，常に気をつけなければならない。動物の行動研究からの否定的な結果は，しばしば解釈するのが難しいからである。人間が持つある種の認知能力を持つこと，または持たないことをテストするために設計された行動課題を用いて，もし動物をテストして否定的な結果となった場合でも，これは必ずしもその動物がそれらの能力を持たないことを意味しない。代わりに，その課題が動物に適切に示されなかった，または単純に，動物がその課題に十分な注意を向けなかったという可能性がある。例えば，もしその課題の構造を理解するために必要な情報が，その動物が適切に見るには小さすぎる視覚刺激によって示されていたら，その動物はその低い認知能力のためではなく，劣った視力のために，そのテストに失敗したと考えられる。同様に，その動物は実験者に答えを伝えるための能力や，その意欲が十分でなかったのかもしれない。例えば，人間と同様に歌わないからといって，猫が音楽を理解しないと結論づけるのは非論理的だろう。

今のところ，誤信念課題で実証された人間と類人猿以外の動物が，心の理論を持つという証拠はない。それにも拘わらず，人間と他の動物が知っていることと知らないこと，または他の個体が欲しい物を少なくとも部分的には他の動物達が理解していることを，多くの研究が実証した。これらの研究結果の多くは犬を対象とした実験を通じて得られた。犬は３万年もの間，人間と共に生活し，進化してきたという点でユニークである。例えば，ある人が犬の前にある物体を指で指すとき，犬はその指ではなく指が示す物体を見る傾向がある。興味深いことに，犬はチンパンジーと狼を含む他の動物よりも指差しをよく理解する。これは人間とよくコミュニケーションを取ることのできた犬を選択的に繁殖させてきた結果だろう。

8.8　再帰的な心

人間の認知の顕著な特徴の一つは，心の理論を繰り返し再帰的に適用できる能力である。心の理論を再帰的に適用することで，あなたが考えていることだけでなく，私が考えていることをあなたが想像していることを想像，または理解することができる。大きな鏡が向かい合わせになっている所にあなたが立っているとき，あなたの像が多くあるように，私は，世界の他の人々や物についてのあなたの考えだけでなく，私の考えと感情についてのあなたの考えも考える。もちろんこれは，あなたが考えていることについての私の考えについて，あなたが考える，などのように，更に拡張できる。日常生活で，じゃんけんのような比較的単純で社会的な相互作用に参加するときでさえ，我々はこの終わりのない推測の流れを皆経験する。

そのような再帰的な心の理論の深さ，すなわちある選択をするために心の理論を何回適用したのかを測定するのは容易ではない。これを調べるために，研究室の実験で開発された手法は，美人投票ゲームである。このゲームでは，各参加者は０から100の間の数字を選ぶ。そして，全ての選んだ数字が平均され，三分の二がよく使われるが，ある係数を掛け，その番号に最も近い数字を選んだ人が勝者となる。初めてあなたがこのゲームに参加して，他の９人とともに参加していると想像してみてほしい。勝つためにどの数字を選ぶだろうか？

このゲームで，他の人が選んだ番号に基づいて，心の理論を各参加者がどのように再帰的に適用したかを正確に推測できる。このゲームで参加者が使うだろう戦略をまず考えよう。第一に，幾人かの参加者は０と100の間の数字をランダムに選ぶだろう。この戦略は０次戦略と呼ばれる。参加者の中には66よりもだいぶ大きい数字を選ぶ人もいるだろう。ただしこれは明らかに賢い戦略ではない。このゲームで誰もが最大の数字，すなわち100を選ぶ者はほとんどないだろう。たとえこれが起きるとしても，すべての選んだ数の平均に三分の二を掛けたものは66を超えることはない。第二に，いく人かの参加者は０次戦略を使って誰もがこのゲームをプレーすると仮定することで，標的となる数字を推測しようとするだろう。この場合，平均は約50になるので，50に三分の二をかけると33.3だから，そのような参加者は33に近い数を選ぶだろう。この戦略は１次戦略と呼ばれる。すなわち，１次戦略は33を選ぶことで，これはすべての他のプレーヤーが０次戦略を使うと仮定するときの最適反応に対応する。

もちろん，１次戦略よりももっと複雑な戦略も想像できる。このゲームですべての他の参加者が１次戦略を選ぶと仮定するなら，この場合予想の平均に三分の二をかけると22.2になるから，22を選ぶはずだ。これは２次戦略に対応する。これらの例は，美人投票ゲームの最適反応は他者がどんな戦略を使うかに依存することを明らかに示す。これはパラドックスを作る。もし，誰もがn次戦略を使うと信じるなら，あなたはn+1次戦略を使う必要がある。都合のいいことに，美人投票ゲームのn次戦略を使って答えを求めるのは単純であり，$(2/3)^n \times 50$となる。n次戦略とn+1次戦略で求められる答えの差は，nが増えるにつれて徐々に減り，最終的にはnが無限に大きくなると完全に消えることに気づいてほしい。ナッシュ均衡では皆の選択が誰の選択に対しても最適反応である必要があるから，nが無限に大きくなると美人投票ゲームのナッシュ均衡に皆が到達する。言い換えると，美人投票ゲームのナッシュ均衡は誰にとっても0を選ぶことである。より重要なことに，美人投票ゲームは各参加者の選択と戦略の次数の間に1対1の関係を必然的に伴う。言い換えると，このゲームで選ぶ数から，その人が再帰的に心の理論を適用した深さを直接推測できる。

美人投票ゲームはローズマリー・ネーゲルという経済学者によって1995年に考案された。この名前は，マクロ経済学の創始者であるジョン・メイナード・ケインズが証券市場の振る舞いの非合理性に言及するために使ったフレーズにちなんで名付けられた。多くの人は，その会社の実際の価値に基づいてだけでなく，他の人々がどれくらいその会社に価値を割り当てるかに大部分は従って売り買いの決断をするから，ケインズは将来の証券価格は予測するのが難しいと主張した。ときには，他の人々が，その人とは別の人の予測について，どう予測するかに基づいて，決定しなければならないこともあるだろう。ケインズはこの再帰的な過程と美人投票ゲームの勝者を予測することを比較した。勝者を正しく予測するためには，あなたは最も美しい人を予測する代わりに，審査員が最も美しいと考えるだろうとあなたが考える人を選ぶだろう。

8.9 社会脳

現代社会で我々が行うほぼ全ての選択は社会的な文脈で起こる。他者と物理的にふれあって交流するときだけでなく，ときには一人でいるときでさえ，そうである。厳密に言えば，読書やメッセージを書くこと，本を読むこと，テレビを見ること，または音楽を聴くことでさえ，すべて社会的な活動である。我々の脳は，たとえ我々と一緒にいないときでさえ，音声，画像，テキスト情報を通して，他者の思考と感情についての情報を処理し続けている。感覚刺激が何も社会的な情報を伝えていなくても，我々の精神活動は常に他者との関係と交流についての記憶，そしてそれらを再評価しようとする試みで常に満たされている。加えて，社会的な隔離は苦痛である。孤独の感情は人々を様々な社会グループに引き寄せる。

もし人間の活動の大部分が社会的な状況で起こるなら，社会的な相互作用から生じる様々な衝突と問題を解決するために必要なスキルは，脳の進化の過程を形作ることができたはずだ。すなわち，脳の発達と学習を制御するのに役割のある遺伝子は，その結果としての脳の構造と機能が，複雑な社会でより良い選択ができるように徐々に変化しただろう。心の理論を再帰的に適用するときのように社会的な意思決定は，個人の意思決定と比べて，動物により深く情報を処理することを要求する。これは，同じ体重の他の動物と比べ，より複雑な社会で暮らす傾向のある霊長類で特に当てはまる。これはなぜ霊長類が他の哺乳類よりも大きな脳を持つ傾向があるかの理由だろう。

より大きな脳は，より複雑な社会的な情報を処理するためのより良い能力を与えることができたから，進化の間，霊長類の脳のサイズが増大したとする主張は，社会的知性仮説，またはマキャベリ的知性仮説と呼ばれる。なぜこうなったのかを想像するのは簡単である。例えば，社会的に交流する間，我々は他者の顔の表情の詳細を分析することを頻繁に必要とする。これは視覚皮質を忙しくさせ続けるだろう。同様に，他者が発する音や言葉を理解するために，聴覚皮質と，ウェルニッケ野のような言語解析に関与する脳の他の領野も駆り出される。他者の行動を正確に予測し，観察した行動の意図を理解するために，心の理論を再帰的に適用する必要があり，これは社会的な推測と作業記憶に関与する他の領野も引き込む。単純に言えば，複雑な社会的な相互作用においては，脳全体が関わるだろう。これは脳の多くの解剖学的領野の神経細胞が，その数と他の神経細胞との結合を増加させてきたはずだ。

複雑で社会的な相互作用を扱う必要性は，脳の全体的なサイズを一様に単純に大きくしただろう。または，社会的な機能に特化した特別な脳領野を生じさせたのだろう。これは固有でより複雑な計算が，個人の意思決定よりも，社会的な相互作用に必要かに依存する。もし個人の意思決定と社会的な意思決定のために実行する脳の計算の種類に本質的な違いがないなら，社会的な領域の問題を扱うための別のモジュールを脳が持つことは無駄である。実際，言語理解のためのウェルニッケ野と発話のためのブローカ野のような，特有の機能に特化している多くの領野が人間の脳にはある。海馬は長期エピソード記憶を確立するのに特別な役割がある。GPU（Graphics

Processing Unit）と同じように，これらの特別な解剖学的構造は，言語と記憶のような重要な認知機能のために適切な解剖学的かつ生理学的な特性が原因で進化してきたのだろう。再帰的な推論と心の理論のような認知過程は社会的認知に固有だろうから，人間の脳のいくつかの脳領野は社会的な知性と密接に結びついているのだろう。

社会的意思決定のような特別な機能に特化した脳領野は，高速画像処理に関する行列演算のためのGPUのように，コンピュータの中にある特定の種類の計算を扱うのに特化した回路やモジュールを持つことに似ている。GPU技術は，人工知能と多くの科学の他の分野の研究を前進させるのに今では重要となっているが，元々は，高度な３D画像処理とアニメーションを必要としたビデオゲーム業界によって大きく発展した。

人間や他の霊長類では，大脳皮質に顔刺激の解析を専門的に扱う複数の領野がある。顔は様々な人を同定するだけでなく，その人の健康や心的な状態について豊富な情報を与えるから，これはそれほど驚くことではないだろう。顔知覚に関する脳機能の精力的な神経科学研究は，プリンストン大学のチャールズ・グロスの研究室で始まった。1970年代初頭，グロスの研究が行われたとき，皮質の視覚情報処理の始めの段階の神経細胞は，視覚刺激の傾きのような比較的単純な特徴に反応することがよく知られていた。グロスは，下側頭皮質のような，後頭葉の視覚皮質からの入力を受ける皮質領野の神経細胞が，より複雑な視覚特徴や物体を解析し，同定する役割を持つ可能性について調べていた。これらの実験の間，下側頭皮質の神経細胞がサルと人間の顔を専門に扱っていることを見つけた（図８－４　218-219頁）。これらの結果は，霊長類の脳に顔知覚に特化する解剖学的なモジュールがあるかもしれないという仮説に導いた。これは，後頭葉と側頭葉の境界付近に損傷を持つ患者が，顔を認識できないという事実とも一致する。この症状は相貌失認と呼ばれる。fMRIとPETを使って生きている人間の脳の代謝活動を測定できるようになると，実際に人間の皮質で複数の領域が顔の解析に特化していることが確認された。例えば，紡錘状回顔領域と呼ばれる領域は，fMRI実験で被験者に顔が提示されるとその活動が増加する。体のダイナミックな動きのような社会的な相互作用に重要な他の種類の情報は，解剖学的に異なる脳領野を活動させるから，顔だけが例外なのではない。

顔や体の動きのような社会的に意味のある刺激に特化している皮質領野に

加えて，人間の脳のいくつかの領野は，心の理論や他者の好みの推測など，社会的な推論と意思決定の他の側面と密接に関連するだろう。例えば，サルの運動前野と頭頂皮質の神経細胞は，テーブルからピーナッツをつまみ上げるような，ある特定の動きを行うときと，人間の研究者が同じ行動を行うのを見るときで，同じように活動を変化させる。これらの神経細胞はミラーニューロンと呼ばれ，他者が行う行動の意味を理解する過程をとりなすと考えられている。脳機能画像研究は，そのいわゆるミラーニューロンシステムを同様に同定した。加えて，いくつかの研究は，そのいわゆる前頭前野皮質内側部が心の理論に関与すると提案した。例えば，2009年に発表された論文で，ジョルジョ・コリチェリとローズマリー・ネーゲルは美人投票ゲームを行っているときの人間の参加者の脳を撮像した。彼らは，被験者が高次の戦略を使うときに，前頭前野皮質内側部の活動が増加することを見つけた。これは，この脳領野が再帰的な推論と心の理論に関与することを示唆する(図８－５　220頁)。

8.10　デフォルト認知：擬人化

前頭前野皮質内側部は，より大きな皮質ネットワークの一部であり，デフォルト・モード・ネットワークとよく呼ばれる。デフォルト・モード・ネットワークとは，実験者が指示する特定の課題を参加者が遂行しているときに，その活動が減少する一連の脳領野である。注意と記憶のような特定の認知過程を研究するために設計された課題を人間の参加者が行い始めると，感覚と運動機能を持つ多くの脳領野はその活動が増加する傾向がある。対照的に，デフォルト・モード・ネットワークの領野は，被験者がそのような課題を積極的に行うときに，活動を減少させるが，試行間の安静時に活動を増加させる。前頭前野皮質内側部に加えて，デフォルト・モード・ネットワークは海馬と後部帯状皮質も含む。これは一見逆説的に見えるが，デフォルト・モード・ネットワークが安息時に活動を増加させる理由は，課題間で起こるマインドワンダリング(訳注：例えば別のことを考えたりするなど，課題とは関係のない思考のこと)によるのかもしれない。それゆえ，fMRI実験の参加者が経験したマインドワンダリングに共通する内容と種類を同定することは，デフォルト・モード・ネットワークの機能について重要な手がかり

図8－4　顔の知覚に特化

上段：サルの脳の下側頭皮質は顔刺激に対してより強く応答する神経細胞を持ち,
ときよりも強いBOLD信号を示す。下段：サルの下側頭皮質から記録された神経
たかを示す。この神経細胞は顔刺激がそのサルに提示されたときに，ごちゃまぜ

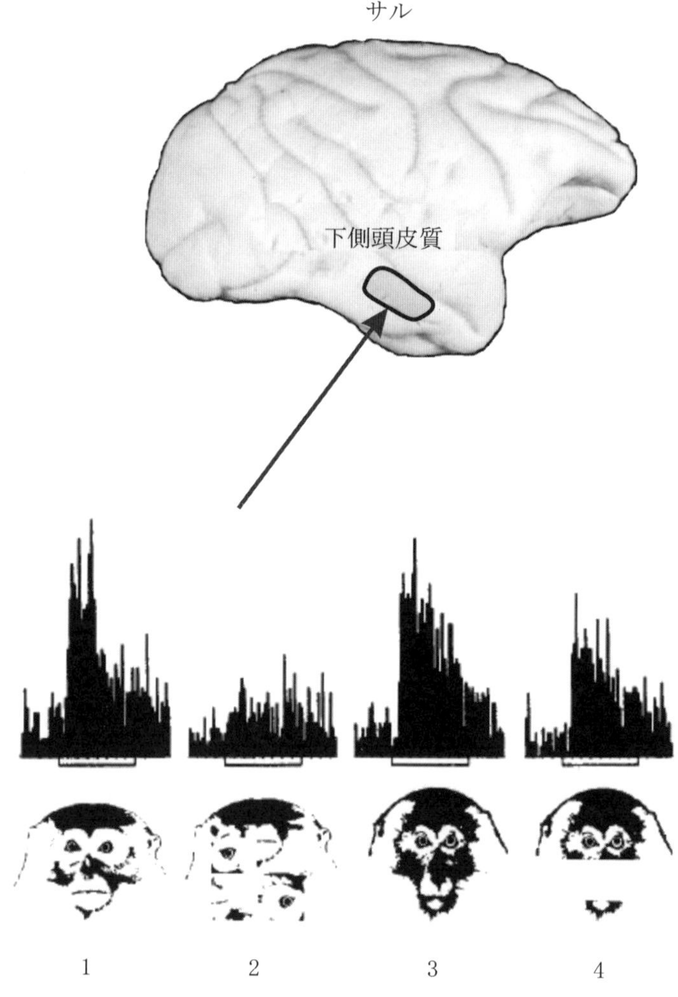

出典　(上段：Figure 3 in Rajimehr R, Young JC, Tootell RBH (2009) An anterior temporal face patch in human cortex,
U.S.A. with permission from National Academy of Sciences, *U.S.A.* 下段：Figure 6A in Desimone R, Albright TD, Gross
Permission conveyed through Copyright Clearance Center, Inc.)

したサルと人間の脳の皮質領域

人間の脳の複数のパッチは，被験者が人間の顔を見るときに，他の非顔刺激を見る
細胞の例。各パネルはこの神経細胞の活動が下に示された画像にどのように反応し
の顔または手と比較して，活動を増加させた。

人間

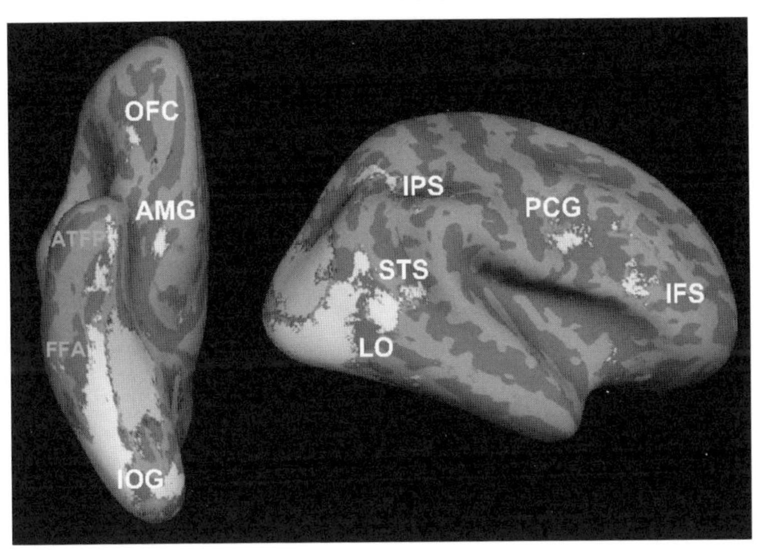

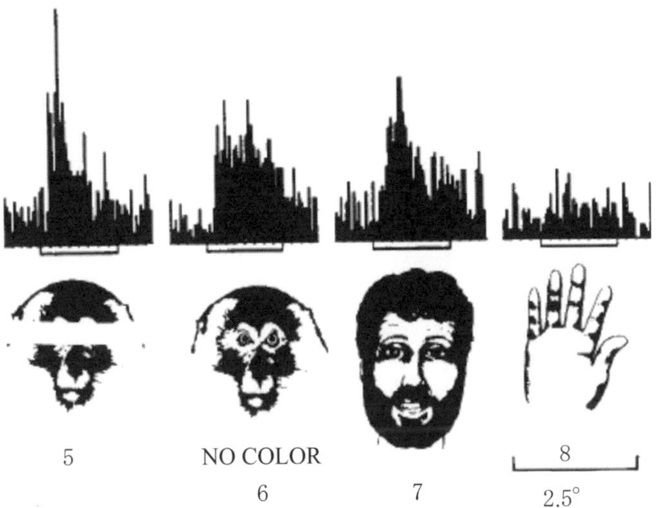

predicted by macaque maps. *Proc. Natl. Acad. Sci. USA* 106: 1995-2000. Copyright (2009) National Academy of Sciences,
CG, Bruce C (1984) Stimulus-selective properties of inferior temporal neurons in the macaque. *J. Neurosci.* 4: 2051-2062.

図8－5　社会的な認知に関与する人間の脳の領野

（上）再帰的な社会的推論の間に活動が増加した前頭前野皮質の内側部（mPFC）と腹内側部（vmPFC）。（下）自伝的記憶，将来の出来事に関する思考と心の理論に関連する３つの異なる課題の間に活動した皮質領野。

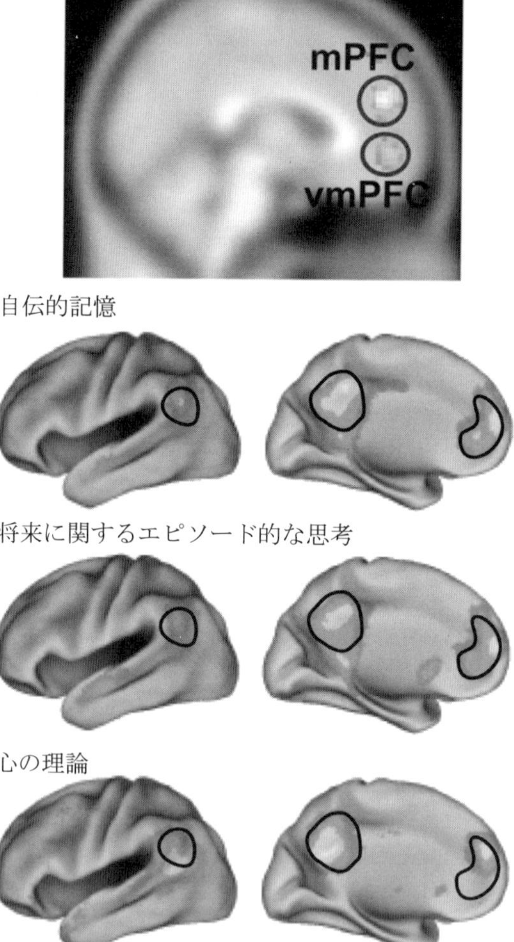

出典　（上：Figure 2 in Coricelli G, Nagel R（2009）Neural correlates of depth of strategic reasoning in medial prefrontal cortex. *Proc. Natl. Acad. Sci. USA* 106: 9163-9168. Copyright（2009）National Academy of Sciences, U.S.A., with permission from National Academy of Sciences, U.S.A. 下：Figure 12 in Buckner RL, Andrews-Hanna JR, Schacter DL（2008）The brain's default network: anatomy, function, and relevance to disease. *Ann. NY Acad. Sci* 1124: 1-38. Reproduced with permission from John Wiley and Sons.）

を与えるだろう。

ある課題を行うための特定の指示に従う必要がないとき，我々はいつも何について考えているだろうか？　コーヒー店の注文カウンターの列に並んでいる間，あなたがよく考えている事はなんだろうか？　そのような場合，我々は自身の過去の行動についてよく考える。加えて，これらの回想の多くは，大体同僚，友達，家族との過去のやり取りや会話のような社会的なトピックである。例えば，今朝地下鉄で遭遇した見知らぬ人を思い出したり，今晩友達と予定しているディナーを想像したりするだろう。これらの二種類の精神活動，すなわち過去の出来事を回想することと将来の出来事を想像することとは密接に関連している。将来を想像することは常に我々自身の過去の経験に基づくから，これは驚くべきことではない。将来本当に起こることを我々は予測できないから，過去の出来事の様々な要素を，将来起こると予想し，再結合することで，将来を想像するのである。実際，前の7章で議論したヘンリー・モレゾンのような海馬を損傷した患者を含む健忘症の患者は，将来を想像する能力もまた損なわれていることを科学者たちは見つけた。2007年に発表されたこの研究の著者の一人は，ユニバーシティ・カレッジ・ロンドンの大学院生だったデニス・ハサビスだった。2010年，ハサビスはAlphaGoと呼ばれる人工知能のAIプログラムを開発したDeepMindを設立した。

もし，過去の出来事を想起したり，または将来の新しい経験を想像したりすることでデフォルト・モード・ネットワークの活動が増加するなら，参加者にこれらの課題のどちらかを行うように頼めば，デフォルト・モード・ネットワークの活動もまた増加するはずだ。実際，複数の実験がこれらの予測を確かめた。参加者が過去の自身の自伝的な記憶を想起するように，または将来の個人的な経験を予測するように頼まれたとき，デフォルト・モード・ネットワークの活動は増加した(図8－5)。さらに，脳の同じ領野は，誤信念課題や美人投票ゲームを行うときのような参加者が心の理論を使う必要があるときにもその活動が増加する。これらの結果は社会的な認知は人間の心の中心であるという考えを支持する。退屈を避けようと人々が求める活動の殆どは，社会的な刺激を求めることである。読書は会話と似ているし，テレビや映画を見ることは仮想的な社会的なやりとりである。もちろん，退屈から逃れる最良の方法はあなたの好きな友達や同僚と一緒に時間を過ごすことである。これは，成功している集団の一員になることが，生存と繁殖に不可欠だったときの我々の進化の歴史を反映しているのだろう。

我々が生きている限り，我々の脳は完全にシャットダウンすることはない。物理的に動いていないときでさえ，マインドワンダリングは止まらないし，マインドワンダリングは我々の社会的な関係のメンタルシミュレーションに対応する。それゆえ，人間の脳の最も固有で本質的な機能を社会的なものと特徴づけるのは，全く間違いというわけではないだろう。これにはいくつかの望ましくない副作用がある。おそらく，人間の脳のデフォルト・モードを社会性に設定することの最も明らかな副作用は，擬人化，すなわち，人間に似ている物体を実際の人間のように扱う我々の傾向のことである。擬人化は社会的でない刺激に対する社会的な脳の過敏な反応である。これは，元々は狩りの間に獲物を回収するようにしつけられたゴールデン・レトリーバーが，テニスボールを追うのに似ている。人々は，洪水や地震のような自然災害の背後に超自然的な存在を想像する強い傾向がある。ときには，それらの災害は我々の行いに対する神の罰と解釈されるだろう。もちろん，そのような迷信的な信念が適応的である状況もあっただろう。例えば，もし夜中に出る幽霊を恐れることが日の沈まないうちに安全な目的地にたどり着くことを促すなら，これは悪い人からあなたを守ることになるだろう。複雑な自然現象を説明できるほど科学的な知識が発達していなかったときは，感情と他の人間と似た性質を持つ存在によって自然現象が制御されているという擬人的な信念は，たとえば復讐のように，心理的，道徳的な支持をいくらか与えるだろう。超自然的な力で人間の行動に報い，または罰しようとする心的な存在についてのそのような信念は，科学的な知識が自然現象を完全に説明できるときでさえ容易には消えない。これは，脳の進化は科学技術の進展のスピードよりもだいぶ遅いからである。

参照文献

Buckner RL, Andrews-Hanna JR, Schacter DL（2008）The brain's default network: anatomy, function, and relevance to disease. *Ann. NY Acad. Sci* 1124: 1-38.

Byrne RW, Whiten A（1988）Machiavellian Intelligence: Social Expertise and the Evolution of Intellect in Monkeys, *Apes, and Humans*. Oxford Univ. Press.

Camerer CF（2003）*Behavioral Game Theory: Experiments in Strategic Interaction*. Princeton Univ. Press.

Coricelli G, Nagel R（2009）Neural correlates of depth of strategic reasoning in medial prefrontal cortex. *Proc. Natl. Acad. Sci. USA* 106: 9163-9168.

Desimone R, Albright TD, Gross CG, Bruce C（1984）Stimulus-selective properties of inferior temporal neurons in the macaque. *J. Neurosci.* 4: 2051-2062.

de Quervain DJF, Fischbacher U, Treyer V, Schellhammer M, Schnyder U, Buck A, Fehr E（2004）The neural basis of altruistic punishment. *Science* 305: 1254-1258.

Frith U（2001）Mindblindness and the brain in autism. *Neuron* 32: 969-979.

Hassabis D, Kumaran D, Vann SD, Maguire EA（2007）Patients with hippocampal amnesia cannot imagine new experiences. *Proc. Natl. Acad. Sci. USA* 104: 1726-1731.

Kanwisher N, McDermott J, Chun MM（1997）The fusiform face area: a module in human extrastriate cortex specialized for face perception. *J. Neurosci.* 17: 4302-4311.

Krupenye C, Kano F, Hirata S, Call J, Tomasello M（2016）Great apes anticipate that other individuals will act according to false beliefs. *Science* 354: 110-114.

Lee D（2008）Game theory and neural basis of social decision making. *Nat. Neurosci.* 11: 404-409.

Lee D（2013）Decision making: from neuroscience to psychiatry. *Neuron* 78: 233-248.

Lee SW, Shimojo S, O'Doherty JP（2014）Neural computations underlying arbitration between model-based and model-free learning. *Neuron* 81: 687-699.

Nash JF（1950）Equilibrium points in n-person games. *Proc. Natl. Acad. Sci. USA* 36: 48-49.

Nowak M, Sigmund K（1993）A strategy of win-stay, lose-shift that outperforms tit-for-tat in the prisoner's dilemma game. *Nature* 364: 56-58.

Rajimehr R, Young JC, Tootell RBH（2009）An anterior temporal face patch in human cortex, predicted by macaque maps. *Proc. Natl. Acad. Sci. USA* 106: 1995-2000.

Rizzolatti G, Craighero L（2004）The mirror-neuron system. *Annu. Rev. Neurosci.* 27: 169-192.

Sally D（1995）Conversation and cooperation in social dilemmas. *Ration. Soc.* 7: 58-92.

von Neumann J, Morgenstern O（1944）*Theory of Games and Economic Behavior*. Princeton Univ. Press.

Warneken F, Tomasello M（2006）Altruistic helping in human infants and young chimpanzees. *Science* 311: 1301-1303.

第9章　知能と自己

我々自身のことを完全に理解することは可能だろうか？　人間の脳のような物理的な機械が，自身がどのように機能しているかを完全に理解することは可能だろうか？　自己認識と自己洞察の重要性は，「汝自身を知れ」という格言でおそらく最も言い表されているように，多くの哲学者によって強調されてきた。この格言は，ソクラテスを含む多くの古代ギリシャ人によって使われてきた。古代中国では，哲学者，将軍として知られる孫子は「敵を知り己を知れば百戦殆うからず」と書いている。孫子が強調したように，自分が何を必要としているか，何ができるかを理解することは将来を計画するのに重要であるから，自己認識，または自身についての知識は明らかに実際的な利益がある。人間の性質を理解する努力もまた，社会科学と自然科学，人文科学を含むすべての知を求める営みに広く浸透している。人間はこの点で比類のない存在である。生物学的に，人間と類人猿は脳の類似性があり，ほとんどの遺伝子は共通である。行動面では，昆虫を含む多くの他の動物も複雑な群れを作るから，人間は単一の社会的な種ではない。それにもかかわらず，人間ほど自身について興味を持っている動物は他にいない。自己意識と自己認識は，知能の最高形態なのかもしれない。

生命は自己複製の過程であり，知能は自己複製に役立つ意思決定を行う能力である。加えて，種の間に多くの違いはあるが，すべての生命体は根本的に社会的である。もっとも孤立した生物でさえ繁殖するときは社会的になり，親と子が離れるまでは資源の共有において潜在的な対立を作る。社会がその規模を拡大し複雑になるにつれて，社会的な意思決定に必要な情報の量と学習の重要性は増加する。人間の社会で不要な衝突を避けるために他者と協力して助ける能力，他者の意図について適切な推測をする能力と，心の理論は必須である。これは，自己認識と自己洞察の特権は複雑な社会で他者を理解することの副産物かもしれないという可能性を提起する。しかし，自己認識はある環境下で他の生物と非生物について予測することとは根本的に異なる。本章では，知的な生物が自身を理解できるようになるとき，何が起こるかを検討する。

9.1　自己知識のパラドックス

自己認識，もしくは自己洞察は，知識の一種であり，この知識は意思決定する際の様々な行動の結果を予測するために使うことができる。意思決定の性質と複雑さが，それに必要な知識の種類を決める。自己認識は社会的な意思決定に必要である。複雑な社会で多くの人が他人と交流し始めるとき，他者の認識過程と意思決定の戦略に関する知識が，他者の振る舞いを正確に予測するために必要である。他者の知識に対する推論は再帰的となることが免れず，これはもちろん自己に対する認識にも当てはまる。もし，私についてのあなたの考えを私が理解しようとするなら，これは間接的に，自身について理解することになる。それゆえ，人間の自身についての知識と洞察は，他人の行動を正確に予測することが必須の社会的な環境下での脳の進化の副産物として現れたのだろう。皮肉なことに，遺伝物質の自己複製が常に不完全であるように，自己認識も完全ではない。遺伝物質を複製することは物理的な過程であるから，物理法則，特に熱力学の第二法則に従う。自己認識に到達することは，生物物理的にはどんな物理的実体の複製も伴わないが，自己認識は論理的な矛盾に至りうる。

自己認識において，知識を求める人は知識自体の対象となり，思考とアイデアはお互いに参照され，自己参照を創り出す(図９－１)。自己参照は，嘘つきのパラドックスでよく示されているように難しくなりうる。誰かが「私は嘘をついている」と言うか，「この文は偽である」と書いたとき，この嘘つきのパラドックスは作られる。もしこの嘘つき者が嘘をついているのなら，この文は偽となり，この嘘つき者は嘘をついていないので矛盾が生じる。もしこの嘘つき者が本当のことを言っているのなら，この文は真となり，この嘘つき者は嘘をついていない。これもまた矛盾である。この文は真ではありえず，偽ともなりえない。ゆえにパラドックスとなる。

この嘘つきのパラドックスは，自己参照を含むため矛盾に至る。もう一つ

図9－1　ルネ・マグリットによる「イメージの裏切り」（1928～1929)。「これはパイプではない」という文を含んでいる

出典　(Copyright, Herscovici/Artists Rights Society, New York., permission from Los Angeles County Museum of Art.)

の有名な自己参照に由来するパラドックスは，床屋のパラドックスとしても知られる，バートランド・ラッセルのパラドックスである。この例は，ある街のある床屋は，自身で髭を剃らない人たちの全員，かつその人達のみの髭を剃るという命題である。この床屋は自分自身の髭を剃るかどうかは自己参照を含み，容易に分からない。もし答えがイエスであるなら，つまり，もしこの床屋は自分自身の髭を剃るのであれば，床屋は自分で髭を剃らない人のみを剃るという命題に矛盾する。もし答えがノーであるなら，つまり，もしこの床屋が自分の髭を剃らないならば，自分で髭を剃らない人のひげをこの床屋は剃っていないから，これもまた矛盾である。それゆえ，この床屋が自分自身の髭を剃る，剃らないかにかかわらず矛盾がある。

自己参照を含む命題または文は簡単にパラドックスに陥る。同様の問題は，複数の意思決定者が社会的な状況で相互に影響し始め，お互いの行動について再帰的に推論し始めると，自己参照に繋がるために起こりうる。ある人の推測が他のもうひとりの推測を再帰的に含み始めると，次のような幾分複雑で無害に見える文を作ることができるようになる。

「ボブの仮定は間違っているとアンは信じているとボブは仮定しているとアンは信じている。」

この文で記述されている状況は，我々がじゃんけんをするときのように，他人の考えについて時々推測しているときと根本的に違わない。この文が矛盾となることを理解するために，次の問題に答えてみてほしい。ボブの仮定が間違っているとアンは信じているだろうか？　もし答えがイエスであるなら，アンの観点からは，「ボブの仮定が間違っているとアンは信じている」というボブの仮定は正しいが，これは，ボブの仮定が間違っているとアンは信じていないことを意味するので，矛盾となる。他方では，もし答えが間違っているなら，アンの観点からは，「ボブの仮定が間違っているとアンが信じている」というボブの仮定が間違っていることになり，ボブの仮定が間違っているとアンは信じていないことを意味する。これもまた元の文に対する矛盾となる。それゆえに，元の文はどちらにしても矛盾を含んでいる。この文は，アダム・ブランデンバーガーとH. ジェローム・カイスラーの2006年の論文で提示され，ブランデンバーガー＝カイスラーパラドックスと呼ばれる。

これらの例が示すように，知るや信じるなど，何かについて言及するどんな単語の使用も，それが主語に向けて使われると論理的なパラドックスが作られる可能性がある。嘘つきのパラドックスは，真と偽を区別する簡単な方法が常にあるわけではないことを気づかせ，ラッセルのパラドックスは，その性質に基づいて，何もかも二つの排他的なグループに常に分類することができるとは限らないことを気づかせる。ブランデンバーガー＝カイスラーのパラドックスは，社会的な関係における再帰的な推論は無限の逆行に至ることを気づかせる。

機械がエラーなしに自己複製することは物理的に不可能だろう。同様に，人間が自身を論理的な矛盾なく，自身を完全に理解することも不可能だろう。それにもかかわらず，突然変異は進化に必要であり，物理的な機械は自身を不完全に複製するため，これによって進化できる。生命の本質は完全な自己複製ではなく，むしろ，完全に近い，不完全な自己複製である。それゆえに，たとえ完全で一致した自己認識が可能でなくとも，落胆する必要はない。他者の振る舞いを予測することができ，それによって社会構造を改善し安定化させるので，心の理論を再帰的に適用する能力は有用である。もし自己認識が再帰的な心の理論から現れるのであれば，その最も重要な機能は我々自身の行動を予測する手助けとなることかもしれない。それにもかかわらず，そのような自己認識の限界を認識する必要がある。「私は嘘をついている」のような自己参照的な文は，論理学者と哲学者には興味深いトピックだが，我々が日常で直面する意思決定の手助けをしない。

論理的なパラドックスと矛盾は自己認識の単なる否定的な結果というわけではない。自己認識に基づいて我々自身の行動を予測しようとすることは，他の予期しない効果をもたらしうる。例えば，もし我々自身の将来の行動の予測が楽観的すぎるなら，そのような予測をすること自体が予測した行動をより起こしやすくするから，そのような予測は自己達成的な予言になるかもしれない。他方では，もし自身の行動についての予測が悲観的すぎるなら，自滅的な予言になるかもしれない。しかし，もし私は今晩 6 時前にお腹が空くだろうと予測するなら，これは私が 6 時前に食事を摂るように促すだろう。したがって，そのような自滅的な予言はそれ故に正確ではないが，有用で完全になくするのは難しい。

自己認識が提起する問題は，自身の行動を制御する能力のことである自由意志の問題を含む。自由意志の問題は自分自身を理解したいという我々の欲望の重要な一部分である。しかし，これは我々の宇宙が決定論的であるかという問題とは別であり，それゆえ，これは脳がどのように機能しているかという物理法則の問題ではない。自己の概念は心の理論を再帰的に適用することの副産物であり，自己は我々のメンタルシミュレーションとは独立に存在する物理的な実体ではないということに気づけば，自由意志の問題に対する首尾一貫した答えを期待する理由はなくなる。

9.2　メタ認知とメタ選択

自己認識は，意思決定する能力を進化を通して改善するために遺伝子と脳が発達させた多くの学習戦略の中から生まれた。人々は，ある一つの規則に従ったり，一つの戦略を使ったりして選択をしているのではない。代わりに，どのように意思決定をするかは，状況により異なり，必要な知識のレベルと時間的制約に依存する。それゆえ我々は，メタ選択，すなわち，異なる方式の学習と意思決定の中からどれを選ぶかという問題にしばしば直面する。このメタという接頭辞は，ある概念が自身に適用されるときに使われ，それゆえ自己参照を意味している。例えば，コンピュータ科学では，メタデータという用語は，他のデータについての情報を含むデータのことを言う。

我々の日常生活でメタ選択の例を見つけるのは簡単である。例えば，休暇の行き先をあなたが選んでいると想像してみよう。多くの選択肢が浮かんでいるかもしれない。もし自然が好きなら，イエローストーンのようなアメリカの国立公園に行くことに興味があるかもしれないし，もし美術館を見て回るが好きなら，ロンドンやパリのような都市に行きたいかもしれない。多くの異なる選択肢の中から選ぶのが難しいとき，あなたは旅行代理店の助けを借りて決めるかもしれない。しかし，もし多くの旅行代理店があるなら，どれを選べばいいかという新しい問題を作り出す。どの旅行代理店も，それぞれ，特定の地域に専門性があるかもしれないし，多くのパッケージツアーがあるかもしれない。ここで，あなたの休暇の目的地を選ぶのを助けてくれる旅行代理店を一つ選ぶ必要がある。これはメタ選択である。

明らかに，メタ選択のときにあなたが考慮すべきこの種の情報は，元の選択に必要な情報とは完全に異なる。休暇の目的地を選んでいるとき，あなたは，目的地までの距離，航空券の値段，旅先で何をするのか，何を食べるのかなどの要因を考えるだろう。対照的に，旅行代理店を選ぶとき，代理店が親切かどうか，その評判，手数料のようなことを考えるだろう。同様に，異なる意思決定の戦略や異なる学習アルゴリズムの中から選ぶとき，脳が使う戦略は，その戦略や学習アルゴリズムがどのように機能するかとは全く異なる。一般的に言って，メタ選択のときは，異なる意思決定戦略や学習アルゴリズムの性能や信頼性を評価する必要がある。他の認知過程に適用される認知過程はより一般的にメタ認知と呼ばれる。それゆえ，メタ選択はメタ認知の一種である。

メタ認知は人間の知能の統合的な部分であり，大抵の人が自覚しているよりも，人間はそれに頼っている。メタ認知の重要な機能は，我々が行ったすべての判断の正確さと妥当性を評価することである。例えば，誰かがあなたにビートルズのプロデューサーが誰かを尋ねるとしよう。正しい答えはジョージ・マーティンだが，もし間違えて答えたら恥ずかしいと思い，答えが浮かんだときにすぐには答えない人もいるだろう。答える前に数秒間考えたいかもしれない。もし自信がないなら，おそらく答えるのを躊躇するだろう。この自信についての感覚はメタ認知の一部である。

もう一つ，我々がよく知っているメタ認知は，既知感（feeling of knowing）である。既知感は，あなたが探している情報をあなたが見つける前に，問題の答えに必要な情報をあなたの記憶が持っているか否かを事前に知っていることを言う。既知感の研究は，想起と再認という二つの異なる情報の取り出し方があるという事実に基づいている。想起とは，潜在的な答えを知ることなしに，要求した項目を記憶から取り出す過程のことを言う。例えば，「世界で一番高い山の名前は？」のような問いに答えるとき，想起を必要とする。対照的に，再認とは，紛らわしい他の刺激と一緒に提示されたときに正しい答えを見つける能力のことを言う。再認は想起より簡単である。たとえもしジョージ・マーティンの名前を想起できなくても，他の音楽プロデューサーの名前と一緒に提示されたら，彼の名前がビートルズのプロデューサーの名前と認識できるかもしれない。想起は穴埋め形式の問題でテストされるが，再認は選択式の問題でテストされる。穴埋め形式の問題を解くときに正しい答えについて既知感があるなら，同じ問題を選択式で出されたとき，あなたは正答に自信があるだろう。実際，既知感は答えの正しさを予測することを研究は示してきた。これは，人々が既知感を信頼できることを示す。ヒトの脳損傷と脳イメージング実験に基づく研究は，既知感は前頭前野内側部の機能に依拠していることを示してきた。

既知感の研究では，ある問いに対する答えを知っていると，どれくらい強く信じているかを言語で示すよう，実験の参加者に聞くことがよくある。同様に，自信についての研究では，参加者が答えた後に，その答にどれくらい自信があるか，研究者が尋ねる。しかし，これらの質問は曖昧であり，なお且つ参加者の答えは主観的で定性的である。さらに重要なのは，人間の言語に基づく手法は，他の動物で認知を研究するために適用するのは難しいことである。幸いなことに，自信と他の種類のメタ認知を研究するために，より客観的で定量的なアプローチが存在する。そのような方法の一つは意思決定後の賭け（post-decision wagering）と呼ばれる。聞き馴染みがない名前の方法かもしれないが，人々は信じ難い主張に楯突くときにこの手法をよく使う。例えば，誰かが明日雨が降るだろうと予測すると考えてみよう。我々はその人にどれくらい自信があるか尋ねることができるが，その答えを信頼できるかを評価するのは難しい。代わりに我々は，この人の自信をより客観的に決定するために，意思決定後の賭けを使うことができる。例えば，次のような形式の一連の賭けを提案できる。もし明日雨が降れば，雨を予測している人はXドルもらい，降らなければ，100ドル払う必要がある。例えば，雨が降ればその予測をしている人が100ドルをもらう，つまり，Xが100ドルと考えてみよう。もしこの人がこの賭けを受け入れるなら，これは，その予測が正しい確率は少なくとも50%であると，その人が信じていることを意味する。明日雨が降るという主観的な確率が50%以上のとき，この賭けの期待値はプラス，つまり賭けで儲かる可能性がある。対照的に，もしこの確率が50%以下なら期待値はマイナスになるので，この申し出を受け入れないだろう。この人が元の賭けを受け入れると考えてみよう。例えば，この人が80%の自信を持っているかどうかを判断するために，Xが25ドルであるような別の賭けを提案できる。言い換えると，この人は明日雨が降るということについて，少なくとも80%の自信がない限りは，この賭けを受け入れないだろう。もしこの人が予測に完全な自信があるなら，Xが無限に小さくなっても賭けをするだろう。意思決定後の賭けはヒト以外の動物の実験でも使うことができる。実際科学者たちは，サルとげっ歯類において意思決定中の自信のレベルに関連する活動を持つ前頭前野皮質と他の連合野皮質の個々の神経細胞の活動を調べた。

意思決定後の賭けの例でよく分かるように，自身の知識についての自信はメタ選択に重要な役割を演じる。同様に，意思決定と学習アルゴリズムの異なる戦略を選ぶとき，それらの信頼性や性能を正確に評価する必要がある。例えば，もしあなたが比較的大きな報酬予測誤差を定常的に経験しているなら，これは，モデルフリー強化学習アルゴリズムがうまく機能しておらず，モデルベース強化学習により比重を置いたほうが良いということを示している。対照的に，モデルベース強化学習の成功は，意思決定者が環境に関して正確な知識を持っているかに依存する。もしこの知識が正確なら，様々な行動をとったときに環境がどのように変化するかについての予測は比較的正確なはずである。例えば，もし，私がある町の地下鉄についてよく知っているなら，地図を見ることなく次の駅が何であるか予測できるはずである。

逆に，もし次の駅の予測をしばしば間違えるようなら，私の地下鉄についての知識を見直す必要があることを意味する。次の駅の名前の予測を間違えるときのように，ある行動の後の環境の実際の状態が予測した状態と異なるとき，このずれのことを状態予測誤差と言う。それゆえ，もし状態予測誤差をよく経験するなら，モデルフリー強化学習に切り替えるほうが良いだろう。もちろん，誰もが新しい環境に入れば，報酬予測誤差と状態予測誤差の両方を連続的に経験することはありうる。この場合，この新しい環境についてできるだけ速く学習する以外に良い答えはないかもしれない。新しい環境に移るとき，少なくとも初めは，どんな強化学習アルゴリズムも信頼できないだろう。すべての学習モデルの信頼性は徐々に改善するが，ある問題に対してどのアルゴリズムがより信頼性があるかは，環境の複雑さや取りうる行動の数などのような多くの要因に依存し，予測できないほど変化するかもしれない。異なる強化学習モデルの信頼性の評価に関する機能は，前頭前野外側部と前頭極皮質として知られる脳領域に局在していることを最近の研究は示した(図９－２　234頁)。内側前頭前野皮質が既知感に関与するかもしれないということを踏まえると，これらの結果は，メタ認知とメタ選択の様々なコンポーネントは前頭前野皮質内の特定の区画に実装されていることを示唆した。

9.3　知能の代償

生命はトレードオフをしばしば要求する。何か価値のあることを達成するために，より重要でない何かを犠牲にすることは，永遠の真実だろう。例えば，大きな脳の利点は多い。大きな脳を持つ動物は環境についてより多くを学べ，この知識を使い，より望ましい結果を生み出す行動を選ぶことができる。しかし，大きな脳を維持するのにはコストがかかる。それゆえ，大きな脳を持つ動物は，よりカロリーの高い食べ物を見つけて食べ，消化，吸収する必要がある。それゆえ，大きな脳が十分なカロリーと栄養を得ることを可能としない限り，動物は大きな脳を利用できないだろう。これは，大企業が新技術や新製品を開発して利益をもたらせば，大規模な研究開発グループを維持できることと似ている。大きな脳には他の欠点もある。例えば，多くの神経細胞の間の結合の数は天文学的な数字だから，大きな脳が成長するのには時間がかかる。そのような長い複雑な発達過程は，エラーを起こしやすくもなり，そのエラーは脳が正常に機能するのを妨げるかもしれない。人間では，脳の発達の長い期間は，子供は長い期間，親の保護のもとにいなければならないことを意味する。特に人間のような哺乳類では，大きな脳を持つ子の出産は母体と子の両方のリスクを増やす。

学習と意思決定にも同様にトレードオフがある。例えば，Cエレガンスでは受精から卵を生むことができるまで３日しかかからない。この短い間にこの動物は，生存と複製のために必要なすべての行動ができるように，300個の神経細胞を生み出して適切につなぐ。そのようなスピードと単純さの代償として，Cエレガンスの学習は馴化と古典的条件づけのような比較的単純な形態に限られる。対照的に，より洗練された脳のために，哺乳類は馴化と古典的条件づけに加えて，オペラント条件づけを通して行動を変化させることができる。環境についての抽象的な知識を得ることができ，それを用いてモデルベース強化学習を使い，行動を選択できる。さらに，人間と霊長類は社会的な状況における意思決定のために，心の理論のようなさらに洗練された方法を用いることができる。当然のことだが，学習と意思決定の多くの複雑な方法にアクセスするには代償を伴う。例えば，自己認識は心の理論の再帰的な適用から現れるから，適応的な行動と干渉する論理的なパラドックスを含み始める。負の感情や精神疾患も，洗練された学習アルゴリズムの副産物である。

人間や他の動物が使うすべての学習アルゴリズムは，ある種の誤差信号を必要とし，不快な結果をもたらしうる。第７章で見たように，モデルフリー強化学習は報酬予測誤差に依存する。モデルフリー強化学習の本質は，行動の結果が以前行った予測より良いか悪いかに従い，行動の価値を調整することである。それゆえモデルフリー強化学習を完全にシャットダウンすることなしに，すべての負の報酬予測誤差を避けることは現実的ではないだろう。心理学的にそのような負の報酬予測誤差は失望として現れる。もしあなたが失望や負の予測誤差を経験しないのなら，あなたの将来の報酬の期待が低すぎたのだろう。これは潜在的に利益をもたらす多くの行動をとることを妨げる。またモデルフリー強化学習は時には正の報酬誤差，高揚感を生み出す。失望と高揚感を同時には感じないかもしれないが，互いにもう一方なしでは感じないから，それらは同じコインの表と裏のようなものである。モデル

図9－2　強化学習のメタ選択に示唆されていると前頭極皮質(Frontal polar cortex; FPC)

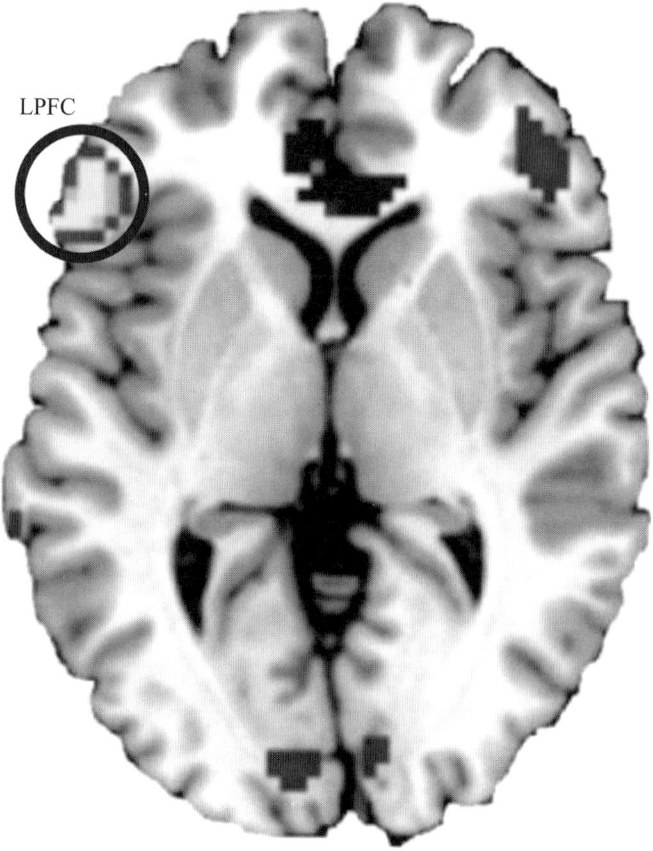

LPFC

出典　(Figure 4A in Lee SW, Shimojo S, O'Doherty JP (2014) Neural computations Copyright (2014), with permission from Elsevier.)

ベース強化学習で生じる後悔と安堵にも当てはまる。モデルベース強化学習が成功するには，代替的な行動の反事実的結果がメンタルシミュレーションによって評価される必要がある。それらのシミュレートされた結果のいくつかは，あなたが以前に経験した結果よりも良いかもしれない。それゆえ後悔は，モデルベース強化学習の切り離せない副産物である。

脳がメンタルシミュレーションを行い，想像上の行動と事実に反する結果

外側前頭皮質（Lateral prefrontal cortex; LPFC）

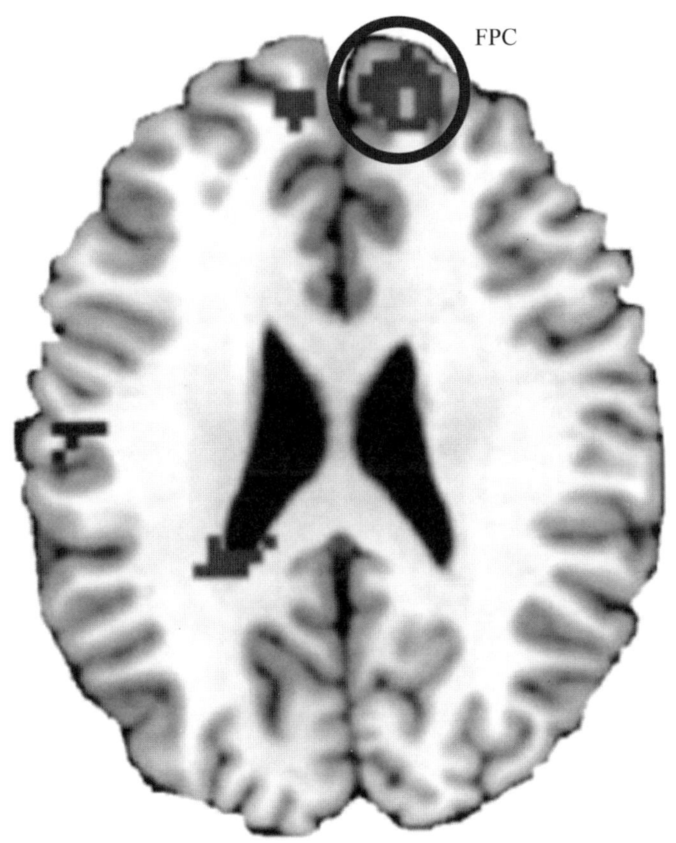

underlying arbitration between model-based and model-free learning. *Neuron* 81: 687-699.

に基づいて話を作り始めるとき，そのような話は現実とは区別する必要がある。これはモデルベース強化学習に頼る脳に固有のリスクであり，モデルフリー強化学習に完全に頼る動物には当てはまらない。メンタルシミュレーションに基づいて他の行動の価値を調整しようとするとき，現実には起こらなかったそのシミュレートされた出来事は脳の中に保存されている。そのため，現実の経験と想像上の経験の記憶を区別することは重要である。記憶が現実のものか，シミュレーションによる経験なのかを含め，特定の記憶がどのように記憶されているかを決定する能力はメタ認知のもう一つの例であり，情報源記憶と呼ばれる。情報源記憶は記憶についての記憶なので，これもまたメタ記憶である。情報源記憶は普通の社会的な生活に必須である。例えば，あなたが友達に500ドル貸したと想像しよう。おそらく，数日後，あなたがお金を友人に貸したと想像したことを覚えているかもしれない。もしあなたのメタ記憶，または情報源記憶が正確なら，これは想像で実際には友達に金を貸していないと覚えているだろう。しかし，もしあなたが想像したことと実際に起きたことを区別できないなら，何が起こるだろうか？　情報源記憶がないと，友人があなたから金を借りたと勘違いし，支払いを要求してしまうるかもしれない。

現実と想像の間の境界をぼかす情報源記憶の失敗は，妄想と作話のような精神医学的な症状となる。これらの症状は認知症と統合失調症を含む精神疾患の多くの種類に共通している。情報源記憶は健常者においてさえ時々失敗する。例えば，夢の中で経験した何かが実際に起きたことなのかどうか，ときどき戸惑うことがあるだろう。そのような情報源記憶のたまにある失敗程度で怖がることはないが，境界性人格障害の患者は夢と現実の内容を区別することが困難である。加えて，情報源記憶の困難は，対人間の問題に関連するこれらの患者の他の症状にも関係しうる。このように，モデルベース強化学習とメンタルシミュレーションは，複雑な環境における意思決定戦略を改善するが，現実と想像上の出来事の記憶を区別する能力を必要とする。メンタルシミュレーションの間に想像した出来事を現実の出来事と間違うことは，モデルフリー強化学習に完全に頼るときよりも悪い行動を生み出す。

モデルベース強化学習とメンタルシミュレーションに関連するもう一つの難しさは，行動を選ぶ前にどの程度のメンタルシミュレーションを行うかを決定することである。人生を変えるような難しい決定には，考慮すべき重要な要因は膨大な数になりうる。会社や政府のような大きな組織では多くの人が意思決定の過程に参加し，会議の間のメンタルシミュレーションの内容を共有する。これはシミュレーションされるべき異なる内容の数と幅を増やし，最良の一連の行動について適時に合意するのを難しくする。我々は皆，過度のメンタルシミュレーションに慣れている。過去の負の経験についての過度のメンタルシミュレーションは反芻と呼ばれ，うつの一般的な特徴である。これらの副作用にもかかわらず，メンタルシミュレーションは環境についての知識に基づいてより適切な行動を選ぶことを可能とする。環境についてどれだけ知っているかにかかわらず，メンタルシミュレーションがないと代替案の行動の結果を正確に予測できず，賢く行動することはできないだろう。これはなぜ，うつ症状のある人が解析的な思考を必要とする複雑な意思決定課題を時には良くこなすことができるかを説明できるかもしれない。

前に議論したように失望と後悔は，それぞれモデルフリー強化学習とモデルベース強化学習に関連する負の感情である。我々が時々感じるもう一つの負の感情は嫉妬である。自分自身の状況が他人のそれよりも悪いことに気づいた時，嫉妬を感じる。これらの3つのすべての負の感情は共通のものを持つ。すなわち，自分の行動の結果が考えたものよりも悪かったときに，我々はそのような負の感情を経験する。それゆえ，失望と後悔と同じように，嫉妬は，行動を変えることが必要かもしれないと示す学習のための誤差信号である。もし同じグループの誰かがあなたよりも良い結果を得たなら，これはあなたが最良の行動戦略を見つけられなかったことを示唆する。嫉妬はあなたが十分な経験と知識を蓄積するまで，誰かの戦略を採用したほうが良い可能性を示す生物学的な信号である。

嫉妬が失望と後悔から区別されることは，我々に期待を抱かせる。失望や負の報酬予測誤差はモデルフリー強化学習の一部である。対照的に，後悔はメンタルシミュレーションの産物であり，モデルベース強化学習からくる。同様に，他人が受け取るものよりも，自分が得るもののほうが劣ると気づいたとき，嫉妬を経験する。強化学習の誤差信号である失望または後悔を経験するのと根本的には同じ理由のため，我々は嫉妬を感じる。強化学習はそのような誤差を最小化することで機能する。グループ内の他の人の行動を観察できると，新しい状況で最も適切な行動を見つけるための別の可能な手段となる。模倣と観察学習は，試行錯誤学習をなくすことができるかもしれない。さらに，どちらも環境についての過度の知識を必要とせず，モデルベース強化学習よりも効率的に適切な行動を学習する方法を時には与えることができる。嫉妬はそのような社会的な学習のための重要な誤差信号を与える。

模倣と観察学習は，人間の子供が発達するときに特に重要な役割を演じる。洗練された階層構造と先端技術を持つ複雑な社会では，モデルフリー強化学習のような試行錯誤に基づいた学習アルゴリズムを用いて何もかもを学習しようとするのは，極端に遅くて効率的ではないだろう。同様に，長期間の教育はモデルベース強化学習アルゴリズムが適切な行動を薦め始めることができる前に必要とされるだろう。模倣と観察学習は，そのような時間を使う学習アルゴリズムに対する代替的な解決法を与える。例えば，あなたが外国にいて，自動券売機で電車の切符を買う必要があると想像してみよう。もしよく知っている言語で書かれた説明がないなら，他の人が何をしているかを観察し，そのやり方に従いたいと思うだろう。この例のように同じ問題に多くの人々が直面するとき，誰かが良い解決法を発見するために必要なすべての時間と労力をすでに費やしているかもしれず，その解決法を他の人が真似することができる。模倣と観察学習は人間が発達させた複雑な文化のために重要な生物学的基礎を与えた。それにもかかわらず，人間は他者を真似ることができる能力を持つ唯一の種ではない。霊長類に加えていくつかの鳥類もまた他の個体の行動を観察し，真似る能力を示す。場合によっては，これは，初歩的な文化につながることもある。

最も適切な行動を選択するために必要な様々な機能を脳が備えたことの代償はかなりのものである。これには様々な学習アルゴリズムに必須な負の感情も含む。さらに，多種多様な学習アルゴリズムの利点を統合するために，脳はまたそれらの信頼性を評価するためのメタ認知能力も必要とする。そのようなメタ認知過程は自己参照的になり得るので，論理的なパラドックスからの保護を必要とする。モデルベース強化学習はメンタルシミュレーションの量を制御するための手段を必要とする。残念ながら，異なる学習アルゴリズムと認知能力の数が増えるにつれて，負の感情の数と潜在的な副作用も増える。我々がこれまで議論した負の誤差信号に加えて，恐怖と不安のような他の負の感情もまた特定の種類の学習と意思決定に関連する。それは楽しいものではないが，これらの負の感情は体の痛みを感じる能力と同様に，我々の生活の質を改善するのに必要である。痛みに対する先天的な無感覚，または無痛覚と呼ばれるまれな状況では，患者は体の痛みを感じる能力を完全になくしうる。これはとても危険な状態である。なぜなら，無痛覚の患者は怪我や病気に適切に対応できないからである。同様にさまざまな負の感情は，遺伝的複製の目的に究極的に一致する行動を促進するように遺伝的にプログラムされた警告信号でもある。

参照文献

Brandenburger A, Keisler HJ（2006）An impossibility theorem on beliefs in games. *Studia Logica* 84: 211-240.

Hamilton JP, Farmer M, Fogelman P, Gotlib IH（2015）Depressive rumination, the default-mode network, and the dark matter of clinical neuroscience. *Biol. Psychiatry* 78: 224-230.

Hofstadter DR（1979）*Gödel, Escher, Bach: An Eternal Golden Braid.* Basic Books.

Kiani R, Shadlen MN（2009）Representation of confidence associated with a decision by neurons in the parietal cortex. *Science* 324: 759-764.

Kornell N, Son LK, Terrace HS（2007）Transfer of metacognitive skills and hint seeking in monkeys. *Psychol. Sci.* 18: 64-71.

Lee SW, Shimojo S, O'Doherty JP（2014）Neural computations underlying arbitration between model-based and model-free learning. *Neuron* 81: 687-699.

Minzenberg MJ, Fisher-Irving M, Poole JH, Vinogradov S（2006）Reduced self-referential source memory performance is associated with interpersonal dysfunction in borderline personality disorder. *J Personal. Disord.* 20: 42-54.

Modirrousta M, Fellows LK（2008）Medial prefrontal cortex plays a critical and selective role in 'feeling of knowing' meta-memory judgments. *Neuropsychologia* 46: 2958-2965.

Persaud N, McLeod P, Cowey A（2007）Post-decision wagering objectively measures awareness. *Nature Neurosci.* 10: 257-261.

Skrzpinska D, Szmigielska B（2015）Dream-reality confusion in borderline personality disorder: a theoretical analysis. *Front. Psychol.* 6: 1393.

Tomasello M, Call J（1997）*Primate Cognition.* Oxford Univ. Press.

第 10 章　結論：人工知能に関する疑問

この半世紀における心理学，神経科学，コンピュータサイエンスの進展は，知能についての我々の理解を素晴らしく広げた。それにもかかわらず，人間の知能についての我々の理解は極めて限られている。我々の社会の変化の度合いは増し続けているから，人間の知能のある種の限界と弱さが，どのように我々を脆弱にしているかを予測するのは難しい。デジタル機器，コミュニケーション技術，バイオ技術の進展から起こる技術革新により，伝統的な価値体系や従来の知恵はしばしばうまくゆかなくなる。そのような社会の急変に適応するため，人間の知能の限界を理解することはより重要になってきている。人間の知能のより深い理解は，将来の人工知能技術にどのように適応するかを正確に予測し，どのように人間と機械の関係が変わるかを理解するためにも重要である。この最後の章では，これまでに見てきた知能の進化に対する洞察によって，より強力な人工知能が人類の文明に与えるインパクトをより正確に予測できるようになることについて議論する。

本書の冒頭で，知能とIQを区別する必要について強調した。知能とは，良い意思決定をしたり，変化し続ける環境下で生物が遭遇する多種多様な問題を解決する能力である。各々の状況における最善の答えは，生物の必要性と選好に依存する。これは，生物がその環境に応じて知能の適切な形態を変化させることを意味する。したがって生物の知能をある一つの数値に置き換えて理解することには意味がない。

知能のような複雑な機能に数字を割り当てることは時には便利である。だからこそ，何事にもランキングが存在する。ランキングは主観的なものだが，我々は音楽やスポーツチームをランク付けするだけでなく，会社や大学をもランク付けをする。同様に，知能のような複雑な機能を数字で理解することは，しばしば誤った方向へ導く。これは生物学的な知能と人工知能を同じものさしで比較することができるという誤った印象をよびおこす。二人の身長を比較することは簡単だが，これは人体の無数の物理的な特徴のすべての違いを捉えてはない。同様にIQは人間の知能という単一の側面に注目し，それに応じて様々な個人をランク付けするのに使われる。例えばIQの数値を使って，空間認知や単語の記憶というある特定の側面を捉えることができる。しかし，それらはその人のすべての知能を反映するものではない。

IQが広く受け入れられ使われるようになったことは20世紀に地球上で広まった産業化と密接に関連している。しかし，人工知能の応用の範囲が拡大するにつれて，個人に特有の能力がIQや知能と他の標準的な指数よりも重要になってきている。IQの数値は経済的な生産性に最も関連する認知能力を定量化するように設計されている。しかし，コンピュータと人工知能がより洗練されるにつれて，我々の社会で経済的な成果を最大化するのに必要な人間の労働力の性質は根本的に変わるだろう。例えば，昔は経済活動とそれを支える法的な手続きに必須な知識を集め，保存し，取り出すのに，相当な時間と労力が必要だった。結果として，医学や法律のような相当な訓練を必要とする分野の専門家には，十分高い報酬が支払われた。IQテストと他の標準的な検査は，そのような専門的な訓練のために適切な候補者を同定するために共通して用いられた。人工知能が，専門的な知識と経験を持つ専門家を補助，もしくは，代替するようになるにつれて，そのような標準的検査の価値は減少していくだろう。

本書を通して，知能の生物学的かつ進化的な起源，したがって動物と人間の知能の近接性について強調した。人間と他の霊長類は知能において多くの共通する性質を持つ。それにもかかわらず，人間の知能は他の霊長類や他の種の動物と二つの側面，すなわち直前の二つの章（8章と9章）で議論した社会的な知能とメタ認知においてはっきりと区別される。これらの人間の認知の二つの側面は，古典的条件づけと道具的条件づけのようなより基礎的な学習アルゴリズムと比較して他の動物の能力と重なるところは少ない。それゆえ，我々が依然，社会的，メタ認知的知能の正確な性質と生物学的な仕組みを十分理解していないことは驚くことではない。したがって，人間の文明における人工知能技術の出現のインパクトについての最も価値ある洞察は，我々の社会的，メタ認知的能力のより詳しい理解からもたらされる。また，社会的な知能とメタ認知が，スポーツ，音楽，芸術，科学など，人間が最も好んで行う活動を正確に担う能力であることは，偶然の一致ではない。人間が作った機械や人工知能が，人間のための様々な品物の生産への貢献度を増し，人間を労働から解放するにつれて，娯楽と自己啓発の価値は増えていくだろう。人間の社会は人間の知能をより正確に理解することを求めながら，これらの二つの主要な活動により多くの資源を充てるだろう。

多くの研究が，人間の社会的，メタ認知的能力に焦点を当てるようになってきている。神経科学とコンピュータ科学がこれらの二つの重要な研究分野で最も重要な役割を演じるだろう。人間の知能は我々の脳の産物であり，脳の機能と発達のより詳しい理解は知能の正確な理論にとって必須である。現在，MRI等による生きている人間の脳活動を測定するのに使える機器の精度は極めて限られている。人間の脳の神経活動を正確に測定し，制御さえできる非侵襲的な技術の開発は，この分野の進展を大いに加速させるだろう。コンピュータ科学と人工知能研究もまた，複雑な行動と物理的な仕組みを解析する価値ある数理的なフレームワークを与えるから，神経科学と密接に結びついている。最近の機械学習革命で実証されているように，デジタルコンピュータ技術の継続的な進展は，その産業を変えるだけでなく人間の知能の理解も変えるだろう。社会的，メタ認知的な知能のより良い理解は，多くの脳機能の障害の原因を見つけるのに役立ち，治療法を見つける可能性もある。

社会知能とメタ認知は人間と他の動物をはっきり区別するが，人工知能によって実現不可能と考えるべき理由は存在しない。人工知能技術が進むにつれて社会的，メタ認知的知能は，人工知能のより本質的な部分になるだろう。しかしこれは，我々が技術的特異点，もしくは人工知能が知能のすべての領域において人間のそれと置き換わることに近づきつつあることを意味しない。これはすぐには起こらないだろう。なぜなら知能は自己複製によって定義される生命の機能だからである。本書を通して見てきたように，生命は進化を通して自己複製の効率を改善するためにプリンシパル＝エージェント関係に基づき，いくつかの重要な解決法を発明した。プリンシパル＝エージェント関係の例は，生殖細胞と体細胞の間の役割分担，脳と遺伝子の間の役割分担を含む。脳が自身では自己複製できず，その結果として遺伝子の代理人として機能し続けているように，コンピュータが物理的に複製しない限り，人間はプリンシパル(依頼人)であり続け，コンピュータと人工知能の振る舞いを制御するだろう。

個々の人工知能プログラムは，特定の比較的狭い問題を解くために書かれ，人間よりもより効率的に実行する必要がある。そうでなければ，人工知能技術に対して経済的な需要はなく，娯楽や研究の対象としてしか存在しないだろう。それゆえ，人工知能と人間のパフォーマンスの競争は，人間社会にとって脅威ではなく，むしろ人工知能にとって必要条件である。洗練された学習機械として脳は進化するが，これは脳と遺伝子の間のプリンシパル＝エージェント関係への脅威ではなく，一つの解決法である。同様に人工知能技術自身の進化は人類を脅かさないだろう。もし人工知能の価値と効用関数が人間のそれと対立するなら，人工知能は我々にとって真の脅威となるだろう。それにもかかわらず，人工知能は根本的に人間の仕事の効率を高めるように発明された数多くのツールの一つに過ぎない。

人間が機械と人工知能と我々との関係において，プリンシパル(依頼人)であり続けると考えるのは当然のことなのだろうか。答えはイエスであるが気をつけるべきことがある。もし人工知能との関係においてプリンシパルで有り続けたいと思うなら，人間の介入なしに自己複製できる機械を作るべきではない。本当の自己複製機械は，その部品の収集と最終的な組み立てを含む，自分自身を複製するのに必要なすべての機能を完備する必要がある。そのような機械を制御するソフトウェアのコピーを作ることは，自己複製のきわめてわずかで簡単な部分に過ぎない。それゆえ，コンピュータウイルスは人工生命ではない。受精卵から成人を作る発達過程は極端に複雑で学習を含む。同様に，自己複製機械は不確かな物理的環境で生き延び，物理的に複製するのに必要なすべての手段を持つ必要がある。自己複製できる知的な機械は，たとえ人間によって創られたとしても生物だろう。自己複製機能を持つそのような人工生命の人工知能は真に知的で，我々の種に対する脅威になるかもしれない。これは我々よりも進んだ文明を持つエイリアンとの遭遇と根本的に変わらないだろう。

いつ，どのように人間が人工生命を創ることができるかを予測するのは難しい。このプロセスはこの20～30年に進展したデジタルコンピュータと人工知能技術とは極めて異なるだろう。人工生物の技術と，それが人間と機械の間の関係にどのような影響を与えるかに関して，多くの疑問は未解決のままである。例えば現在，人間のための代理人として働く機械と人工知能は，より進んだ技術を持つ人工生命を徐々に獲得するのだろうか？　もしそうなら，そのような変革の条件とは何だろうか？　これは人類の文明をどのように変えるのだろうか？　これらは難しい問題であり，いまだ答えは出ていない。しかし，いつかこれらの問題に対して，人間よりもよく理解できる人工知能が出現するかもしれない。もし，それが，人工生命を人間が作る前に起こるのであれば，その強力な人工知能が生命を獲得する前に，生命を持つ人工知能が人間に与える影響について尋ねることができるだろう。

訳者あとがき

最近，人工知能に関するニュースや製品，サービスをよく目にするようになった。掃除ロボット，自動車の自動運転，医用画像のがん診断支援など，人工知能のおかげで私たちの生活がより豊かになっていくと思わせてくれる。しかし，そのパフォーマンスが人間をしばしば上回り，進展が急速であることから，いつしか人工知能が人間の知能を超えてしまう(シンギュラリティ)のではないかという懸念も持たれている。この潜在的に深刻で知的に魅力的な問題を議論するために，本書の著者は，まず知能の本質について正確に理解することが必要であると説く。これまでも，知能は人間の理解や生活に重要であるがゆえに，哲学，心理学，生物学，コンピュータ科学など幅広い分野で長い間研究されてきた。本書は，それら人文・社会科学と自然科学の融合ともいえる脳科学の知見を軸に，知能の本質について，多面的に学問分野を横断して考察し，各専門分野の知識を持たない方にも理解していただけるように書かれたものである。

著者のDaeyeol Lee (デヨル・リー教授)[1]は，意思決定の脳内メカニズムを調べる分野である神経経済学の分野で世界的に著名な研究者である。韓国ソウル大学では経済学を専攻し，その後アメリカに渡り，神経科学の博士号を取得するという学際的なバックグラウンドを持つ。前職のイェール大学教授から，ノーベル賞級の国際的に著名な研究者のみが就任できるBloomberg Distinguished Professorの一人として，2019年にジョンズ・ホプキンス大学に移籍した。

本書の主張を簡単にまとめると次のようになるだろうか。知能とは，意思決定者の視点から見て，良い決定をする能力である。良い決定とは，その生物の生存，繁殖の可能性を高めるような行動の選択である。生物はこの能力を進化を通して発展させてきた。これこそが知能の本質である。ここで，進化を通して受け継がれていくのは遺伝子である。生物の知能を実現する脳

1　著者を日常，ファーストネームのDaeyeolで呼んでいるため，ここでは著者の名前を英語のDaeyeolで記している。

は，遺伝子のための乗り物にすぎないが，変化する環境において行動の効用を学習し，適切な意思決定を自律的に行う重要な役割を演じる。この委任（遺伝子）・代理（脳）関係を，遺伝子は効用の制約を決めることで制御しようとする。そして，社会知能とメタ認知は，人間の知能を特徴づける。読者はどのような意見を持たれただろうか。今後の科学技術の進展に伴う知能の理解の深化と，それにより相対的に浮き彫りにされる人間の本質の理解において，本書が議論の一助となれば幸いである。

本書は，*Birth of Intelligence: From RNA to Artificial Intelligence*としてOxford Universith Pressから2020年に出版され，韓国語，中国語でも出版されている。この度，日本語版として，私が留学中に著者の研究室で行った研究も紹介されている本書を，自身で翻訳する機会をいただき，日本の読者にお届けできるのはこの上ない喜びである。留学中，研究を論理的にシステマティックに力強く進めていく著者のアプローチに接し，科学者の態度として大変感銘を受けた。著者のそのような態度と学際的なバックグラウンドが，本書での知能の考察へのアプローチによく現れていると思う。

Daeyeolには，研究室在籍時の研究指導やその後も折に触れてサポートしていただき，大変感謝している。厚く御礼申し上げたい。また，東京大学法学部教授の加藤淳子先生のお力なくしては，出版にこぎつけることはできなかった。厚く御礼申し上げる。最後に，木鐸社の坂口節子様，加藤研究室の西川弘子様，東京大学大学院情報理工学系研究科知能機械情報学専攻博士課程の中川聡様には校正の過程で大変お世話になった。ここに感謝を述べたい。

異分野融合への関心を持つ読者のために

加藤淳子

本書の著者 Daeyeol Lee(デヨル・リー教授)[1]と出会ったのは，米国イェール大学を訪れていた2007年から2008年にかけてのことで，交流は既に10年以上となる。当時，彼はイェール大学医学部の教授で，私の神経科学と社会科学の融合研究へ多くの助言を与え，学内の異なる学部の研究者が参加する勉強会にも誘ってくれた。政治学の立場から神経科学との融合研究をしている私をためらいもなく受け入れるどころか，歓迎してくれたのは，韓国ソウル大学で経済学を専攻し，その後，米国の大学院に進学し，神経科学の道を歩んだという，彼のバックグラウンドにもよる。神経科学は，その成り立ちから複合分野であり，学際的な分野ではあるが，著者のように文理を横断した形の学歴を持つ研究者は稀である。神経科学・脳科学，また人工知能の分野に関わる，一般向けの本は数多く，興味深い様々な本に触れたことのある読者は多いと思う。本書は，それらとは，文理を横断する学際性という点で，一線を画す特徴を持っている。なぜなら，いわゆる文系——人文学や社会科学——の分野に属する読者にも読んでもらうことを想定して，これは書かれているからである。本書を文系の読者にも楽しんでもらいたいと思うDaeyeolと気持ちを同じくして，出版を引き受けてくださった木鐸社の坂口節子さんにうながされ，自分を文系と考えられている読者や，理系のバックグラウンドながら異分野融合に興味を持たれる読者のために，Daeyeolとこの本について，監修者の立場から，書いてみたいと思う。

本書の最初で，Daeyeolは，「生命とは複製する物理的システム」であると，そして，「自己複製するために，多様な環境下で複雑な問題を解決する生命体の能力」を知能と定義する。巻頭言にあるように，この定義から「哲学，心理学，生物学，神経科学，コンピュータ科学，工学，経済学，社

1　著者を日常，ファーストネームの Daeyeol で呼んでいるため，ここでは著者の名前を英語のDaeyeolで記している。

会学，政治学などすべての知能に関わる重要な学問領域を統合して理解することが必然」であることが導かれる。知能について，このように多岐の分野にわたり，一人の著者が，しかも物語のように書くことが困難であることは想像に難くないが，これが，著者であるDaeyeolの研究姿勢そのものなのである。本書は，理系のバックグラウンドを持つ読者にとっては，未知の分野への広がりが感じられる一方で，文系のバックグランドを持つ読者にとっては，かえって，脳科学や人工知能がずっと身近に感じられるようになっている。

物質から生命が生まれるという立場は，自然科学としての出発点である。しかしながら，それは，私たちの生命から社会が生まれると，Daeyeolが考え，さらに(物質としての)生命を社会の文脈からしか理解できないとし，社会的であることに人間の知性の本質を見出すことで，全く別の意味を持つことになる。人間が知的であるのは，自分自身の目的を持ち，自身のために問題を解決できるからであり，人間にとって，最も難しい問題は社会的な問題であるという前提に立って，本書は書かれている。

たとえば，「社会的な文脈を抜きに，人間の知能と行動を理解することはできない」(第３章)という言明は，文系の学問に馴染みの深い読者にとっては当たり前のことかもしれない。しかし，脳科学では，これは，特別の意味を持つ。脳という器官の神経細胞の分析まで試みるのが神経科学であるなら，神経細胞から知能の現れや行動までの，無数の因果関係の連鎖をたどらなければ，人間理解に至らないとするのは，非常に高いハードルを設定することとになるからである。生体組織器官として観察できる脳を社会現象として出現する行動と結びつけて解明することは困難であるが，Daeyeolは，それを挑戦として楽しんでいるように見受けられる。少し前，投票など政治参加と遺伝子の関係について，社会科学で話題になった時，Daeyeolが興味津々といった様子だったので，「投票に行く(棄権しない)有権者だけが共通に持つ遺伝子を特定したところで意味があるのか」と聞いたところ，「そうした関係がわかっていれば，遺伝子から行動までの間に因果関係の連鎖があるか／ないかを生物学的に検証できる日が来るかもしれない」と答えが返ってきた。社会における複雑な人間の心理や行動を，あくまでも，物質としての生命のデータから解明できるとする確固たる姿勢が，彼の知的生産性の原動力であると痛感した出来事である。

とはいえ，Daeyeol は，単に，社会科学をよく理解した脳科学者ではなく，社会科学においても，実はかなり斬新な視座を提供している。例えば，Daeyeolは，人間の意思決定を経済学の「効用」を用いて説明している(第２章)が，その視座は，社会科学のそれと微妙に異なる。Daeyeol自身が書いているように「効用」や「効用関数」は，経済学者が，人間の行動を「社会」の文脈から切り離し，公理や数学として客観的に記述し理解するため考えた概念で，政治学や社会学など社会科学一般で広く用いられる。しかしながら，彼にとっては，「効用」や「効用関数」は，あくまでも，人間の行動や選択を，「社会」から切り離すのでなく，「社会」の文脈で，データとして推定するための道具である。これが，「社会」という文脈を抜きにして，人間の行動や心理が考えられない，というDaeyeolの確固たる姿勢に繋がっていく。もちろん，これは，巻頭言でも紹介されているように，Daeyeolが，サルなど霊長類の脳でニューロンのレベルの分析まで行うことができるからではある。とはいえ，「社会」という文脈は，神経科学において分析を深めるものである，という，Daeyeol の考え方は，社会科学の地平を拓くという意味で，社会科学者から見ても，非常に興味深い。

遺伝子と脳の関係を，経済学のプリンシパル＝エージェント理論で説明(第５章参照)する場合でも，この姿勢は明確である。人間の社会的協力には分業が欠かせず，分業がある時，責任の委任――プリンシパル（責任主体である依頼人)からエージェント(代理人)への委任――は社会で不可欠となる。Daeyeolは，脳が，遺伝子にとって，行動を選択するためのエージェントとみなしているが，彼にとっては，これは，単なるアナロジーではなく，社会的委任と同じ関係を見出している結果である。人間の行動は基本的には社会的であるとするDaeyeolの立場からすれば，行動を選択できるとともに，どの行動を選択すべきか経験を通して学習できる「脳」は，プリンシパルである遺伝子からの指示そのままでなく，それ以上のことを豊富な情報の取得によって行うエージェントとして分析すべき対象である。

脳科学は，またゲーム理論が予測するように，人間が必ずしも利己的に行動しない際の神経過程を解明することで(第８章参照)，かえって，ゲーム理論の威力を，社会科学で知られていたのと全く異なる形で示した。Daeyeolは，その分野，ニューロエコノミクスの第一人者で，そこにおける重要な問いの一つは，人間は利他的であるのかというものである。この根源的問いかけに，プリンシパル＝エージェント理論やゲーム理論がいかに大きな役割を果たしているかは，もうお分かりかと思う。既に，社会科学の知識を持つ読者であっても，本書を読んで，「文系」の学問の異なる側面や見方を発見されることになるはずである。また，本書のこの目的をよりよく達成するため，東京大学経済学研究科教授の松井彰彦さんには，翻訳に際して貴重なご教示をいただいた。心より御礼申し上げたい。

本書のハイライトである第８章については，神経科学の最先端分野であるデフォルト・モードネットワークまで，川人さんが，正確かつわかりやすい解説を巻頭言で書いてくださった。私たちの脳はいつも働いているので，実験を行うために「何もしていない」「休息期間」の脳の活動を計測したら，そこに脳のネットワークがあり，私たちの社会的行動のシミュレーションが行われていたという発見は専門家の間では大きな波紋を呼んだ。しかし，これは専門外の読者にとっては，神経科学が身近に感じられる発見であるかもしれない。Daeyeolは，擬人化を，このデフォルト・モードの副作用，すなわち「社会的でない刺激に対する社会的な脳の過剰な反応」と考える(第８章)。その上で，自然現象である災害や解明できない現象を，たとえば懲罰や復讐などの結果として，超自然的に解釈することがデフォルト・モードネットワークと関係すると考える。最終章では，生命として完全な自己複製ができず，完全な自己理解が不可能な知性を持つ人間だからこそ，進化が可能であったという観点を提示する。人工知能や脳と言った，現代の科学の先端を理解することは，自然において，私たちは誰か，という根源的な問いにまでさかのぼるという記述には，彼の堅実で地道な探求の姿勢が垣間見える。

本書の原著である*Birth of Intelligence*がオックスフォード大学出版会から出版される前，その主要なアイデアを，Daeyeol Leeが私の属する大学で発表したことがある。私が彼のアイデアの新奇性に驚くことがなかったので，Daeyeolは少々がっかりしたようだが，それには理由がある。発表される数年前から，折にふれて神経科学のコアとなる考え方をDaeyeolにわかりやすく説明してもらい，幸運にも，私が，彼の考えに触れる最初の社会科学者となる恩恵に浴したからに他ならない。Daeyeolが，このように分け隔てなく，周りに接することは，彼の弟子である，阿部央さんが，忙しい研究生活の合間をぬって，本書の翻訳を完成してくださったことにも良く表れている。Daeyeolが，妻であるJoogyung Hyun へのお土産を探すというので，手助けを申し出たら「Junko（私のこと）が東京で店を探してくれるとメイルを書いたら，急に彼女が，本気になって細かく詳しく注文が来た」と茶目っ気たっぷりに話す愛妻家でもある。本書の主張のように，人間の知能の本質が社会的であるとすれば，著者のこうした側面も，本書の醍醐味を支えているのは間違いない。知能を神経系のレベルから探索し始めた冒頭から人工知能まで，本書を読むことは，長い道のりではあるが，楽しい発見の多い旅路でもある。より多くの読者に，Daeyeolの道案内で，最後までたどっていただけたらと心から思う。

索引

英数字

0 次戦略　213
1 次戦略　213
2 次戦略　213
A13　76
AEGIS（Autonomous Exploration for Gathering Increased Science）　89-91
AI →人工知能
AlphaGo　71，80，82，92，98
AlphaStar　71
APM（Autonomous Planetary Mobility）　89，90
Apple　76
BOLD 信号　62，63，66，67，218-220
C エレガンス　35，36，39，40，48，116，140，141，233
Deep Blue　71
DeepMind　71，77，98，221
DNA ポリメラーゼ　129，133
DNA ワールド　108，110，112，113，125
Frontal Polar Cortex（FPC）　232，234，235
functional Magnetic Resonance Imaging（fMRI）　62-64，66，67，184，186，216
GABA（γアミノ酪酸）　173
Google　71，77
GPU（Graphics Processing Unit）　215，216
Graviton2　76
H.M. → モレゾン，H.
Hazcam（Hazard Avoidance Cameras）　88，89
Hox 転写因子　115
IBM　71
iPhone　76
IQ（知能指数）　24，25，53，240，241
Lateral Prefrontal Cortex（LPFC）　232-235
Libratus　71
Long Term Potentiation（LTP）　166
　→ functional MRI
Magnetic Resonance Imaging（MRI）　62
Mars Pathfinder → マーズ・パスファインダー
The Martian　87
Medial Prefrontal Cortex（mPFC）　217，220，230
Megaphragma mymaripenne → アザミウマタマゴバチ
mRNA → メッセンジャー RNA
NASA　83-85，87，90
　→ マリナー 9 号
　→ マリナー 4 号
　→ マーズ・パスファインダー
　→ バイキング 2 号
　→ バイキング 1 号
　→ ソジャーナ
　→ スピリット
　→ キュリオシティ
　→ 火星探査車
　→ オポチュニティ
Navcam（Navigation Camera）　88，89
NBC　152
n 次戦略　213
(n+1) 次戦略　213
Optokinetic Response（OKR）→ 視運動性反応
Orbitofrontal Cortex（OFC）　180-188
Pancam（Panoramic Cameras）　88，89
Pavlovian-instrumental transfer（PIT）　153，154
The Princess Bride　191
Red Planet　87
RNA ウイルス　108
RNA ポリメラーゼ　110，111
RNA ワールド　108，110，112，113，125
Rock Abrasion Tool（RAT）　88
StarCraft　71
tRNA → トランスファー RNA
T 迷路課題　141，144，158，176，177
vetromedial PFC（vmPFC）　63，220
VOR → 前庭動眼反射
win-stay-lose-shift 戦略　200
Y 迷路課題　156，157，178，179

あ行

アクセルロッド，R.（Robert Axelrod）　199
アザミウマタマゴバチ　123，124

アシモフ, I.（Isaac Asimov） 94
青カビ 32
アップル → Apple
アデノシン 104
阿部央 188
アルファ碁 → AlphaGo
アルファスター → AlphaStar
アルファ知能テスト 25
アンフェタミン 173
イージス → AEGIS
イェール大学 185
意志決定（ゲーム理論も参照のこと）
——に関連する脳機能 216, 218-222
→ 異時点間選択課題
→ 後悔
社会的—— 133, 185, 188, 190-192, 195, 197, 202, 203, 215, 216, 224, 225, 233
優柔不断 54
意志決定後の賭け 230, 231
意思決定神経科学 57
異時点間選択課題 52, 68
依存物質 173
遺伝 99-102
遺伝子
——と脳の分担 21, 91, 99, 121, 123, 125, 131-136, 138, 141, 150, 159, 161, 192, 198, 215, 228, 242, 243
利己的な—— 192
委任 124, 125, 128-130, 135, 159, 161
犬 145-147, 151-153, 158, 171, 172, 212
唾液を分泌する—— 145
イメージの裏切り（ルネ・マグリット） 226
ウェルニッケ野 215
嘘つきのパラドックス 225, 227
ウリジン（U） 104
エイドリアン, E.D.（Edgar Douglas Adrian） 64, 65
エッジワース, F.（Francis Edgeworth） 62
エピソード記憶 167-169, 184, 215
エングラム 165, 166, 170
オーガズム 57
狼 212
オデッセイ → The Martian
オピオイド 176
オポチュニティ（Opportunity） 84, 88, 90, 91
AI プログラム 88-90
——の仕様 88-90
——との最後の交信 90
オルズ, J.（James Olds） 57

か行

カーツワイル, R.（Raymond Kurzweil） 26, 76
ガードナー, H.（Howard Gardner） 26
カーネギーメロン大学 71
カイスラー, H.J.（H. Jerome Keisler） 227
外側前頭皮質 → Lateral Prefrontal Cortex
海馬 166-170, 184, 215, 217, 221
海綿動物 116
快楽センター 57
快楽物質 173
快楽メーター 62
顔知覚 216
——に関連する脳領野 216, 218, 219
学習 138, 140, 161
——の多様性 141
——のための脳 161
観察—— 237-238
→ 強化——
言語—— 150, 167
神経細胞と—— 161
潜在—— 155
→ 手続き記憶
動物の—— 140-145
人間の—— 141, 166, 167
→ 場所——
→ 反応——
→ 報酬予測誤差
→ モデルフリー——
→ モデルベース強化——
学習率 172
確率 51, 52, 54, 62, 64, 99, 102, 171, 182, 192, 194, 203, 231
カスパロフ, G.（Garry Kasparov） 71
火星 83, 84, 88, 91, 93, 94
——に降り立つ人工知能 83
気温 83
太陽日 83, 90
地球からの距離 83

人間の一への旅　83
火星探査車　73，85，86，88-94
AI プログラム　88-90
→ キュリオシティ
→ ソジャーナ
→ スピリット
→ オポチュニティ
可塑性（シナプスの）　79，165，166
価値　49
活動電位　31，32，62，64，65，74，78，164，174，184，188
株式市場　214
ガルヴァーニ，L.（Luigi Galvani）　32
感覚知覚　163
眼球運動　21，41-46
→ サッカード
→ 視運動性反応
→ 前庭動眼反射
→ 追従眼球運動
→ 輻輳開散運動
観察学習　237，238
ガンジー，M.（Mahatma Gandhi）　206
岩石研磨装置 → Rock Abrasion Tool
カンブリア紀　118
眼輪筋　41
記憶
→ 意味——
→ エピソード——
——に関連する神経活動
——の喪失　166，167
→ 自伝的——
→ 情報源——
→ 宣言的（または顕在）——
→ 手続き（または潜在）——
→ メタ——
機械
→ 自己複製——
→ デジタルコンピュータ
→ スーパーコンピュータ
ハードウェア対ソフトウェア　80
→ フォン・ノイマン型——
→ ポータブルコンピュータ
技術的特異点 → シンギュラリティ　76，242
擬人化　217，222
基数的効用　49，50
既知感　230
機能的磁気共鳴イメージング → functional MRI
キュリオシティ（Curiosity）　84，90，91
仕様　90
人工知能プログラム　90
強化　148，149，151，153，155
→ 効果の法則
→ 古典的条件づけ
→ 道具的条件づけ
強化学習　72，92，170-173，177-180，185-188，191，202，203，231-238
——と知識　177
——におけるメタ選択　231，232，234，235
——理論　170，171，173，177，180
→ モデルフリー——
→ モデルベース——
キング，M.L.Jr.（Martin Luther Jr. King）　206
金星　83
筋肉　23，30-32，34，35，38，40，41，64，65，118，128，151，164
グアノシン（G）　104
屈光性　29
クラゲ　20，35，36，39，116，118
繰り返しのあるゲーム　199，205，207
繰り返しのある囚人のジレンマ　197，199，200，202，205
クリッカートレーニング　151
グルタミン　111
グルタメート　173
グロス，G.（Charles Gross）　216
群知能　92，94
経験した幸福　58，59
ケインズ，J.M.（John Maynard Keynes）　214
ゲーム理論　56，192-198，203，206，208
血中酸素濃度依存型信号 → BOLD 信号
言語学習　150
顕在記憶　167
碁　19，26，48，71，77，80，92，98
後悔　180-188，233，234，237
意志決定への効果と前頭眼窩皮質　180-188
——に関連する神経活動　186，187
効果の法則　147，149，200
好奇心のある猫　147

公共財　203-205
公共財ゲーム　204，205，207
広告　152-154
高次条件づけ　152，159
行動
　――の予測　209，228
　社会的な――　45，46，53，92-95，185，190，202，206，214，221
　社会的に望ましい　53
　単細胞と植物の――　28-30
　単純な――　21，28，34，40
　知的な――　19，20，21，28，46，98，141
　複雑な――　21，34，39，40，119，242
行動科学　150，195
幸福　58
　経験した――　58，59
　予期した――　59，60
効用　49，52，92
　――関数　49，55，56，58，72，73，92，135，136，138，170，243
　→ 基数的効用
　――に関連する BOLD 信号　63
　――の進化　69
　→ 序数的効用
　――理論　49-51，54-57，61，170
合理性　135，214
コカイン　173
ゴキブリ　37-39，41，48，116，164
心の理論　209-217，220，221，224，228
　――に関連する人間の脳領野　217，220
　→ 誤信念課題（サリー・アン課題）
　再帰的な――　213，228
古細菌　101，108
誤差信号　174，233，237，238
誤信念課題　209-212
古典的ゲーム理論　192
古典的条件づけ　145-147，149-156，158，159，165，171-174，177，200，233，241
孤独　214
コドン　111，112
コネクトーム　24，39，40
五目並べ　48
コリチェリ，G.（Giorgio Coricelli）　217
コロンビア大学　147
昆虫　32，33，36，39，40，96，102，118，123，124，129，224，
コンピュータ
　→ スーパーコンピュータ
　性能　76
　→ デジタル――
　→ ニューロモーフィック
　→ 脳対コンピュータ
　ハードウェア対ソフトウェア　80
　→ フォン・ノイマン型機械
　→ ポータブルコンピュータ

さ行

細菌 → 古細菌
再帰的な心　212
最終共通路　41
再認　230
魚　34，39，90，147
作話　236
サッカード　44-46，93
サリー・アン課題 → 誤信念課題
サル
　意志決定に関連する脳機能　67，68
　→ 顔知覚に関連する脳領野
サンドルム，T.（Tuomas Sandholm）　71
視運動性反応　44，45
時間　51
磁気共鳴イメージング → MRI
自己意識　22，224
自己参照　225，226，228，229，238
自己認識　224，225，227，228，233
自己複製機械　96，99-102，243
　DNA の複製　109，110，113，129，131，134
　RNA 複製　105，106
　→ 多細胞生物
　――の自然史　102
　単純な――　100，101
　我々が生命と関連付ける性質　99-102
シチジン　104
嫉妬　237
実験医学研究所（ロシア）　147
しっぺ返し戦略　199，200-202
失望　180-182，233，237
自伝的記憶　220，221
シナプス

学習における役割　163-165
——可塑性　164，165
——間隙　78
——対トランジスタ　78
——の構造　78，80
ヘッブの——　166
刺胞動物門　118
社会的
——行動　202
——知性仮説　215
——な学習　237
——な隔離　214
——な協力　128
——な協力を促進する方法　208
——な知能　22，241，242
——な脳　188，214，222
——に望ましい行為　53
——認知　216，220，221
——認知に関連する脳領野　217，220
ジャンク DNA　115
じゃんけん　185-188
自由意志　228
習慣　137，167，179
囚人のジレンマ　195-199
繰り返しのある——　197-199，200，202
ナッシュ均衡戦略　199
熟考　54
シュルツ，W.（Wolfram Schultz）　173，174
条件づけ
→ 高次条件づけ
→ 古典的条件づけ
→ 道具的条件づけ
→ 二次条件づけ
→ 予備条件づけ
情報源記憶　236
ショーエンバウム，S.（Geoffrey Schoenbaum）　174
将来の出来事に関する思考　220，221
植物の行動　28-30
ハエトリグサ　32-34
序数的効用　49
自律的な人工知能
自律惑星移動 → APM
進化　19-21，24，35，37，38，44，45，69，99，102，104，106，112，113，135，149，221，227，240-243
→ DNA ワールド
——と発達　120
——における労働と委任の分担　113，125，125
生物の——　84，96，102，118，119，159
多細胞生物の——　113
動物の——　34，39，94，207，212，215，216，222
脳の——　21，61，90，91，95，99，116，118，121，123，124，126－128，140，188，198，206，207，209，225，228，243
シンギュラリティ　76，242
神経系　30，118-120
神経経済学　49，57，58
神経細胞　30，31
感覚知覚と記憶に関連する活動　161-163
→ 後悔
——間のコミュニケーション　74，75
——と学習　161
——の構造　31
→ ミラーニューロン
神経節　38，119
人工知能　71
火星の——　83
自律的　82，85，87，92
人工生命　243，244
——と効用　92
——に対する疑問　240
——の歴史　19
超知能　71
問題解決　77
心理学　19，25，92，141，147，150，155，156，166，171，185，199，233，240
心理学的ユートピア（スキナー）　150
推移性　50，55
スーパーコンピュータ　80
スーパーボウル　152
スキナー，B.F.（Buffhus F. Skinner）　145，148-151，154
スキナーボックス　148
スコビル，W.（William Scoville）　166
スタークラフト → StarCraft
ストア哲学　61

スピアマン, C.（Charles Spearman） 24
スピリット（Spirit） 84, 88, 90
AI プログラム 89, 90
——との最後の交信 90
——の仕様 86-90
スペンサー, K.（Kenneth Spencer） 156, 158, 178
スポーツ 49, 240, 242
スマートフォン 76
スミス, A.（Adam Smith） 129
生化学 21, 27, 48
生殖細胞 35, 113-115, 127, 128, 132, 134, 242
生命
→ 人工——
——の進化 111, 116, 117, 120, 123
——の定義 99 ー 102
——の本質 227
脊索動物門 118
脊椎動物 23, 34-36, 39, 40, 118-120
節足動物門 118
ゼロサムゲーム 192, 209
宣言的記憶 → 顕在記憶
線条体 63, 68, 174, 176, 207
前庭動眼反射 43-45
前頭眼窩皮質 → Orbitofrontal Cortex
前頭極皮質 → Frontal Polar Cortex
前頭前野内側皮質 → Medial Prefrontal Cortex
前頭前野腹内側皮質 → ventromedial PFC
前方性健忘 166
走性 29, 30
走化性 28, 29
想起 167, 221, 230
創造性 150
相貌失認 216
ソーンダイク, E.（Edward Thorndike） 145, 147-149, 172, 200, 201
——の効果の法則 → 効果の法則
——の問題箱 147-149, 172
ソクラテス 224
ソジャーナ（Sojourner） 84-89
ソフトウェア 80-82, 158, 243
孫子 224

た行

第一次世界大戦 25
体細胞 35, 115, 127, 128, 134, 200
生殖細胞との役割分担 115, 127, 128, 134
代謝 21, 66, 100, 101, 113, 115, 216
大腸菌 28
大脳基底核 166, 169, 170
唾液を分泌する犬 145
タコ 180-120
多細胞生物 112-114, 116, 121, 125, 129, 134
——の自己複製 113-115
——の進化 125-128
他者の行動の予測 190, 191, 209, 215
単細胞生物 17, 113, 114, 123
——の行動 28, 30
——の進化 125, 126
探査車 → 火星探査車
タンパク質 31, 72, 96, 108-113, 115, 120, 125, 129, 131, 133, 134
遅延 51-53, 68, 82
——のある報酬 53
——のある満足 51
地球
——上の一番最初の動物 116
——と火星の距離 85
知識
→ 既知感
→ 強化学習と——
→ 自己認識
知的な行動 19-21, 28, 46, 141
——の単純な例 46
——の目標 98
知能
——指数 24, 25
——テスト 25
——と自己 224
——の代償 232
——の定義 17, 25, 26, 46
——の必要条件 113
——のレベル 20, 23
→ 社会的知性仮説（マキャベリ的知性仮説）
神経細胞のない—— 28

→ 人工——
→ 人間の——
→ 郡——　92，94
→ 超——
中央処理演算装置（CPU）　75，76，80，81
長期増強 → LTP
超知能　71
チンパンジー　23，53，211，212
追従眼球運動　45，46
ディープ・ブルー（IBM）→ Deep Blue
ディープマインド（Google）→ DeepMind
デオキシアデノシン　108
デオキシグアノシン　108
デオキシシチジン　108
デオキシチミジン　108
デオキシリボヌクレオチド　103，106，108，129
デオキシリボ核酸（DNA）　99，103，104，106-110，112，113，115，116，125，129，131，133-135
自己複製　108
——の構成要素
——の構造　106-108
——ポリメラーゼ　129，133
——ワールド　108，110，112，113，125
非コード——　115
デカルト，R.（Rene Descartes）　73
適応　19，20，23，26，27，40，48，54，59，79，81，96，102，134 ー 136，178，206，207，208，222，233，240
適応度　135，136
テキサス・ホールデム　71
デジタルコンピュータ　17，20，72，74，76，80，81，242
手続き学習 → 手続き記憶
手続き記憶（学習）　167-169
デュ・ボア＝レーモン，E.H.（Emil H. du Bois-Reymond）　32
てんかん　166
転写因子　115，116，120
頭化　118
道具的条件づけ　145，147，149-156，158，159，165，172，174，177，241
パブロフ型条件づけから道具的条件づけへの転移 → Pavlovian Instrumental Transfer
統合失調症　173，236
頭足動物　117
逃避反射　37-39，41
動物学習　145
好奇心のある猫　147
唾液を分泌する犬　146
地球上の一番最初の動物　116
T 迷路　141-144，158，176，177
——の進化　117-118
動物行動会社（Animal Behavior Enterprises）　154
ドーキンス，R.（Richard Dawkins）　115，135
ドーパミン　173-176
——の軸索終末の場所　174
→ 報酬予測誤差に関連する神経活動
トールマン，E.（Edward Tolman）　141，142，145，150
トキソプラズマ　98
床屋のパラドックス　226
トランジスタ　75，76，78-80
トランスファー RNA（tRNA）　111，112

な行

ナヴカム → Navcam
ナッシュ，J.（John Nash）　194，195，199，213，214
——均衡　195，197，203，205
ナンセンスコドン　111，112
軟体動物　39，118
ニコチン　176
二次条件づけ　159
ニューロモーフィック・チップ　80
人間の学習（学習も参照のこと）　141，167
人間の創造性　150
人間の知能（知能も参照のこと）　17-22，24，71，72，77，82，92，93，141，229，240-242
人間の脳（脳も参照のこと）　56，63，67，72-74，76，77，79-81，91，94，141，163，167，168，199，207，215，216，219-222，224，242
→ 顔知覚に関連する脳領野
→ 社会認知に関連する脳領野
→ 脳対コンピュータ
認知

→ 再認
→ 社会的認知
→ メタ認知
認知症　236
ヌクレオチド　103，104
→ デオキシリボヌクレオチド
→ リボヌクレオチド
ネーゲル，R.（Rosemarie Nagel） 214，217
ノイマン，J.v.（John von Neumann） 80，192，197
→ フォン・ノイマン型機械
脳　118，119，124
意志決定に関連する機能　48，68
インセンティブ　136
快楽センター　57
→ 顔知覚に関連する脳領野
学習　140，161
→ 活動電位
感覚知覚と記憶に関連する活動　161-163
→ 社会認知に関わる領野
社会一　214
性能　76
——対コンピュータ　73
——と遺伝子の分業　124-130，242
——の進化　116，126-128，221
——の発達　120-121
複雑な——　138-139
→ プリンシパル＝エージェント理論
→ BOLD 信号
野うさぎを追って（アイザック・アシモフ） 94
脳のインセンティブ　136

は行

パーキンソン病　169，173
ハードウェア　76，80-82，89，90，94
バードン＝サンダーソン，J.（John Burdon-Sanderson） 32
バイキング１号　83
——２号　83
ハエトリグサ　32-34
ハサビス，D.（Demis Hassabis） 221
場所学習　142，144，145，155，158
ハズカム → Hazcam
パスカル，B.（Blaise Pascal） 180
パッカード，M.（Mark Packard） 169
発達　116，120
パブロフ，I.（Ivan Pavlov） 145-147，152，153，171，172
——型条件づけ → 古典的条件づけ
——戦略　200 ー 202
——型条件づけから道具的条件づけへの転移 → Pavlovian Instrumental Transfer
ハリガネムシ　96
パレート最適　197，205
パンカム → Pancam
反射　25，34-38，41-45，48，59，138，140，146，164
→ 視運動性反応
→ 逃避反射
→ 前庭動眼反射
反応学習　142-145，169，170，176，177
ヒース，R.（Robert Heath） 57
ビコイド　115
彦坂興秀　174
皮質脊髄路　120
ビジニ（創作上の人物） 191
美人投票ゲーム　213，214，217，220，221
ビネー，A.（Alfred Binet） 24
ビュリダンのロバ　54
フォン・ノイマン型機械　73，74，80
富嶽　80
不確実性　51
復讐　206，207，222
輻輳開散運動　45
仏教　61
フッター，M.（Marcus Hutter） 26
負の報酬予測誤差　174，175，178，180-182，233，237
ブラウン，N.（Noam Brown） 71
ブランデンバーガー，A.（Adam Brandenburger） 227
——＝カイスラーパラドックス　227
フリーズ　147
プリンシパル＝エージェント理論　125，130-136
前提　131-136
目的　130
プリンセス・ブライド・ストーリー → The Princess Bride

フレミング，A.（Alexander Fleming） 32
ブレランド，K.（Keller Breland） 154，155
ブレランド，M.（Marian Breland） 154，155
フロイト，S.（Sigmund Freud） 74
ブローカ野 215
分業 112，113，129-136，161
ベータ知能テスト 25
ヘッブ，D.（Donald Hebb） 166
　——のシナプス 166
扁形動物 96
扁平細胞 116
報酬予測誤差 171-178，180-182，231，232，233
　学習中の—— 171-178
　→負の——
　——に関連する神経活動 173-176
紡錘状回顔領域 216
ポーカー 71
保険 130，133，136-138
翻訳 21，111

ま行

マーズ・パスファインダー（Mars Pathfinder） 85-87
マキャベリ的知性仮説 215
マグリット，R.（Rene Magritte） 226
マシュマロ実験 52，53
マッゴー，M.（James McGaugh） 169
マリナー4号（Mariner 4） 83
　——9号（Mariner 9） 83
ミシェル，W.（Walter Mischel） 52，53
ミラー・トラッキング課題 167，168
ミラーニューロン 217
ミルナー，B.（Brenda Milner） 166，167
ミルナー，P.（Peter Milner） 57
ミンスキー，M.（Marvin Minsky） 26
メタ記憶 236
　——選択 228，229，231，232，234
　——データ 229
　——認知 228-230，232，236，238，241，242
　——プログラム 82
メッセンジャーRNA（mRNA） 110-112，125
メモリスタ 79
メンタルシミュレーション 177-181，222，228，234-238
妄想 236
モデルフリー強化学習 177-179，181，186，191，202，203，231，232，233，235-237
モデルベース強化学習 177-181，185-188，202，203，231，233-238
模倣 237，238
モラルハザード 137
モルゲンシュテルン，O.（Oskar Morgenstern） 192，197
モレゾン，H.（Henry Molaison） 166-169，184，221

や行

ヤーバス，A.（Alfred Yarbus） 42
有櫛動物 117，118
優柔不断 54
予期した幸福 59，61
予備条件づけ 159

ら行

ラシュリー，K.（Karl Lashley） 165
ラッセルのパラドックス 226，227
ラパポート，A.（Anatol Rapoport） 199
リー，S.（Sedol Lee） 71
リガーゼ・リボザイム 105，106
利他性 190，206
利他的な罰 207，208
リピット，R.（Ronald Lippitt） 157，158，178
リブラタス → Libratus
リボ核酸（RNA） 99，103-106，108-113，125，131
　自己触媒としての—— 106
　自己複製—— 104-106，108，112，125
　→トランスファーRNA（tRNA）
　メッセンジャーRNA（mRNA） 110，111，125
　——の構成要素 104
リボザイム 105，106，110
リボソーム 111，112
リボヌクレオチド 103，104，106，108，111
倫理的な判断 206
類線形動物 → ハリガネムシ
レグ，S.（Shane Legg） 26
レッドプラネット → Red Planet

ロイコクロリディウム（寄生性の扁形動物）
96，97
労働（分業，分担） 125，127-130，141，242
ロボット社会 92

デヨル・リー（Daeyeol Lee）

1989年ソウル国立大学経済学部卒業。1995年イリノイ大学アーバナ・シャンペーン校，博士（神経科学）。イェール大学神経科学冠教授（Dorys McDonnell Duberg Professor of Neuroscience: 2006～2019）を経て現在，ジョンズ・ホプキンス大学冠教授（Bloomberg Distinguished Professor of Neuroscience:2019～）。
共同創業者／最高戦略責任者：株式会社 Neurogazer も兼任。

阿部　央（あべ・ひろし）

2001年東京工業大学工学部電気電子工学科卒業。2007年東京工業大学大学院社会理工学研究科人間行動システム専攻博士課程修了。博士（工学）。現在，理化学研究所脳神経科学研究センター研究員。イェール大学，ロックフェラー大学，国立精神・神経医療研究センター神経研究所の各研究員を経て現職。

巻頭言寄稿者紹介

川人光男（かわと・みつお）

1976年東京大学理学部物理学科卒業。1981年大阪大学大学院博士課程修了。工学博士。2010年より ATR 脳情報通信総合研究所所長。現在は理化学研究所革新知能統合研究センター特別顧問などを兼任。専門は計算論的神経科学。10年以上にわたり国家プロジェクトで脳神経科学研究に携わる。2013年紫綬褒章受章。日本学術会議会員。著書に「脳の仕組み」，「脳の計算理論」，「脳の情報を読み解く」等。

監修者紹介

加藤淳子（かとう・じゅんこ）

1984年東京大学教養学部教養学科卒業。1992年イェール大学博士（政治学）。東京大学大学院総合文化研究科准教授を経て，現在，東京大学大学院法学政治学研究科教授。

知能の誕生

2022年2月20日第1版第1刷　印刷発行　©

著者との
了解により
検印省略

著　者　Daeyeol Lee
訳　者　阿　部　　央
発行者　坂　口　節　子
発行所　㈲　木　鐸　社

印刷　フォーネット＋TOP印刷　製本　高地製本所

〒112－0002　東京都文京区小石川 5-11-15-302
電話（03）3814-4195番　FAX（03）3814-4196番
振替 00100-5-126746　http://www.bokutakusha.com

（乱丁・落丁本はお取替致します）

ISBN978-4-8332-2552-6　C3001